·리콜과 개정 제조물책임법 시행에 따른 대응·

제품안전경영

• 리콜과 개정 제조물책임법 시행에 따른 대응 •

제품안전경영

| 이황주·정용수 지음 |

한국표준협회미디어

• 들어가는 말 •

지속가능경영을 위한 제품안전경영

가습기 살균제 사고는 우리 사회의 제품안전에 대한 인식을 180도 전환시키는 계기가 되었다. 대통령이 정부를 대표하여 피해자에게 사과하는 지경에 이르렀으니, 그 충격이 어떠하였을까? 그 이후 발생한 살균제 달걀 사건, 생리대 사건, 유아용 매트 사건 등 끊임없이 벌어지는 제품안전 논란 속에서 소비자인 국민은 과거와는 전혀 다른 행동을 보이고 있다. 기업을 불신하고, 기업이 소비자를 지켜주지 않으므로 스스로를 지켜야 한다는 의식이 강해진 것이다. 최근에는 라돈 침대 사고에 이어 명품 자동차로 일컬어지는 BMW 디젤 자동차의 화재사고까지 발생하여 온 국민을 경악하게 하고 있다.

이러한 변화는 우리 사회가 제품안전 · 소비자 안전의 문제를 과거와는 전혀 다른 시각으로 보아야 한다는 것을 시사한다. 이제 적당히 은폐하고 무마하는 방식으로는 문제를 해결할 수는 없게 된 것이다.

기업의 본질적인 가치는 좋은 제품, 안전한 제품을 사회에 공급하는 것이다. 제품안전은 단순한 기술 문제가 아니다. 또 기업 내 일부 관련 직원들만이 수행하는 과제도 아니다. 경영의 핵심 과제이며, 최고경영자가 기업을 대표해서 책임져야 할 과제로 인식하여야 한다.

피터 드러커는 경영은 종합 예술이라고 하였다. 제품안전을 폭넓게 품질 경쟁력 · 사회적 책임 · 지속가능경영으로 연계되는 경영의 핵심 과제로 인식하고, 적절한 수준에서 체계적인 활동을 추진하느냐의 여부는 그 기업의 가치관이나 철학과 직결된다. 그러므로 제품안전은 최고경영자가 종합적으로 챙겨야 하는 과제이다.

이 책은 이러한 기업의 사명을 다하기 위한 지식과 과제를 경영자 · 제품안전 실무 전문가 · 학자들에게 제공하기 위하여 정리한 것이다. 특히 소비자 안전을 위한 관련 법규, 글로벌 베스트 프랙티스로 정리된 국제표준 ISO 10377과 ISO 10393을 비롯하여 갖추어야 할 지식을 폭넓게 정리하였다.

'제 I 장 왜 제품안전이 중요한가'에서는 가습기 살균제 사고 등 최근의 중대 제품안전 사고를 되돌아보며 사회에서 요구되는 제품안전의 수준, 제품안전의 기본 원리와 용어, 그리고 기업의 책임을 이해하도록 하였다.

'제Ⅱ장 리콜과 개정 제조물책임법 시행에 따른 기업의 대응 전략'에서는 제품안전경영PSM: Product Safety Management을 체계적으로 이해하기 위하여 ISO 26000의 사회적 책임 등 필요한 지식을 폭넓게 소개하였다. 제품안전의 기본 원칙을 세우고 설계부터 시장까지 제품안전의 구체적 실행을 위하여 제정된 ISO 10377소비자제품안전에 관한 공급자 가이드라인, 소비사용 단계에서 불만 대응 및 리콜 실시 등 안전 확보 대책을 위하여 ISO 10393소비자제품 리콜에 관한 공급자 가이드라인을 바탕으로 실행 과제를 설명하였다.

'제Ⅲ장 효과적인 제품안전 달성 방안'에서는 종합적인 경영 측면에서 체계적이고 효과적인 제품안전경영을 추진하기 위한 시장 전략과 차별화, 통합적 운영을 위한 경영시스템의 구축 방법, 제품안전 리스크를 포함한 리스크 관리, 평가 방법에 대하여 설명하였다.

공동 저자인 이황주 위원은 LG그룹에서 품질 및 해외영업 실무를 거쳐 제품안전 · 품질경영 분야 전문 위원으로 활동하고 있으며, 정용수 박사는 대우자동차에서 제품시험 업무를 거쳐 소비자원 팀장과 연구위원으로 근무하였다. 두 사람은 2000년부터 PL연구회를 구성하여 의기투합하고, 오랜 시간 연구한 이론과 축적된 실무 경험을 정리하여 이 책을 발간하게 되었다.

제품안전의 새로운 시대를 맞이하여 이 책이 소비자에게는 안전한 제품에 대한 개념을 이해하도록 돕고, 사업자인 기업은 제품안전경영의 체계적인 활동을 통하여 소비자 안전을 이끌어 가는 데 중추적인 역할을 수행할 있기를 기대한다.

2018년 11월

이황주, 정용수

• 목차 •

• 목차 •

부록

제 I 장

왜 제품안전이 중요한가?

리콜과 개정 제조물책임법 시행에 따른 대응

1 안전한 제품, 소비자가 원한다

2 안전한 제품의 최소 기준

3 안전의 핵심 개념과 기업의 책임

1

안전한 제품, 소비자가 원한다

위험한 제품, 지탄받는 기업

가습기 살균제

2017년 8월, 대통령이 제품 사고의 피해자를 청와대에 초청하고 정부를 대표하여 사과하는 일이 있었다. 정부는 국민을 보호하는 것이 중대한 사명인데, 제대로 그 역할을 하지 못하였다는 점에 대해 정부를 대표하여 사과한 것이다. 개별 기업이 사과를 한 것이 아니라, 대통령이 사과할 정도의 제품 사고를 유발한 것은 가습기 살균제이다.

2000년 이후 우리 사회에서는 원인을 알 수 없는 폐질환으로 사망하는 환자가 지속적으로 발생하였다. 처음 환자가 발견된 것은 2006년쯤으로 알려져 있다. 의사들이 원인을 파악하기 위하여 노력하였지만 그 원인을 알지 못한 채 피해자가 지속적으로 확산되었다. 2011년이 되어 비로소 질병관리본부가 역학 조사를 실시한 결과, 가습기 살균제를 폐질환의 발생원으로 확인했다. 그리고 그 해 11월, 수거 명령을 발령하고 3개월 뒤인 2012년 2월 폐섬유화의 원인이 PHMG(polyhexamethylene guanidine)라고 발표하였다. 환경부는 또 2012년 9월, PHMG와 CMIT(Chloromethylisothiazolinone) / MIT(Methylisothiazolinone)를 모두 유독 물질로 지정하였다.

최초 개발은 1994년 A사(지금은 B사)가 CMIT/MIT를 원료로 가습기메이트를 만들면서 시작된 것으로 알려져 있다. 그리고 이 사고에서 가장 비중이 큰 회사로 알려진 C사가 2000년 10월, PHMG를 원료로 제품을 출시하였으며, 그 후 많은 회사들이 가습기 살균제를 출시하였다. 두 물질은 카페트 세척제 등으로 개발되어 사용되던 물질이다. 그런데 인체 독성에 대한 실험 등 정확한 확인 없이 사람이 호흡하면서 들이마실 수 있는 가습기 살균제의 원료로 사용한 것이 사건의 시작이었다.

환경보건시민센터가 정리한 피해자는 2017년 말 현재 5천여 명, 사망자는 1천 명이 넘는다고 한다. 피해자의 상당수가 사망하였으니 그 피해는 말로 표현할 수 없을 것이다. 가습기 살균제에 대해 대통령이 사과할 때 참석한 남자 어린이의 경우 스스로 호흡이 불가능하여 산소 호흡기에 의존하느라 산소통을 메고 다니는 광경이나 출산한 아내와 아기의 건강을 위하여 매일 가습기 물통에 살균제를 넣어 주던 남편이 이유도 모른 채 아내와 아기를 잃고 비통해했는데, 알고 보니 자신의 행위가 죽음의 원인이 되었다며 울부짖는 심정을 누가 위로할 수 있겠는가?

제품 하나가 잘못되어 1천 명이 넘는 피해자가 발생하였다는 얘기를 들

〈표 1-1〉 가습기 살균제 사고 발생 경과

진행 경과	연월	내용	비고
최초 개발	1994. 11.	가습기 살균제 세계 최초 개발	원료 개발사의 책임
다수의 제조 · 유통업체 사업 참여	1995. 12.	제품 광고 등장	허위 광고
	2000~2011	다수의 제조 · 유통업체가 제품 공급	제조 · 판매업체의 책임
피해 발생	2002~2011	산모, 유소아 등 원인 미상의 폐질환자 및 사망자 발생이 알려짐.	
관련 정부 부처의 제재와 검찰 수사	2011. 8.	보건복지부 질병관리본부, 원인 규명 시까지 제품 사용 및 출시 자제 권고	
	2011. 11.	보건복지부, 가습기 살균제 수거 명령 발동	
	2012. 2.	공정거래위원회, 허위 표시로 제재	
관련 정부 부처의 제재와 검찰 수사	2012~현재	정부, 국회의 각종 조사 활동	
	~현재	C사 전 사장 등 관련 기업인 형사 처벌	
관련 법률 개정	2017. 2.	가습기 살균제 피해 구제를 위한 특별법 (2017. 8.부터 시행)	국가의 책무, 손해배상책임 등
	2017. 4.	제조물책임법 개정(2018. 4.부터 시행)	징벌적 손해배상, 결함 추정/입증 책임 전환 등
	2017. 8.	위해 우려 제품 지정 및 안전 · 표시 기준 개정	환경부
대통령 사과	2017. 8.	정부를 대표하여 대통령 사과	
진상 규명	2017. 12.	사회적 참사의 진상 규명 및 안전 사회 건설 등을 위한 특별법	

어 본 적 있는가? 2000년 이후 매년 60만 개 이상 판매된 가습기 살균제는 법과 제도의 허점을 파고들어 소비자에게 돌이킬 수 없는 손실을 끼쳤다. 아마 이후에는 전 세계에서 제품 사고의 대표적인 사례로 회자될 것으로 보인다.

선진국의 문턱에 들어선 대한민국에서, 그것도 최근에, 괴물과 같은 사악한 제품이 시장에 등장하여 무고한 소비자들에게 막대한 피해를 끼치는 사태가 무방비로 벌어졌다는 사실이 우리의 현실인 것이다. 사고 경과와 제품 개발 및 제조 · 판매 등 관련된 기업의 책임을 보면 〈표 1-1〉, 〈표 1-2〉와 같다.

앞에서 거론된 기업 중 C사 등 제조업체와 기타 유통업체의 관련자는 형사 처벌을 받았고, 아직까지 형사 처벌이 거론되지 않은 일부 기업에 대

〈표 1-2〉 기업의 책임에 대한 쟁점

구분	경과	기업의 책임에 대한 쟁점
원료 개발업체	세계 최초로 가습기 살균제용 원료를 개발하였으나 유해 성분이 함유되어 있었음.	• 세계 최초라면 동종 제품의 품질 및 안전성에 대한 검증을 실시하여야 한다. 그런데 실시하였는가? • 원료 사용 업체에 그러한 정보를 제대로 전달하였는가? • 지속적인 거래가 있었다면 원료를 위험한 용도로 사용하는지 알 수는 없었는가?
제조업체	인체에 유해하다고 알려진 물질을 사용하여 제품을 만들어 공급하였으며, 오히려 안전하다고 광고하여 소비자를 오도함.	• 제품의 원료나 구성품의 성분에 대한 분석을 포함하여 제품의 안전성을 검증했는가? • 원료 물질의 안전성은 누가, 어떻게 확인했는가?
자가 상표 사용 유통업체	가습기 살균제에 자가 상표(PB: Private Brand)로 판매한 유통업체	• 제조물책임법 제2조 제3호에 따라 자가 상표 사용업체는 제조업자와 같은 책임을 면할 수 없음. 제조업체와 같은 수준에서 품질과 안전성을 확인했는가?

하여도 그 가능성이 계속 거론되고 있다.

국가는 '가습기 살균제 피해 구제를 위한 특별법'을 제정하여 2017년 8월부터 시행하고 있으며, 아직까지 진상이 밝혀지지 않은 부분은 '사회적 참사의 진상 규명 및 안전 사회 건설 등을 위한 특별법'이 2017년 12월부터 시행되고 있다.

제품안전 사고가 주는 교훈

기업이 제품을 잘못 만들어 책임을 진다면 클레임이나 손해배상 정도가 거론되는 것은 알겠지만 그것 때문에 형사 처벌을 받을 수 있다고 생각한 적이 있을까? 가습기 살균제의 경우 절대 시장에 등장하지 말아야 하는 제품이 기업의 헛된 욕심과 무책임함으로 무고한 소비자에게 씻을 수 없는 피해를 주었다는 점에서 매우 안타까운 일이다. 더구나 C사의 경우 당초 사용하던 안전한 물질을 원가 절감을 위하여 아무런 시험이나 확인도 없이 다른 물질로 바꾸었다는 증언이 나오는 것을 보면, 규모가 큰 기업임에도 제품안전 체계와 원칙 없는 행동을 하였다는 점에서 중대한 교훈을 주고 있다.

스마트폰 발화 사고

2016년 8월, 시장의 큰 기대를 받으며 출시된 D사의 스마트폰 신제품의 발화 사고가 발생하였다. 출시 전 TV 광고를 통하여 홍채인식 보안 기술이나 완전 방수 기능을 자랑하던 첨단 신제품이 발화라니? 초우량 기업이라고 자부하던 기업이 모두를 경악하게 하는 제품안전 사고를 저질렀다. 더구나 이 제품은 국내외에서 KC 인증을 비롯하여 제품안전 인증까지 받았다. 그렇다면 기능적인 품질 문제가 아니라 제품안전에 문제가 있다는 얘기다. 그 원인은 화학물질로 이루어진 배터리 외에 또 있을까? 요즘 사용 설명서를 보면 〈그림 1-1〉과 같이 정품 충전기를 사용하여야 한다는 것 외에 정상적인 사용 상태에서 배터리의 위험성을 경고하는 내용은 거의 볼 수 없다. 이제는 제품 기술이 발전하여 배터리가 안전하게 관리되고 있는 것이다.

〈그림 1-1〉 스마트폰 사용 설명서에 있는 배터리 경고 내용

배터리 충전하기

제품을 구입한 후 처음 사용하거나 장시간 방치한 후 사용할 경우에는 배터리를 충분히 충전하여 사용하세요.

⚠ 반드시 KC인증을 받은 정품 충전기를 사용하세요. 승인되지 않은 충전기로 배터리 충전 시 배터리가 폭발하거나 제품이 고장날 수 있습니다.

그런데 세계 유수의 기업인 D사의 스마트폰이 국내외에서 다발적으로 발화 사고가 발생하면서 급기야 담당 사업부장인 사장이 기자 회견을 열어 직접 사과하였다. 그리고 "사고 원인분석 결과 배터리 셀 자체 이슈로 확인되었습니다. 배터리 공급사와 함께 불량 가능성이 있는 물량을 특정하기 위한 정밀분석 작업을 진행 중이나 소비자 안전을 최우선으로 생각하여 판매를 중단하고 구입 시기와 상관 없이 신제품으로 교환해 드리기로 결정하였습니다"라고 발표하였다.

그러나 배터리를 다른 공급사로 교체하여 생산한 후에도 동시 다발로 단시일 내에 불특정 지역, 불특정 상황에서 지속적으로 사고가 발생하였

다. 결과적으로 두 차례의 리콜을 통하여 총 430만 대로 추정되는 전 제품을 회수하고 단종하는 전대미문의 사태로 마무리되었다. 몇 달이 지난 뒤 D사는 사고가 발생한 기술적인 원인을 발표하였다. 1, 2차로 분석된 내용을 보면 제조상 결함으로 설명되고 있다.

제품안전 사고가 주는 교훈 

기술적으로 모든 문제점을 사전에 개선하고 사고 예방을 위해 노력하겠지만 완벽을 장담하는 것에는 한계가 따른다. 제품안전은 일부 기능적인 것이나 디자인 등과는 다르게 반드시 달성하여야 하는 것이다. 대표적인 기업이 이를 실수하여 대규모 리콜이 발생했고 이로 인해 큰 충격을 주고 손실을 끼치는 결과가 초래된 것은 매우 유감스러운 일이다.

E사 내부 고발 및 강제 리콜

2016년 9월, E사 부장급 직원이 회사가 자동차의 안전관련 제작 결함을 확인하고도 법적의무인 리콜을 하지 않고, 은폐하거나 축소 신고하여 운전자들의 안전이 위협받고 있다는 의혹을 제기하였다. 이 직원은 국토교통부와 미국의 리콜 담당 기관인 고속도로교통안전국NHTSA에도 관련 내용을 제보하였다. 제보자는 회사가 비용이 많이 들어 리콜하지 않는 경우도 있고, 최고경영자에게 보고하기 두려워 은폐하는 경우도 많다고 말하였다.

이와 관련하여 국토교통부는 청문회를 거쳐 2017년 5월, 조사 결과를 발표하고 강제 리콜을 명령하였다. 국토교통부는 "자동차안전연구원의 기술 조사와 제작결함심사평가위원회의 심의 등을 거쳐 안전 운행에 지장을 줄 가능성이 높다고 판단된 5건에 대하여 리콜이 필요하다는 결론을 내리고, E사에 리콜을 권고하였다. 그러나 E사에서 이의를 제기하여 행정절차법에 따라 청문을 실시하였다.

청문에서 E사는 권고된 리콜 5건 모두 안전 운행에 지장을 주는 결함이 아니라고 주장하였다. 그러나 국토부는 그동안의 리콜 사례, 소비자 보호 등을 감안하여 5건 모두 리콜 처분이 타당하다고 밝혔다.

리콜은 안전에 문제가 있는 제품에 내려지는 의무사항인 만큼 자주 발생하면 그만큼 소비자에게 손실을 끼치게 된다. 자발적 리콜도 그러한데, 강제적 리콜을 당하고 법 위반에 대해서도 고발을 당한다면, 그 기업의 신뢰에 막대한 영향을 미치리라는 것은 짐작할 수 있다.

제품안전 사고가 주는 교훈

E사와 같은 세계적 기업이 소비자의 안전에 관한 문제를 은폐하였다가 정부의 제재를 받았다는 것은, 제품안전이 단순한 기업 이미지나 비용의 문제가 아니라 기업 경영의 차원에서 살펴야 하는 지속가능성과 연결된 중대한 과제임을 보여주고 있다. 기업이 왜 사회적 가치를 추구하여야 하는지를 생각하여야 한다.

그 밖의 사고

- 살충제 달걀

2017년 여름, 우리나라에서 달걀의 살충제 성분으로 인하여 판매된 달걀을 회수하는 등 식품에 대한 혼란과 불안감을 증폭하게 하는 사고가 발생하였다. 그 얼마 전 유럽에서 어느 소독 회사가 사용한 살충제가 문제가 되었는데, 동일한 성분의 살충제가 국내에서도 사용되었다는 것이었다. 조사 결과 무허가로 농약을 제조하고 공급한 제조업자, 무차별로 가져다 쓴 양계업자 등 많은 사람들이 관련되어 있어 큰 물의를 일으켰다. 그와 함께 문제가 된 달걀의 상당수가 친환경 인증을 받고 일반 달걀보다 고가로 판매되었다는 사실에 실소를 금할 수 없다. 인증의 신뢰가 무너진 것이다. 급기야 대통령도 이러한 상황을 엄중 인식하여 축산업의 근본 개선책을 마련하고 백서 발간을 지시한 바 있다.

국내에서 달걀은 공산품이 아니라는 이유로 제조물책임법 대상에서 제외시켰다. 하지만 룩셈부르크 · 노르웨이 · 핀란드 · 스웨덴 등 유럽 일부 국가에서는 농축산품도 제조물책임법에 포함시키고 있다. 이번 일을 계기로 농축산물 결함의 법적책임에 대한 논의가 가속화될 것으로 예상된다.

● 서랍장 리콜

2016년 9월, 우리나라에서 국가기술표준원의 권고로 서랍장의 리콜이 실시되었다. 조사 결과 7개 유명 상표 27개 제품이 예비안전기준에 부적합하여 리콜을 권고한 것이다. 이는 미국과 캐나다에서 실시된 F사 서랍장의 리콜이 계기가 되었다. 서랍장에 어린이들이 매달려 넘어지는 사고가 리콜의 원인이었다. 소비자들이 우리나라에서도 동일한 제품을 판매하고 있으므로 해당 기업에 리콜 등 조치를 요청하였으나 거절당하였다. 그 후 정부에 항의하여 당시 가구에 관한 안전기준에 전도 위험에 대한 기준이 없어 제품안전기본법이 정한 예비안전기준[법 제22조]을 적용하여 리콜을 실시한 첫 번째 특이한 사례이다.

미국에서는 재료시험협회[ASTM F 2057-14] 기준에 따라 수납 하중이 아닌, 어린이[5세 평균 몸무게 23kg]가 서랍장에 매달리는 경우를 가정하여 전도성 여부를 심사하도록 되어 있다. 그런데 우리나라에는 기준이 없었으므로 같은 기준을 적용하여 리콜을 실시한 것이다. 이는 기업이 제품안전의 기준을 적용할 때 우리나라의 법이나 표준뿐 아니라 외국의 기준이나 사고 사례 등을 감안하여 제품의 안전성을 검토하여야 한다는 것을 보여준 사례이다.

● 얼음 정수기

2016년 여름, 생활가전업체로 잘 알려진 G사가 신문에 문제되는 얼음 정수기 제품 전량을 회수하고 단종한다는 사과문을 게재하였다. 얼음 정수기를 사용하는 소비자들이 이물질이 나온다고 문제를 제기하였으나 회사의 처리가 부적절하여 정부에 신고한 결과이다.

민관 합동 조사 결과, 제품 결함은 제빙용 증발기의 니켈 도금층이 일부 벗겨져 발생한 것이었다. 원인은 증발기와 히터 간 급격한 온도 변화가 발생함에 따라 니켈 도금층이 열응력에 의해 손상되고 시간이 지나면서 부식이 가속화된 것으로 밝혀졌다.

발견된 니켈 성분은 소량이었지만 그동안 해당 기업이 소비자 문제에 제대로 대응하지 못한 탓에 해당 제품 전량을 회수하는 사태에 이르게 된 것이다. 그로 인하여 대표이사의 사임과 기업 이미지 손상 등 큰 타격을 입었다. 기업이 제품안전에 대하여 투명하고 체계적으로 대응해야 하는 이유이다.

● F사 에어백 리콜과 파산

2017년 여름, 오스트레일리아에서는 경미한 접촉 사고를 일으킨 자동차의 운전자가 사망하였다. 조사 결과 에어백이 터지면서 쇳조각이 튀어나와 목을 찌른 것이 원인으로 밝혀졌다. 바로 일본의 세계적인 에어백 제조사인 F사 에어백 사고이다.

F사 에어백은 펼쳐질 때 발생하는 내부 부품의 금속 파편이 운전자 등에게 상해를 입힐 가능성이 발견되어 2013년부터 리콜을 실시하였다. 원인은 폭발 물질로 사용한 질산암모늄 계통의 물질에 있었다. 이 물질은 습기를 흡수할 경우 과도한 폭발력을 일으켜 금속 부위의 파열로 이어져 에어백이 펼쳐질 때 쇳조각이 총알처럼 튕겨져 나와 사람에게 치명적인 피해를 입히는 것이었다.

2017년까지 전 세계에서 몇십 명의 사망자와 몇천 명의 부상자가 발생한 것으로 알려졌다. 이는 절대 발생해서는 안 되는, 용납할 수 없는 사고이므로 전량 리콜을 실시하게 된 것이다. 전 세계 리콜 수량은 무려 1억 대에 이르렀고, F사는 그 부담을 이기지 못하고 파산하였다.

제품 개발 과정에서 습기를 흡수하는 장치를 설치하지 않은 실수 때문에 치명적인 사고가 발생했고, 이는 회사의 운명을 가르는 결과로 이어진 것이다. 설계상 결함이 기업을 회복 불가능한 치명적인 위기로 빠뜨린 대표적인 사례이다. 부품 회사의 파산은 연대 책임을 지는 완성차 회사에도 부담이 된다.

국내외에서 수없이 많이 발생하고 있는 제품안전 사고는 기술이 부족해서 실수를 한 것 보다는 기업이 그러한 실수를 은폐하고 회피하려는 무책임한 행동을 한다는 데 더 심각하고 치명적인 문제가 있다. 모든 기업은 사회와 더불어 성장하고 발전한다는 가치관을 바탕으로 지속가능경영을 지향해야 한다. 이것은 제품안전의 문제를 지속가능성의 차원에서 다루어야 하는 이유이기도 하다.

안전한 제품, 존경받는 기업

타이레놀 리콜

1982년 타이레놀을 복용한 환자가 사망하는 사고가 발생하였다. 사망 원인은 청산가리로, 타이레놀 캡슐에서 청산가리가 발견된 것이다. 희생자들이 복용한 것 외에도 청산가리가 들어 있는 캡슐이 추가로 발견되었다. 사망 원인이 타이레놀과 관련이 있었으므로 사상 유례없는 대혼란이 벌어졌다.

존슨앤존슨은 이미 유통된 타이레놀에 대하여 리콜 조치를 시행하였다. 그리고 소비자들에게는 이 사건이 해결되기 전까지 타이레놀을 복용하지 말 것을 당부하고 전국에 있는 모든 약국에서 타이레놀을 수거하였다.

조사 결과 타이레놀을 제조하는 과정에서 독극물이 주입된 것이 아니라 누군가가 의도적으로 독극물을 주입한 것이라는 사실이 밝혀졌다. 회사의 잘못은 없지만 사회적으로 큰 파장을 불러일으킨 독극물 사망 사건에 자사의 주요 제품이 관련되어 있었으므로, 존슨앤존슨은 전사적인 차원에서 위기관리 체제를 가동하였다. 무엇보다 언론에 가장 최신의 정보를 정확하게 제공함으로써 더 이상의 혼란이 계속되는 것을 막으려고 노력하였다. 그리고 막대한 비용을 들여 시중에 유통 중인 타이레놀을 수거하는 등의 리콜을 실시 하였다.

당시 많은 사람들은 '타이레놀'이라는 브랜드는 살아남을 수 없을 것이라고 예상하였다. 하지만 존슨앤존슨은 신뢰를 회복하기 위해 모든 노력을 기울였다. 포장 방식을 교체하여 이물질을 삽입하기 어렵게 하고, 포장 박스를 뜯었을 경우에는 뜯겨진 것이 확실히 보이도록 하였다. 또 '안전 포장이 벗겨져 있으면 사용하지 마십시오'라는 경고 문구도 넣어 다시는 같은 사고가 발생하지 않도록 조치하였다.

양심적이고 신속한 대응으로 존슨앤존슨은 잃었던 소비자들의 신뢰를 점차 회복하였으며, 1년 후 타이레놀은 시장 점유율을 거의 되찾았다. 범죄자의 독극물 주입과 사망자 발생이라는 급박한 사태에서 소비자와 시민들에게 신뢰를 주는 기업의 활동이 위기를 극복하고 경영을 정상화한 대표적인 우수 사례라고 할 수 있다.

도요타자동차 리콜

2000년 무렵 미국 시장에서 발생한 도요타자동차의 주행 중 급발진 사고에 회사는 초기에 운전석 매트에 가속 장치인 액셀러레이터 페달이 걸려 발생한 일이라고 주장하고 그에 대한 리콜을 실시한 바 있다. 그러나 2009년 8월, 렉서스의 주행 중 급발진 사고는 매트가 제자리에 고정되어 있었음에도 발생했다. 도요타자동차는 사고 원인이 매트가 아니라 페달 자체의 품질 결함으로 제 위치로 돌아오지 않은 것이며, 그 부품은 미국 부품 제조사의 캐나다 공장에서 만든 것이라고 발표하였다.

그러나 자동차 전문가들은 도요타자동차의 해명에 의문을 제기하였다. 그후 NASA를 비롯하여 유수의 전문 연구기관이 많은 노력을 기울였으나 결함이 규명되지 않았다. 그런데 미국의 Barr연구소가 재현 실험을 통하여 기존의 회사 설명과 달리 엔진제어시스템의 오류가 원인이라는 사실을 밝혀냈다. 그 결과, 도요타자동차는 미국 급발진 소송에서 패소하고 법무부 조사에서 사상 최대 규모의 벌금을 물게 되었다.

보고서는 "도요타 캠리의 엔진스로틀컨트롤 시스템[ETCS]의 소프트웨어 결함이 급발진을 일으켰다. ETCS 전자제어장치[ECU]에 내장된 소프트웨어에 오류[bug]가 있었고 오류가 있더라도 이를 커버해 주는 방어 수단[fail safes]도 작동하지 않았다"고 지적하였다. 이는 단순한 품질 문제를 넘어 늑장 대응과 책임 회피 등의 도덕성에 치명적인 타격을 주기에 충분했다. 그리고 새로 임명된 창업자의 손자인 CEO가 미국 의회 청문회에 출석하여 사과하는 사태로 발전하였다. 이 과정에서 도요타자동차는 오랫동안 쌓아 온 이미지가 심각하게 훼손되었고 소비자의 신뢰를 상실하게 되었다.

이 사고는 전임 사장이 세계 시장에서 시장 점유율을 확대하려는 욕심에 품질과 안전성이 확인되지도 않았는데, 해외 공장과 해외 협력사를 늘린 것이 근본 원인으로 밝혀졌다.

품질과 안전은 경쟁력의 기본이다. 이를 저버리는 경영상 결정은 큰 오류를 일으킬 수 있음을 입증한 사례이다.

도요타자동차는 다시 기본으로 돌아가는 각고의 노력을 통하여 품질과 안전성, 그리고 시장의 신뢰를 회복하였다. 과거 오랫동안 구축해 온 바탕을 회복함으로써 다시 세계 정상에 돌아올 수 있었던 것이다. 경영 활동의 기본을 지키는 노력이 중요한 이유이다.

2

안전한 제품의 최소 기준

우리가 숨쉬고 살아가는 이 세상은 곳곳에 다양한 위험이 도사리고 있다. 각종 사건 · 사고에 관한 뉴스가 미디어를 통하여 끊임없이 쏟아지고 있다. 가습기 살균제 사건을 비롯하여 유아용 매트 등에서 이름을 알 수 없는 가루가 떨어져 나와 어린이들이 피부병에 걸리는 사건이 보도되었다. 또한 이른바 햄버거병[HUS]이라고 불리는 용혈성 요독증후군에 걸린 4살 여자 어린아이의 사건은 햄버거를 비롯하여 고기에 대한 식품 공포로 이어져 온 국민을 두려움에 빠뜨렸다. 이처럼 다양한 위험 중에서도 일상생활에서 안전하지 않은 생활용품 등으로 인한 위험은 치명적인 사고로 이어져 인간의 생명과 신체 또는 재산에 큰 손해를 입히게 된다.

이러한 위험사회에서는 어디를 가든 절대적으로 안전한 곳은 없다. 또한 어떠한 제품을 사용하더라도 절대적으로 안전을 보장할 수 있는 제품은 존재하지 않는다. 그렇지만 우리는 삶의 풍요로움을 누리기 위하여 언제나 안심하고 사용할 수 있는 제품이 시장에 공급되기를 바란다.

기업은 매순간 고객만족이라는 슬로건 하에 다양한 기능을 가진 제품을 소비자에게 공급하기 위하여 최선을 다하고 있다. 그런데 여기서 반드시 되물어야 할 질문이 있다. 과연 고객만족의 핵심은 어디에서 비롯되는 것일까? 아무리 편리하고 유용한 기능이 많은 제품이라 할지라도 안전을 보장할 수 없다면 무용지물이 되고 만다. 왜냐하면 어떤 소비자도 위험을 무릅쓰고 안전하지 않은 제품을 구입하거나 사용하지 않을 것이기 때문이다.

고객만족의 출발점은 안전성의 확보라고 할 수 있다. 안전성이 보장된 상태에서 유용한 성능을 갖추어야만 시장 경쟁에서 이길 수 있다. 그런데 현실에서 소비자가 바라는 안전한 제품과 기업이 달성할 수 있는 수준의 안전한 제품 사이에는 차이가 있을 수 있다. 소비자 입장에서는 마땅히 기대할 수 있는 안전한 제품과 그 이상의 안전이 보장되는 제품을 바란다. 기업 입장에서도 마땅히 달성하여야 할 수준의 안전한 제품과 그보다 더 높은 수준의 안전한 제품을 제조해야 한다.

이와 같이 안전한 제품에 대하여 소비자 사이에서도, 또한 기업 간에도, 그리고 소비자와 기업 사이에도 그 수준은 다를 수 있다. 여기에서 소비자와 기업 모두에게 공통으로 적용할 수 있는 안전한 제품의 수준을 설정해야 할 필요가 발생한다. 그렇다면 누가 그 기준을 만들어야 하는가? 가장 공정하게, 신뢰할 수 있는 기준을 만들어야 할 책무는 다름 아닌 국가(정부)가 지게 된다. 이러한 책무에 따라 국가는 특별히 국민의 생명 · 신체 · 재산상 위해를 줄 수 있거나 줄 우려가 있다고 인정되는 제품들에 대하여 법으로 안전성의 수준을 규제하고 있다. 우리나라 역시 다양한 법률에서 대상 제품들의 안전성을 규제하고 있다. 주된 규제 대상 제품은 〈표 1-3〉과 같다.

국가가 설정한 안전한 제품의 수준이란 소비자와 기업 모두에게 적용되는 최소한의 수준, 즉 최저 기준이며[1], 일반적으로 그 제품의 '안전기준'이라고 부른다. 따라서 국가가 정한 안전기준에 적합한 제품이라 할지라도 여전히 소비자와 기업 모두가 부담하여야 할 의무가 남아 있는 것이다. 예컨대 안전기준에 적합한 제품을 구입하여 사용하는 소비자에게는 안전한 사용을 위한 주의 사항과 사용 설명에 따라 올바르게 사용하여야 할 책임이 있다. 반면, 기업에서는 보다 더 안전한 장치를 부가하거나 신기술을 채택하여 안전성의 수준을 향상시킬 책임이 있다. 달리 말하면, 소비자는 안전기준에서 정한 수준의 안전한 제품을 마땅히 요구할 수 있다. 그러나 그 이상의 안전한 제품을 구입하여 사용하기 위해서는 추가 비용을 부담하여야 한다. 기업은 마땅히 안전기준에 적합한 제품을 만들어야 하고, 보다 안전한 제품을 만들 수 있다면 그 이상의 안전한 제품을 공급하여 경제적 수익을 얻을 수도 있다.

---

1 제조물책임 사건의 판례나 제조물책임법 해석에서 국가가 정한 안전기준은 제조자가 준수하여야 할 최저 기준으로 해석하고 있다. 이 안전기준에 부적합한 경우는 해당 제품에 결함이 있다는 증거로 인정된다.

〈표 1-3〉 주요 제품안전 규제 법률 현황

	법률명	대상 제품	소관 부처
1	제품안전기본법	모든 제품	산업통상자원부 (국가기술표준원)
2	어린이제품 안전 특별법	어린이제품	산업통상자원부 (국가기술표준원)
3	전기용품 및 생활용품 안전관리법	전기용품, 생활용품	산업통상자원부 (국가기술표준원)
4	고압가스 안전관리법, 도시가스사업법, 액화석유가스의 안전관리 및 사업법	가스용품	산업통상자원부
5	자동차관리법	자동차	국토교통부
6	철도안전법	철도 차량, 철도용품	국토교통부
7	식품안전기본법/식품위생법	식품, 식품 용기, 포장	식품의약품안전처
8	건강 기능 식품에 관한 법률	건강 기능 식품	식품의약품안전처
9	약사법	의약품, 의약외품	식품의약품안전처
10	의료기기법	의료 기기	식품의약품안전처
11	화장품법	화장품, 기능성 화장품	식품의약품안전처
12	화학물질의 등록 및 평가 등에 관한 법률	유해 화학물질 함유 제품	환경부
13	화학물질관리법	화학물질	환경부
14	화재예방, 소방시설 설치 · 유지 및 안전관리에 관한 법률	소방용품	국민안전처
15	승강기시설안전관리법	승강기 및 그 부품	국민안전처
16	총포 · 도검 · 화약류 등의 안전관리에 관한 법률	총포 · 도검 · 화약류	경찰청
17	산업안전보건법	유해 · 위험한 기계 · 기구 · 설비 등(안전 보호구)	고용노동부
18	관광진흥법	유원 시설(놀이 시설)	문화체육관광부
19	체육시설의 설치 · 이용에 관한 법률	체육 시설	문화체육관광부
20	전파법	무선 설비, 전기 · 전자 기기 등(방송 통신 기자재)	과학기술정보통신부

소비자제품의 안전 수준

우리가 일상적으로 사용하는 '안전한 제품safe product'이란 과연 어떤 제품을 말하는 것인가? 일반적으로 관심의 대상이 되는 특정한 용어의 규범적 정의는 관련 법률 등에서 찾아볼 수 있다. 그러나 우리나라 법률에서는 '안전한 제품'에 대한 규범적인 정의를 찾아보기 어렵다.

제품안전의 기본적인 사항을 규율하고 있는 제품안전기본법이나 소비생활용 제품의 안전관리에 관한 사항을 규율하고 있는 전기용품 및 생활용품안전관리법, 특별히 어린이 제품의 안전을 규율하고 있는 어린이제품안전 특별법 등의 각종 법률에도 '안전한 제품'에 대한 법적 정의 규정은 없다. 아마도 안전한 제품에 대하여 대부분 사람들의 인식의 차이가 없다는 전제가 있거나 인식의 차이가 그리 크지 않으리라는 암묵적 동의가 있다고 생각하기 때문인 듯싶다. 다만, 소비자기본법 · 제품안전기본법 · 제조물책임법 등에서 제품의 결함 등을 정의하고 있다. 이를 통하여 '안전한 제품'이란 그러한 결함이 없는 제품을 의미한다고 유추할 수 있다.

우리나라 법률을 통하여 '안전한 제품'에 대한 규범적 정의를 찾기 어려운 상황에서 구체적인 개념을 도출하고, 그에 대한 객관적인 기준을 설정하는 것 역시 어려운 일이다. 제품의 결함이나 안전성 등에 관한 구체적인 개념 내지 판단 기준은 해당 법률의 해석 권한을 가진 기관에 일차적으로 맡겨져 있고, 최종적으로 법원의 판단에 맡기고 있다. 그러므로 제품의 안전(성) 또는 결함 등의 개념은 제조물책임 관련 판례를 통하여 구체적으로 살펴볼 수밖에 없다.

그렇다면 안전한 제품에 관한 외국의 상황은 어떨까? 유럽연합EU의 경우 일반제품안전지침GPSD: General Product Safety Directive에 '안전한 제품'에 대한 정의를 규정하고 있다. 이 지침은 EU 회원국 모두에 적용되는 것이므로[2], 회원국들은 이 지침에 따라 '안전한 제품'에 대한 일치된 규범적 개념을 가지고 있다. 이 지침 제2조(b)에 안전한 제품을 다음과 같이 규정하고 있다[3].

> 안전한 제품이란 존속 기간 및 적용할 수 있는 서비스인 경우 설치 및 정비 요구사항을 포함해서 정상적 또는 합리적으로 예견할 수 있는 사용 조건 하에서, 어떠한 위험(리스크)도 없거나 다음 사항을 고려하여, 단지 제품 사용과 양립할 수 있는 최소한의 위험으로 수용될 수 있고 사람의 안전과 건강에 대한 높은 수준의 보호와 일치하는 것으로 간주되는 것을 의미한다.
>
> (i) 제품의 조성 · 포장 · 조립에 대한 지시(설명) 및 적용 가능한 경우 설치 및 정비에 대한 지시(설명)를 포함한 제품의 특성
> (ii) 다른 제품들과 사용될 것이 합리적으로 예견 가능한 경우 해당 제품이 다른 제품에 미치는 영향
> (iii) 제품의 표시 · 라벨링 · 사용 및 폐기에 대한 모든 경고와 지시, 그리고 해당 제품에 대한 모든 지시와 정보
> (iv) 해당 제품 사용 시 위험에 처할 수 있는 소비자의 범주, 특히 어린이 및 노인
>
> 더 높은 수준의 안전성을 획득할 가능성 및 더 낮은 수준의 위험을 주는 다른 제품의 이용 가능성은 어떤 제품을 위험한 제품으로 간주할 근거를 구성하지 않는다.

2 Directive는 지침 또는 지령으로 번역되는 유럽연합의 법 형식의 하나로, 각 회원국이 자국의 형편에 따라 다양한 법 형식으로 지침의 내용을 수용하여 시행하도록 하는 것이다. 다만 각 회원국의 해당 법령의 내용이 지침과 다를 경우 지침을 따라야 한다.

이 지침에서 알 수 있는 바와 같이 '안전한 제품'이란 정상적인 사용 조건 또는 합리적으로 예견할 수 있는 사용 조건에서 사용자에게 어떤 위험도 없거나 수용할 수 있는 최소한의 위험만 있는 제품을 말한다. 즉 사용자의 사용 환경과 위험리스크의 수용 가능성에 초점을 둔 개념이라고 할 수 있다. 일본의 경우 '안전한 제품'에 대한 직접적인 정의는 없으나 소비자안전을 규율하고 있는 소비자안전법 제2조에 '소비 안전성'에 대하여 다음과 같이 규정하고 있다[4].

---

3 Directive 2001/95/EC of the European Parliament and of the Council of 3 December 2001 on general product safety(Text with EEA relevance). Official Journal L 011, 15/01/2002 pp.0004–0017.(http://eur-lex.europa.eu/legal-content/en/TXT/?uri=CELEX%3A32001L0095).
Article 2 For the purposes of this Directive.
(a) 'product' shall mean any product - including in the context of providing a service - which is intended for consumers or likely, under reasonably foreseeable conditions, to be used by consumers even if not intended for them, and is supplied or made available, whether for consideration or not, in the course of a commercial activity, and whether new, used or reconditioned.
This definition shall not apply to second-hand products supplied as antiques or as products to be repaired or reconditioned prior to being used, provided that the supplier clearly informs the person to whom he supplies the product to that effect.
(b) 'safe product' shall mean any product which, under normal or reasonably foreseeable conditions of use including duration and, where applicable, putting into service, installation and maintenance requirements, does not present any risk or only the minimum risks compatible with the product's use, considered to be acceptable and
minimum risks compatible with the product's use, considered to be acceptable and consistent with a high level of protection for the safety and health of persons, taking into account the following points in particular.
(i) the characteristics of the product, including its composition, packaging, instructions for assembly and, where applicable, for installation and maintenance.
(ii) the effect on other products, where it is reasonably foreseeable that it will be used with other products.
(iii) the presentation of the product, the labelling, any warnings and instructions for its use and disposal and any other indication or information regarding the product.
(iv) the categories of consumers at risk when using the product, in particular children and the elderly.
The feasibility of obtaining higher levels of safety or the availability of other products presenting a lesser degree of risk shall not constitute grounds for considering a product to be 'dangerous'.
(c) 'dangerous product' shall mean any product which does not meet the definition of 'safe product' in (b).

이 법률에서 **'소비 안전성'**이란 상품 등(사업자가 그 사업으로서 제공하는 상품으로 제품 또는 사업자가 그 사업을 위하여 제공하고, 이용에 제공하거나 사업자가 그 사업으로 또는 그 사업을 위하여 제공하는 용역에 사용하는 물품, 시설 또는 공작물을 말한다. 이하 같다.) 또는 용역(사업자가 그 사업으로 또는 그 사업을 위하여 제공하는 것에 한한다. 이하 같다.)의 특성, 그러한 것의 통상 예견할 수 있는 사용(음식을 포함한다) 또는 이용(이하 '사용 등'이라 한다)의 형태, 그 밖에 상품 등 또는 용역에 관한 사정을 고려하여 그러한 것들의 소비자에 의한 사용 등이 행해진 때에 그러한 것들이 통상 갖추어야 할 안전성을 말한다.

일본의 소비자안전법은 '안전한 제품'의 정의는 아니지만 '소비 안전성'에 대한 개념을 정의함으로써 제품뿐 아니라 용역(서비스)을 포함하여 보다 넓게 정의하고 있음을 알 수 있다. 이를 통하여 '안전한 제품'이란 해당 제품이 통상 갖추어야 할 안전성을 갖춘 제품으로 유추할 수 있다. 다만 '통상 갖추어야 할 안전성'에 대한 구체적인 내용은 여전히 법의 해석에 맡기고 있는 것이다. 따라서 '통상 갖추어야 할 안전성'이 구체적으로 무엇을 의미하는지에 대해서는 개별 사안별로 관련 판례를 통하여 살펴보아야 한다.

4 消費者安全法 (定義)
第二条 4 この法律において消費安全性とは、商品等(事業者がその事業として供給する商品若しくは製品又は事業者がその事業のために提供し、利用に供し、若しくは事業者がその事業として若しくはその事業のために提供する役務に使用する物品、施設若しくは工作物をいう。以下同じ。)又は役務(事業者がその事業として又はその事業のために提供するものに限る。以下同じ。)の特性、それらの通常予見される使用(飲食を含む。)又は利用(以下使用等という。)の形態その他の商品等又は役務に係る事情を考慮して、それらの消費者による使用等が行われる時においてそれらの通常有すべき安全性をいう。

안전한 제품의 법적 기준

'안전한 제품'에 대해서는 소비자와 기업 간의 기댓값과 달성 능력이 다를 수 있고, 그 사회의 상황에 따라 요구되는 수준도 다를 수 있다. 제품의 안전성에 대하여 각 나라가 요구하는 수준이 다른 것도 이 때문이다. 그렇다면 '안전한 제품'은 도대체 어느 정도가 되어야 하는 것인가?

어떤 제품의 안전성이 소비자의 생명 · 신체 · 재산상 손해를 끼칠 우려가 있는 경우 해당 제품에 대하여 법적으로 규제를 하게 마련이다. 국민의 생명을 지켜야 할 책무가 국가에 있기 때문에 국가는 필요한 경우 특정 제품에 대하여 다양한 규제를 하게 된다. 특히 위험이 알려졌거나 예상할 수 있는 위험인 경우에 그 위험을 예방할 수 있는 대책을 마련하여 법으로 규제하게 된다.

어떤 제품을 법으로 규제할 경우 설계 지침을 제시하기도 하고, 특정 안전장치를 부착할 것을 의무화하기도 하며, 특정 물질(재료)의 사용을 금지하기도 한다. 그러나 이러한 규제가 과도할 경우 기업은 신제품 개발이나 신기술 적용을 기피하게 되고, 그 결과 소비자는 그만큼 상품 선택의 폭이 줄어들 수 있다. 또한 과도한 규제는 가격 상승을 가져오기도 하여 저소득층의 소비를 어렵게 할 수도 있다.

이러한 점들을 고려할 때 제품의 안전성에 대한 가장 합리적인 수준이란 소비자 입장에서는 당연히 기대할 수 있는 수준이어야 하고, 기업 입장에서는 마땅히 달성하여야 할 수준이어야 한다. 즉 소비자 간의 기대 수준을 감안하여야 하고, 기업들 사이의 기술 수준도 고려하여야 한다. 이와 함께 소비자의 기대 수준과 기업의 기술 수준을 고려하여 적정 수준을 설정하여야 한다. 이러한 과정을 거쳐 특정 제품에 대한 '안전기준'이 만들어진다. 따라서 국가가 정한 제품의 안전기준은 '안전한 제품'에 대한 최저 수준으로 보아야 한다. 요컨대 '안전한 제품'이란 적어도 국가가 정한 안전기준에 적합한 수준을 갖추어야 한다.

어떤 제품이 해당 법령에서 정한 안전기준에 적합하다고 해서 그 제품의 안전성에 대한 기업의 책임을 완수하였다고 할 수 없다. 안전기준에 대한 적합성은 단지 행정적인 규제공법적 책임를 준수하였다는 것이고, 제조물책임과 같이 피해자의 손해를 배상하여야 하는 제조물책임사법적 책임에서 자유로운 것은 아니기 때문이다. 더 나아가 기업의 사회적 책임도 마땅히 고려하여야 한다.

안전의 핵심 개념과 기업의 책임

인간은 어떤 사물 또는 자연에 대한 자신의 마음이나 감정을 언어를 통하여 나타낸다. 같은 사물을 보고도 다양한 표현이 가능한 이유이다. 우리가 제품안전 분야에서 자주 사용하고 있는 용어들을 과연 서로가 일치된 개념으로 사용하고 있는지에 대해서는 다시 생각해 볼 필요가 있다.

제품안전 분야에서 사용하고 있는 용어의 대부분은 외국어를 번역하여 사용하거나 외래어로 사용하고 있는 형편이다. 이런 상황이고 보니, 분명 다른 개념의 단어임에도 우리말로는 같은 말을 사용하기도 해서 본래의 의미가 왜곡되는 경우가 많다. 이러한 현실은 특히 제품안전 분야의 법규나 표준 등을 이해하는 데 중대한 영향을 끼칠 수 있다.

예컨대 한국산업표준에서도 영어로 동일한 단어를 우리말로 다르게 번역하거나 영어로 다른 단어를 우리말로는 같은 단어로 사용한다. 이로 인하여 영어 본래의 개념이 제대로 전달되지 못하여, 표준을 잘못 이해하는 경우도 발생하게 된다. 이러한 혼란을 예방하기 위하여 일반적으로 법규나 표준에서는 일상 생활에서 사용하는 용어와 특별히 차별을 두어야 할 용어가 있는 경우 별도의 정의 규정을 두고 있다. 특정한 용어의 정확한 개념을 이해하기 위해서는 반드시 용어 정의를 명확하게 숙지하고 이해하여야 한다. 특히 대부분의 국제표준을 국내표준으로 부합화[5]하여 사용하고 있는 현실을 고려할 때, 해당 표준의 용어 정의에 주목하여야 하는 것은 필수적이다.

안전한 제품의 출발점은 바로 제품안전 분야에서 사용하고 있는 용어의 개념에 대한 정확한 이해라고 해도 과언이 아니다. 용어의 개념을 명확히 이해하고 있어야 관련 법규나 표준이 요구하고 있는 사항에 부합화할 수 있기 때문이다. 이러한 의미에서 우선 제품안전 분야에서 사용하고 있는 주요한 용어와 그 개념에 대하여 살펴본다.

5 국제표준과 국내표준의 부합화란 국내표준을 국제표준과 일치시키는 것이며, 보통 언어만 자국어로 바꾸어 사용한다.

안전 관련 용어와 개념

'안전한 제품'을 만들기 위해서는 '제품안전'과 관련하여 사용하고 있는 핵심 용어의 개념과 정확한 의미를 이해하는 것이 매우 중요하다. 영어로 표현된 것을 우리말로 번역하는 과정에서 원어의 개념과 참의미를 간과하는 예가 자주 발생한다. 특히, 안전과 관련하여 유사한 용어들의 정확한 개념과 그 의미를 제대로 이해하고 구별하여 사용하여야 한다.

특정 용어의 개념과 그 의미에 대한 오해를 예방하기 위하여 각종 규제 법령이나 표준 등에서 필요한 경우, 반드시 해당 용어에 대한 정의를 규정하고 있다. 법령이나 표준을 다루는 담당자가 특정 규정을 올바르게 이해하기 위해서는 무엇보다도 특정 용어의 정의를 주목하여 살펴보아야 한다. 때로는 동일한 용어를 사용 환경에 따라 다르게 정의하기도 하기 때문이다. 이런 상황을 염두에 두고 제품안전과 관련하여 반드시 알아야 할 주요 용어에 대하여 살펴본다.

위험과 관련한 용어로 리스크risk, 위험원危險源, hazard, 위해危害, harm, 수용허용할 수 있는 리스크acceptable risk, tolerable risk, ALARPas low as reasonably practicable 등이 있다. 이러한 용어는 사용하는 분야에 따라 다양한 개념으로 정의되고 있는데, 여기에서는 '제품안전'과 관련하여 그 의미를 살펴보기로 한다. 제품을 사용하는 소비자 입장에서 제품이 가지고 있는 위험원과 리스크가 소비자에게 위해를 주는 과정을 머릿속에 그리면서, 각 용어의 개념과 정의를 살펴보면 이해하기가 쉬울 것이다.

hazard는 위험원, 위해의 잠재적 원인the potential source of harm을 의미한다[6]. 즉 안전하지 않은 상태, 위험한 상태로 발전할 수 있는 출발점이라고 할 수 있다. harm은 위해, 즉 사람의 생명, 신체 또는 재산, 기타 환경 등에 손해를 발생시키는 것을 의미한다. risk는 위험원과 관련된 사건의 발생 가능성발생 빈도, probability과 위해의 심각성위해의 크기, severity이 결합된 개념이다. risk는 리스크 · 위험 · 위험성 · 불확실성 등과 같이 다양하게 번역되어 사용하고 있다[7]. 영어의 개념과 참의미를 고려하고, 다른 용어와의 혼란을 피하기 위하여 이 책에서는 '리스크'로 사용한다.

요컨대 hazard에서 risk로 진행하고, risk가 현실화된 것이 harm이라고 할 수 있다. 이러한 개념을 바탕으로 수용허용할 수 있는 리스크를 정의하면 사람이 관리할 수 있는 상태의 리스크를 의미한다[8]. 이는 리스크를 관리할 때 합리적으로 실행이 가능한 만큼 낮은 상태로 하는 원칙, 즉 ALARP 원칙에 따른 리스크라고 할 수 있다.

safety안전, product safety제품안전, defect결함에 대해 살펴보자. safety는 안전 · 안전성 · 안전도 등으로 번역되어 사용하고 있다. 이 책에서는 주로 안전 또는 안전성으로 사용한다[9]. 앞에서 언급한 바와 같이 절대적인 안전은 존재하지 않으므로 일반적으로 안전이란 수용허용할 수 있는 리스

6 ISO/IEC Guide 51: 2014 3.2 hazard.

7 김진현, 박달재, '리스크의 개념에 대한 고찰', 한국안전학회지, 제28권 제6호, 2013.

8 ISO/IEC Guide 51: 2014에서 acceptable risk와 tolerable risk는 동일한 것으로 정의하였다.

9 모든 제품을 포괄하여 안전을 말할 때는 '안전'으로, 특정 제품에 한정할 때는 '안전성'으로 사용하되, 품질의 다른 측면과 비교하는 개념으로는 '안전성'으로 사용하기로 한다.

크acceptale risk, tolerable risk만 있는 상태를 말한다. 제품안전이란 문자적으로 제품에 대한 안전 또는 특정 제품의 안전성을 의미한다. 제품안전은 제품의 안전에 대한 일종의 철학이라고 할 수 있다. 이러한 안전 철학을 바탕으로 만들어진 제품이 '안전한 제품safe product'이다.

과도한 홍보나 판촉 활동으로 안전을 가장하거나 특정 성능을 강조하기도 하지만 안전 철학이 없는 기업은 결코 안전한 제품을 만들 수 없다.

제품안전이란 소비자 안전 확보를 위한 기업의 안전 철학이며, 기업의 안전배려의무이다. 기업이 안전 철학, 안전배려의무에 충실할 때 비로소 안전한 제품을 생산할 수 있으며, 이를 통하여 소비자의 신뢰를 얻을 수 있는 것이다.

'안전한 제품'이란 달리 말하면, '결함 없는 제품'이라고 할 수 있다. 여기에서 결함defect은 사전적辭典的으로는 '부족하거나 완전하지 못하여 흠이 되는 부분'을 말한다[10]. 결함이란 단어의 defect는 라틴어 데펙투스defectus에서 온 말로, 데펙투스는 '부족하다, 떨어져 나가다'를 의미하는 라틴어 동사 데피치오deficio에서 파생하였고, 데피치오는 '데de'와 '파치오facio'의 합성어이다[11]. 요컨대 결함이란 무언가 부족하여 흠이 있는 상태, 즉 안전하지 못한 상태를 의미한다고 할 수 있다. 여기에서 주목할 점은 부족하지 않은 상태, 완전한 상태, 흠이 없는 상태가 전제되어야만 비로소 이런 상

10 국립국어원, 표준국어대사전, http://stdweb2.korean.go.kr/search/View.jsp.
11 한동일, 『라틴어 수업』, 흐름출판, 2017, 59면.

태에 미치지 못한 부족한 상태, 불완전한 상태, 흠이 있는 상태가 있을 수 있다는 것이다. 즉 결함이 없는 제품이란 그 제품이 안전하다고 평가받을 수 있는 제품이라고 할 수 있고, 이런 제품을 만들어 공급하는 것이 기업이 부담하여야 할 책임인 것이다.

이러한 기업의 책임을 준수하기 위해서는 결함에 대하여 보다 구체적인 개념 정의가 필요하다. 이에 대해서는 관련 법규를 통하여 살펴볼 수 있다. 기업이 안전한 제품에 대한 개념을 정립하는 데 제조물책임법상 결함 개념은 매우 중요할 뿐 아니라 이에 대한 정확한 이해는 필수이다.

안전한 제품과 제품의 결함

결함에 대한 법적 정의는 제조물책임법에서 찾아볼 수 있다. 우리나라 제조물책임법에 의하면 제품의 결함은 제조상 결함, 설계상 결함, 표시상 결함 및 그 밖에 통상적으로 기대할 수 있는 안전성이 결여되어 있는 것 등 4가지 유형으로 구분하여 정의하고 있다.

제조상 결함이란 제조업자가 제조물에 대하여 제조상 · 가공상 주의 의무를 이행하였는지에 관계 없이 제조물이 원래 의도한 설계와 다르게 제조 · 가공됨으로써 안전하지 못하게 된 경우를 말한다[12]. 설계상 결함이란

12 제조물책임법 제2조 제1호 가목.

제조업자가 합리적인 대체설계를 채용하였더라면 피해나 위험을 줄이거나 피할 수 있었음에도 대체설계를 채용하지 않아 해당 제조물이 안전하지 못하게 된 경우를 말한다[13]. 표시상 결함이란 제조업자가 합리적인 설명 · 지시 · 경고 또는 그 밖의 표시를 하였더라면 해당 제조물에 의하여 발생할 수 있는 피해나 위험을 줄이거나 피할 수 있었음에도 이를 하지 않은 경우를 말한다[14]. 이러한 제조 · 설계 · 표시상 결함 외에도 통상적으로 기대할 수 있는 안전성을 갖추지 못한 경우 결함이 된다.

우리나라 제조물책임법상 결함의 정의에서 특히 '안전하지 못하게 된 경우', '피해나 위험을 줄일 수 있었음에도 이를 하지 않은 경우 및 통상적으로 기대할 수 있는 안전성이 결여되어 있는 것'에 주목할 필요가 있다. 결국, '안전하지 못하게 된 경우'와 '통상적으로 기대할 수 있는 안전성이 결여되어 있는 것'은 같은 의미로 볼 수 있다.

제조상 결함에서 주의하여야 하는 것은 '제조상 · 가공상 주의 의무를 이행하였는지에 관계 없이'와 '원래 의도한 설계와 다르게 제조 · 가공됨'이라는 표현이 의미하는 바를 명확하게 이해하여야 한다는 것이다. '제조상 · 가공상 주의 의무를 이행하였는지에 관계 없이'라는 표현은 제조업자의 과실 유무를 고려하지 않는다는 것이다. 즉 종전의 불법행위책임으로서 제조물책임을 물을 경우에는 제품의 결함과 더불어 그 결함이 제조업자

13 제조물책임법 제2조 제1호 나목.

14 제조물책임법 제2조 제1호 다목.

의 과실로 발생하였다는 점을 증명해야만 했다.

그러나 제조물책임법에서는 오직 결함만 있으면 그 결함이 제조업자의 과실에 기인하였는지는 묻지 않는다는 의미이다. 이 때문에 제조상의 결함을 '무과실 책임'이라고도 한다. 제조물책임법상 제조물책임에 대한 보다 정확한 책임의 성격은 '결함책임'이라고 해야 할 것이다. 또한 제조상 결함은 '원래 의도한 설계와 다르게 제조 · 가공됨'이란 제조 설비, 설비 운용자, 작업 환경 등 어떠한 부분의 영향인지는 알 수 없으나 원래 설계한 도면대로 제조 · 가공되지 않아 안전하지 않게 된 것을 말한다. 따라서 제조상 결함을 판단하는 중요한 기준은 '제조업자가 원래 의도한 설계'라고 할 수 있다.

실제 제조물책임 소송에서 제조상 결함을 주장하는 피해자는 제조물이 원래 의도한 설계와 다르게 제조 · 가공됨으로써 안전하지 못하게 된 사실을 증명하여야 한다. 제조상 결함의 판단 기준은 제조업자가 의도한 설계이므로, 비교적 객관적인 사실이라는 점을 들어 다른 유형의 결함보다 증명이 용이하다고 평가할 수 있다. 그러나 문제는 제조업자가 의도한 설계는 대부분 공개하지 않는 지적 재산이고, 미국과 같이 정보 개시discovery 제도가 없는 우리나라의 소송 환경에서 피해자는 제조업자가 의도한 설계와 다르게 제조 · 가공함으로써 안전하지 못하게 된 사실을 증명하는 것 역시 매우 어렵다. 또 제조업자가 의도한 설계를 입수하더라도 해당 제조물에 관한 전문 지식이 부족한 피해자는 해당 제조물에 관한 전문 지식과 경험을 가진 전문가의 도움이 필수적이고, 이에 따르는 비용 역시 상당한 부담이 될 수밖에 없다. 실제로 기능과 구조가 단순한 제조물인 경우 제조상 결함은 동종의 정상 제품과 비교함으로써 제조상 결함을 쉽게 증명할 수도 있다. 그러나 자동차와 같이 기능과 구조가 복잡하고 첨단 기술이 집약된 제조물인 경우 그 증명은 매우 곤란하다.

설계상 결함에서 주의해야 하는 것은 합리적인 대체설계의 채용 여부이다. 특히 설계상 결함은 제조업자가 기획하여 결정한 제조물의 구체적인 설계 자체에 이미 내재하고 있는 결함을 말한다. 따라서 해당 설계대로 제조한 모든 제조물에 발생하게 된다. 다시 말해 제조물의 안전성과 효용성 그리고 가격 등을 고려하여 제조업자 스스로 계획하고 선택한 결과로 발생하는 것이다.

제조업자는 제조물을 설계할 때 충분한 안전성을 갖춘 제조물을 설계하여야 한다. 제조업자가 안전한 제조물을 설계하는 데 필요한 기술을 보유하지 못한 때는 해당 기술을 보유한 전문가를 고용하거나 전문 기업 등 제3자의 도움을 구하여야 한다. 특히 제조물의 통상 예견되는 사용뿐 아니라 예견할 수 있는 오사용에 대해서도 안전성을 구비한 제조물을 설계하여야 한다. 제조업자가 새로운 재료 · 설비 · 방법 등을 개발하는 경우에는 제조물을 제조 당시의 기술 수준에 맞추어 예견할 수 있는 위험이 발생하지 않도록 설계하여야 한다. 이는 해당 제조물의 소비자와 사용자를 새로운 기술의 실험 대상으로 삼아서는 안 되기 때문이다. 설계상 결함과 관련하여 제조업자가 고려하여야 할 기술 수준은 설계를 종료하였을 때의 기술 수준을 기준으로 하되, 그 후 기술의 향상도 고려하여야 한다.

설계상 결함은 제조업자가 합리적인 대체설계를 채용하지 않아서 해당 제조물이 안전하지 못하게 된 경우이다. 설계상 결함을 판단하는 기준은 합리적 대체설계의 채용 여부이므로 합리적 대체설계를 어떻게 이해하고 판단할 것인지가 핵심 사항이다. 합리적 대체설계의 평가는 일반적으로 합리적인 사람을 기준으로 피해를 일으킨 설계와 대체설계 간의 비교를 통하여 이루어진다. 합리적 대체설계는 해당 제조물로 인한 위험과 효용 사이의 균형 여부에 대하여 여러 가지 요소를 합리적으로 형량하여 판단하게 된다.

제조업자는 자신의 제조물에 대하여 당시의 기술 수준과 경제성을 고려하여 안전한 설계를 선택하여야 할 의무가 있다. 따라서 제조업자는 동종 업계의 기술 수준뿐 아니라 입수할 수 있는 최고 수준의 과학 · 기술 지식을 동원하여 안전한 설계를 하여야 한다. 특히 예견할 수 있는 위험에 대해서는 충분한 안전장치를 마련하여야 한다. 나아가 예견할 수 있는 오사용 상태에 대해서도 합리적인 안전 대책을 강구하여야 한다.

실제 제조물책임 소송에서 설계상 결함을 특정하여 소송을 제기한 피해자는 '해당 제조물의 제조업자가 합리적인 대체설계를 채용하였더라면 피해나 위험을 줄이거나 피할 수 있었음에도 이를 채용하지 않아 해당 제조물이 안전하지 못하게 된 사실'을 증명하여야 한다. 즉 해당 제조물과 관련하여 합리적 대체설계가 존재한다는 사실과 이미 그 설계를 채용한 동종의 제조물이 존재한다거나 합리적 대체설계를 채용할 수 있다는 사실[대체설계의 실현 가능성]을 증명하여야 하는 것으로 해석된다.

오늘날 첨단 과학 기술이 도입된 제조물이나 복잡한 구조와 기능을 갖춘 제조물에 대한 설계상 결함을 특정하여 주장하는 경우에 통상 비전문가인 피해자가 합리적 대체설계의 존재와 그 설계의 실현 가능성을 증명한다는 것은 거의 불가능하다. 나아가 신약이나 첨단 기술이 도입된 신제품과 같이 본래 대체설계가 존재하지 않는 경우에는 설계상 결함이 인정되지 않을 가능성이 높다. 이러한 이유로 설계상의 결함에 대해 증명책임의 일반 원칙을 적용하는 것은 제조물책임법의 입법 목적과 취지에도 부합하지 않는다. 특히 제조물에 관한 전문 지식이 절대적으로 부족한 통상의 피해자에게 가장 전문적이고 기술적인 대체설계의 존재와 그 실현 가능성을 증명하도록 하는 것은 설계상 결함을 통한 소송 자체를 막는 것이라 해도 과언이 아니다[15].

표시상 결함에서 주의하여야 하는 것은 합리적 설명 · 지시 · 경고 · 기타의 표시의 유무이다. 표시상 결함은 지시 · 경고상 결함이라고도 하며, 제조물에 제조상 또는 설계상 결함은 없지만 제조물 사용에 대한 설명 · 지시나 위험에 대하여 경고하지 않았기 때문에 발생한 결함을 말한다. 즉 제조업자에게는 소비자에게 안전한 사용 방법을 알려 주고, 부적절하게 사용하면 위험하다는 것을 경고하여야 할 의무가 있는데, 이러한 지시 및 경고 의무를 다하지 못한 경우의 결함을 말한다[16].

일반적으로 지시와 경고는 구별된다. 지시는 효용 촉진을 목적으로 하고, 경고는 위험 회피를 목적으로 한다. 즉 지시는 소비자나 사용자에게

15 김제완, '제조물책임법에 있어서 설계상의 결함의 판단 기준–합리적 대체설계(Reasonable Alternative Design)의 입증 책임 문제를 중심으로–', 법조 vol.583(법조협회, 2005. 4.), 96~97면.

16 David G. Owen, 『Products Liability Law』, 2nd ed.,(Thomson West, 2008), 581면.

제조물의 효과적인 사용 방법을 알려 주는 것이고, 경고는 제조물을 부적절하게 사용하면 위험하다는 것과 그 위험을 방지하는 방법을 알려 주는 것이다. 지시의 목적은 제조물의 효과적인 사용 방법을 알려 주는 것이므로 지시가 있더라도 경고가 별도로 요구되는 것이 일반적이다. 제조물책임에서는 제조물의 위험성과 관련하여 경고 의무가 더욱 중요하다.

표시상 결함은 제조물의 유통 · 판매 · 소비의 각 과정에서 제조 · 판매업자가 제공한 정보의 표시에 관한 결함을 말한다. 표시상 결함에는 소극적 결함과 적극적 결함이 있다[17]. 소극적 결함은 제조물의 결함에 관하여 적절한 표시를 하지 않은 것으로, 결함을 예견할 수 없는 제조업자에게는 지시 · 경고 의무를 부과할 수 없다고 한다. 적극적 결함은 제조물의 결함을 은폐하거나 다르게 표시하는 것을 말한다. 특히 제조물의 표시가 소비자나 사용자에게 제조물의 성능과는 별도로 제조물에 관한 정보를 제공하는 독자적인 기능을 한다는 점에서 제조업자에게 지시 · 경고 의무를 부담시키는 것이다.

표시상 결함은 제조업자가 합리적인 설명 · 지시 · 경고 기타의 표시를 하지 않은 경우로 표시상 결함이 있는지 여부는 합리적인 설명 · 지시 · 경고 · 기타의 표시를 하였는지에 달려 있다. 합리적인 설명 · 지시 · 경고는 해당 제조물에 의하여 발생할 수 있는 피해나 위험을 줄이거나 피할 수 있는 것이어야 한다. 어떠한 경우에 제조업자가 지시나 경고를 결함 제거의

17 이진용, '제조물책임의 비교법적 고찰', 영남대학교 대학원 박사 학위 논문, 1995, 48~49면.

수단으로 사용할 수 있는가의 문제는 상당성 원칙에 의해 결정되는 것이다[18]. 그 경우 특히 위험의 크기와 개연성, 관련자의 수 등이 문제될 것이며, 경고와 사용 지시의 내용, 범위 등도 상당성 원칙에 의하여 정해져야 할 것이다[19]. 제조업자가 일반적으로 제조물에 대한 설명 · 지시 · 경고를 하여야 할 경우로는 예견할 수 있는 위험의 크기, 위험의 개연성, 효과적인 설명 · 지시 · 경고를 할 수 있는 가능성, 이해관계자의 수 등을 고려하는 불법 행위법상의 상당성 원칙에 의해 결정된다[20].

실제 제조물책임 소송에서 표시상 결함을 주장하는 피해자는 '제조업자가 합리적인 설명 · 지시 · 경고 · 기타의 표시를 하였더라면 해당 제조물에 의하여 발생할 수 있는 피해나 위험을 줄이거나 피할 수 있었음에도 이를 하지 않은 사실'을 증명하여야 한다. 표시상 결함은 해당 제조물에 의하여 발생할 수 있는 피해나 위험을 줄이거나 피할 수 있는 합리적인 설명 · 지시 · 경고 · 기타의 표시를 하지 않은 사실을 증명하는 것이므로, 다른 유형의 결함보다 증명이 용이한 것으로 평가하고 있다. 왜냐하면 제조상 결함이나 설계상 결함은 결함 증명에 매우 전문적인 과학 · 기술 지식이 요구되는 반면, 표시상 결함은 상대적으로 전문성보다는 일상 생활상의 안전에 관한 인식 내지 의식을 통해서도 증명할 수 있기 때문이다[21]. 또한 합리

---

18 홍천룡, '제조물책임의 가치 기준으로서의 결함의 개념', 연람 배경숙 교수 화갑 기념 논문집 한국 민사 법학의 현대적 전개, 박영사, 1991, 660~661면.

19 홍천룡, 위의 논문, 661면.

20 홍천룡, 앞의 논문, 661면.

21 권영준, '제조물책임에 있어서의 결함', 안동대학 논문집 제6집(안동대학교, 1984), 454~455면.

적인 설명 · 지시 · 경고 · 기타의 표시 자체가 없다는 사실은, 별도의 정보 수집이 필요하지 않기 때문이기도 하다. 이 경우 제조물과 제조물 구입 당시 제공된 사용 설명서 등을 통하여 직접 확인할 수 있어야 한다. 다만 제조물이 멸실된 경우나 구입 당시 제조업자가 제공한 사용 설명서 등이 없는 경우 증명에 어려움이 있을 수는 있다.

이미 언급한 3가지 결함 외에도 기타 통상적으로 기대할 수 있는 안전성을 갖추지 못한 결함, 이른바 '기타 결함'이 있다. 여기에서 주목하여야 하는 것은 '통상적으로 기대할 수 있는 안전성'이다. 이 기타 결함이 과연 별도의 결함 유형인지, 아니면 결함의 판단 기준인지, 만약 별도의 결함 유형이라면 이 기타 결함에는 어떤 유형의 결함이 포함되는 것인지에 대해 규명할 필요가 있다. 또한 통상적으로 기대할 수 있는 안전성이 어떤 의미인지를 규명하여야 한다. 이 기타 결함에 관하여 우리나라 제조물책임법 입법 과정에서 법안 마련을 주도하였던 제안자에 따르면 당시 국회에 제출된 민주당안, 일본 제조물책임법, 미국의 제3차 불법행위법 리스테이트먼트제조물책임에 관한 자료를 검토했다고 한다. 결함의 정의와 범위는 제조물책임을 결정하는 데 가장 중요한 기준으로 기능하여야 하기 때문에 가능한 한 많은 의미를 포섭하도록 추상적이어야 한다는 판단에서 현행 규정과 같이 작성한 것이다[22].

기타 결함은 제조물책임 법리의 형성과 발전 과정을 통하여 살펴본 바와 같이 제3차 불법행위법 리스테이트먼트제조물책임가 채택되기 전 미국, EC 제조물책임 입법지침, 일본 제조물책임법 등에서 채용하고 있던 결함 개념이라고 할 수 있다. 이들 국가에서도 포괄적인 개념으로 결함을 정의하고, 여기에는 설계 · 제조 · 표시상 결함의 유형이 있다고 해석하고 있다. 결함의 유형은 제조물의 제조 · 유통 과정을 설계 단계 · 제조 단계 · 유통 단계 등으로 구분하고 어느 단계에서 발생한 결함인지를 파악하기 위한 접근 방식이다. 비록 '기타'라는 단어로 인해 마치 제조 · 설계 · 표시상 결함 이외의 유형으로 해석할 수도 있겠으나 제조물의 제조 · 유통 과정을 생각하면 과연 또 다른 유형의 결함을 상정할 수 있을지 의문이다[23]. 따라서 기타 결함은 단일한 결함 개념으로 제조물책임법 제2조 제2호 '가'목부터 '다'목까지 규정된 제조상 · 설계상 · 표시상 결함을 당연히 포괄하는 개념으로 보아야 할 것이다.

앞에서 살펴본 바와 같이 제조상 · 설계상 · 표시상 결함을 특정하기가 어려울 수 있다. 더욱이 특정할 수 있다 하더라도 피해자의 증명 부담이 오히려 가중될 수 있는 상황에서 피해자는 기타 결함을 주장 · 증명할 수밖에 없을 것이다. 여기에 기타 결함의 의의가 있다고 할 것이다.

기타 결함에서 '통상적으로 기대할 수 있는 안전성'은 일본 제조물책임

---

22 Chan Jin Kim, Korean Product Liability Act, 33 Korean J. Int'l & Comp. L. 47 2005, pp.80~83… 결함의 정의와 범위는 제조물책임을 결정하는 데 가장 중요한 기준으로 기능해야 하기 때문에 가능한 한 많은 의미를 포섭하도록 추상적이어야 했다. 그래서 일본의 제조물책임법은 크게 도움이 되지 않는다고 판단하여 미국의 제3차 리스테이트먼트(제조물책임)의 접근 방식이 사고 과정(thought process)을 단순화하는 데 큰 도움이 되었다. 결함의 정의에 대하여 개정안을 작성하는 데 훌륭한 사례나 적어도 약간의 지침이 필요하였고, 유용한 지침을 찾던 중 Perkins Choi의 미국 제조물책임에 관한 입문서[Product Liability In the United States 2–8(1st. ed. 1991]를 사용하기로 하고, 이틀 동안의 집중적인 작업을 거쳐 결함 규정에 관한 최종 수정안을 마련하여 소위원회와 재정경제위원회에서 현재의 결함 규정이 승인되었다.

23 이상정, '제조물책임법 제정의 의의와 향후 과제', 저스티스 제68호(한국법학원, 2002), 13~14면.

법 제2조의 '통상 갖추어야 할 안전성' 또는 EC 제조물책임 입법 지침 제6조의 '사람이 정당하게 기대할 수 있는 안전성', 독일 제조물책임법 제3조의 '일반적으로 기대할 수 있는 안전성', 프랑스 민법전 제1386조4의 '정당하게 기대할 수 있는 안전성', 영국의 소비자보호법 제3조의 '통상 당연히 기대되어야 할 안전성'과 본질상 동일한 것이라고 할 수 있다. 여기에서 문제가 되는 것은 과연 '통상적으로 기대할 수 있는 안전성'이란 어떤 의미인가이다.

법원은 '통상적으로 기대할 수 있는 안전성'에 대하여 통상적인 소비자가 합리적으로 기대할 수 있는 안전성을 기준으로 판단할 것이며, 통상적 소비자 기대의 합리성을 판단하는 데는 소비자의 위험에 대한 인식과 제조물 자체의 위험과 효용, 제조물의 특성 등 해당 제조물에 관한 모든 사정을 종합적으로 고려하여 판단할 것이다.

실제 제조물책임 소송에서 기타 결함을 원인으로 소송을 제기한 피해자는 해당 제조물이 '통상적으로 기대할 수 있는 안전성이 결여되어 있다는 사실'을 주장 · 증명하여야 한다. 즉 손해를 일으킨 결함이 통상적인 소비자로서 누구나 기대할 수 있는 안전성이 확보되지 않았음을 증명하여야 한다. 전문성을 가진 제조업자로서는 충분히 예견할 수 있는 위험에 대한 적절한 안전장치를 갖추지 못했다거나 적절한 경고를 하지 않았다는 등의 사실을 통하여 통상적으로 소비자는 도저히 그러한 위험을 예상할 수 없었다는 사실을 증명하여야 한다. 피해자는 제조물을 충분히 예견할 수 있는 방법으로 사용하였으나 예상할 수 없는 위험에 직면하여 손해를 입었다는 사실만을 증명하면 법원은 피고 제조업자에게 해당 제조물이 통상적으로 기대하는 안전성을 결여하지 않았다는 사실을 증명하게 함으로써 피해자의 증명책임을 경감시킬 수 있을 것이다. 이 점에 있어서는 이미 우리 판례도 사실상의 결함 추정 내지 인과관계를 추정하여 증명책임을 전환하는 입장을 취하고 있다[24].

최근 개정된 제조물책임법은 제3조의2(결함등의 추정)를 추가하여 피해자가 해당 제조물이 정상적으로 사용되는 상태에서 피해자의 손해가 발생하였다는 사실, 발생한 손해가 제조업자의 실질적인 지배 영역에 속한 원인으로부터 초래되었다는 사실, 발생한 손해가 해당 제조물의 결함 없이는 통상적으로 발생하지 않는다는 사실을 증명한 경우에는 제조물을 공급할 당시 해당 제조물에 결함이 있었고, 그 제조물의 결함으로 인하여 손해가 발생한 것으로 추정하도록 규정하고 있다. 다만 제조업자가 제조물의 결함이 아닌 다른 원인으로 인하여 그 손해가 발생한 사실을 증명한 경우에는 그렇지 않다고 규정하여 증명책임의 전환을 명문으로 규정하고 있다.

지금까지 제품안전과 관련하여 중요한 용어의 개념과 정의에 대하여 살펴보았다. 특히 위험과 관련하여 hazard, risk, harm, acceptable risk, tolerable risk, ALARP 원칙을 살펴보았다. 이러한 용어의 정확한 의미를 숙지하고 제품안전경영 PSM(Product Safety Management)에 적용할 수 있어야 한다. 또한 안전한 제품이란 결함이 없는 제품이라고 할 수 있으므로 결함의

24 대법원 2000. 2. 25. 선고 98다15934 판결.

개념에 대해서도 철저히 숙지하여야 할 것이다.

그렇다면 이러한 제품안전 철학을 바탕으로 안전한 제품을 만들어야 할 기업은 도대체 어디까지 책임을 부담하여야 하는 것인가? 제품안전과 관련하여 기업이 부담하여야 할 책임에 대하여 살펴본다.

기업의 책임

최소한의 법적책임, 안전기준 등 공법적 규제에 대한 책임[25]

정부는 제품의 안전성이 소비자의 안전, 즉 소비자의 생명 · 신체 · 재산상 손해를 입히거나 입힐 우려가 있는 경우에는 법률로 해당 제품의 안전성에 대하여 적절한 규제를 하고 있다. 시장에 공급하기 전에 법으로 정한 안전기준에 적합한지를 검증하여 적합한 제품만 판매하게 하거나안전인증제도, 기업이 스스로 안전성을 검증하여 신고하도록 하거나자율안전확인제도, 필요한 안전 및 품질 정보를 표시하게 하는품질표시제도 등 적절한 수단을 통하여 해당 제품의 안전성을 확인하도록 하고 있다.

기업은 기본적으로 국가가 정한 안전기준을 준수하여야 할 법적책임이 있다. 이러한 책임은 공법적 책임행정법, 형사법에 따른 책임이라고 한다. 그런데

25 공법(公法)이란 법을 구분하는 하나의 방법으로, 공익에 관한 법, 권력 관계에 관한 법 등을 말하는데, 일반적으로 헌법, 행정법과 형사법 등을 공법의 범주에 포함시키고 있다. 제품안전기본법, 전기용품 및 생활용품 안전관리법, 자동차관리법 등 제품안전을 규율하고 있는 법률을 행정법이라고 한다.

이 책임은 해당 제품의 결함에 따른 피해자를 직접적으로 구제하는 것은 아니다. 기업이 활동을 하는 데 직접적인 영향을 주는 것이다. 안전기준 등 규제를 준수하지 않을 경우에는 제품의 시장 출하 금지와 출하된 제품의 판매 금지, 나아가 이미 판매된 제품의 회수 · 폐기 등의 처분을 받게 된다.

법이 요구하는 안전에 대한 기업의 책임은 기업 자체에 대한 제재를 의미하며, 기업이 당연히 지켜야 할 안전 수준이다. 반면, 이러한 기업의 책임은 소비자 측면에서는 보장된 안전 수준이라고 할 수 있다. 국가가 정한 안전기준은 기업이 지켜야 할 최저 수준의 기준이며, 소비자에게도 최저 수준의 보장된 기준이 된다. 이와 같은 기업의 법적책임은 기본적인 책임이다.

이와 함께 제품안전기본법 제4조제4항은 '사업자는 안전한 제품을 제조 또는 유통하여야 하고, 제조 또는 유통되는 제품의 안전성을 확인할 책무를 진다'고 규정하고 있다. 또한 소비자기본법 제19조제1항은 '사업자는 물품 등으로 인하여 소비자에게 생명 · 신체 또는 재산에 대한 위해가 발생하지 아니하도록 필요한 조치를 강구하여야 한다'고 규정하고 있다. 이러한 규정들은 기업으로 하여금 '안전한 제품'을 제조 · 유통하여야 함은 물론, 제품의 안전성을 지속적으로 확인하고 소비자에게 위해가 발생하지 않도록 필요한 조치를 취할 책무가 있음을 환기시켜 주는 것이다. 따라서 공법적 규제로 요구받는 안전에 대한 기업의 책임은 가장 기본적인 책임이며, 만일 이 수준에 미치지 못하는 기업은 생존이 불가능한 것이다.

기업은 안전기준에 적합한 수준이 아니라 보다 더 안전한 제품을 생산 · 유통할 수 있도록 노력하여야 할 책임이 있다. 실제 현장에서 제품안전 관련 담당자가 안전 관련 법규를 접할 때, 그 이해를 돕는 전기용품 및 생활용품 안전관리법의 안전인증 제도에 대해 살펴보자.

[안전인증 관련 조문]

전기용품 및 생활용품 안전관리법

제5조(안전인증 등) ① 안전인증대상제품의 제조업자(외국에서 제조하여 대한민국으로 수출하는 자를 포함한다. 이하 같다) 또는 수입업자는 안전인증대상제품에 대하여 모델(산업통상자원부령으로 정하는 고유한 명칭을 붙인 제품의 형식을 말한다. 이하 같다)별로 산업통상자원부령으로 정하는 바에 따라 안전인증기관의 안전인증을 받아야 한다.

② 안전인증대상제품의 제조업자 또는 수입업자는 안전인증을 받은 사항을 변경하려는 경우에는 산업통상자원부령으로 정하는 바에 따라 안전인증기관으로부터 변경인증을 받아야 한다. 다만 제품의 안전성과 관련이 없는 것으로서 산업통상자원부령으로 정하는 사항을 변경하는 경우에는 그러하지 아니하다.

제49조(벌칙) ① 다음 각 호의 어느 하나에 해당하는 자는 3년 이하의 징역 또는 3천만 원 이하의 벌금에 처한다.

1. 거짓이나 그 밖의 부정한 방법으로 안전인증기관으로 지정을 받고 안전인증이나 안전검사를 한 자
2. 안전인증기관으로 지정을 받지 아니하고 안전인증이나 안전검사를 한 자
3. 거짓이나 그 밖의 부정한 방법으로 제5조 제1항에 따른 안전인증을 받은 자
4. 제5조 제1항을 위반하여 안전인증을 받지 아니하고 안전인증대상제품을 제조 또는 수입한 자
5. 제5조 제2항 본문을 위반하여 변경 인증을 받지 아니한 자
6. 제5조 제3항에 따른 안전기준 또는 공장심사기준을 위반하여 안전인증을 한 자
7. 거짓이나 그 밖의 부정한 방법으로 제8조 제1항에 따른 안전검사를 받은 자
8. 제8조 제1항을 위반하여 안전검사를 받지 아니하고 중고 안전인증대상전기용품을 수입한 자

[해설]

전기용품 및 생활용품 안전관리법은 전기용품 및 생활용품의 안전관리에 관한 사항을 규정함으로써 국민의 생명 · 신체 및 재산을 보호하고, 소비자의 이익과 안전을 도모함을 목적으로 제정한 법률이다.

이 법 제5조는 안전인증에 관하여 규정하고 있다. 안전인증대상 제품의 제조업자 또는 수입업자는 모델별로 산업통상자원부령으로 정하는 바에 따라 안전인증을 받아야 한다.

여기에서 산업통상자원부령이란 산업통상자원부 장관 명령으로 이는 전기용품 및 생활용품 안전관리법 시행규칙을 말한다. 또한 '모델'이란 산업통상자원부령으로 정하는 고유한 명칭을 붙인 제품의 형식을 말하는데, 같은 법 시행규칙 제2조 제1호는 '"모델"이란 전기용품 또는 생활용품을 구별하기 위하여 그 설계 · 기능 등이 서로 다른 제품별로 각각의 고유한 명칭을 부여한 하나의 제품을 말한다.'고 규정하고 있다.

"안전인증"이란 제품 시험 및 공장 심사를 거쳐 제품의 안전성을 증명하는 것을 말한다(전기용품 및 생활용품 안전관리법 제2조 제5호).

'안전인증대상제품'이란 안전인증대상전기용품과 안전인증대상생활용품을 말하는데, '안전인증대상전기용품'이란 구조 또는 사용 방법 등으로 인하여 화재 · 감전 등의 위해가 발생할 우려가 크다고 인정되는 전기용품으로서 안전인증을 통하여 그 위해를 방지할 수 있다고 인정되어 산업통상자원부령으로 정하는 것을 말한다(전기용품 및 생활용품 안전관리법 제2조 제10호 가목).

'안전인증대상생활용품'이란 구조 · 재질 또는 사용 방법 등으로 인하여 소비자의 생명 · 신체에 대한 위해, 재산상 피해나 자연 환경의 훼손에 대한 우려가 크다고 인정되는 생활용품으로서 안전인증을 통하여 그 위해를 방지할 수 있다고 인정되어 산업통상자원부령으로 정하는 것을 말한다(전기용품 및 생활용품 안전관리법 제2조 제10호 나목).

현재 전기용품 및 생활용품 안전관리법의 적용을 받는 안전인증대상제품은 전기용품 및 생활용품 안전관리법 시행규칙 제3조에 규정하고 있는데, 안전인증대상전기용품은 1천볼트 이하의 교류 전원 또는 직류 전원을 사용하는 것으로서 별표 3 제1호에 따른 제품(시행규칙 제3조 제1항)이며, 안전인증대상생활용품은 별표 3 제2호에 따른 제품(시행규칙 제3조 제2항)을 말한다.

만일 안전인증대상제품의 제조업자 또는 수입업자가 제5조 제1항을 위반하여 안전인증을 받지 않거나, 제5조 제2항을 위반하여 변경인증을 받지 않으면 3년 이하의 징역 또는 3천만 원 이하의 벌금에 처하도록 규정하고 있다(전기용품 및 생활용품 안전관리법 제40조 제1항 제4호, 제5호).

전기용품 및 생활용품 안전관리법은 특별히 제품안전관리에 대하여 그 개념을 정의하고 있는데, 제2조 제4호에 '"제품안전관리"란 제품의 취급 및 사용으로 인하여 발생하는 소비자의 생명 · 신체에 대한 위해, 재산상 피해나 자연 환경의 훼손을 방지하기 위하여 제품의 제조 · 수입 · 판매 등을 관리하는 활동을 말한다.'고 규정하고 있다. 이러한 제품의 안전관리에는 안전인증, 안전확인, 공급자적합성확인 등을 규정하고 있으며, 구체적으로 제품 시험과 공장 심사 등을 규정하고 있다.

〈참고〉

※ 법 체계와 용어

- ○○○법/법률: 국회 의결을 통하여 확정, 대통령이 공포
- 대통령령: ○○○법/법률 시행령: 공포된 법률의 시행을 위한 대통령의 명령
- ○○○부령: ○○○법/법률 시행규칙: 특정 분야 담당부 장관의 명령
- ○○○부 고시: 통상 법률 또는 시행령 등에서 '○○○ 장관이 정하여 고시한다.'라고 규정하고 있다.

※ 법조문의 구성 요소(조, 항, 호, 목)

- ○조: 제1조, 제2조, 제2조의2 등으로 표시됨.
- ○항: ①, ②, ③ 등으로 표시됨.
- ○호: 1, 2, 3 등으로 표시됨.
- ○목: 가, 나, 다 등으로 표시됨.

기본적인 법적책임, 결함 없는 제품의 공급에 대한 책임

(민사책임, 불법행위책임, 제조물책임)

앞에서 살펴본 바와 같이 제품안전에 관한 공법적 규제는 기업 자체에 대한 규제로, 안전하지 못한 제품 때문에 손해를 입은 피해자를 직접적으로 구제하는 것은 아니다. 결함 있는 제품으로 피해를 입은 피해자는 소송 등을 통하여 민사적 책임을 해당 기업에 묻게 된다. 이 경우 적용되는 대표적인 법률이 민법인 제조물책임법이라고 할 수 있다.

오랜 기간 입법 노력을 통하여 제정된 제조물책임법이 최근 소비자 보호를 더욱 강화하는 내용으로 개정되어 제품안전성을 크게 높이는 데 많은 도움이 될 것으로 기대되고 있다.

안전한 제품이란 결함 없는 제품이라고 할 수 있으므로 제품안전과 관련하여 기업이 한층 관심을 가지고 대응하여야 할 법률이 제조물책임법이다. 제조물책임법은 제조물의 결함으로 발생한 손해에 대하여 제조업자 등의 손해배상 책임을 규정함으로써 피해자 보호를 도모하기 위한 법이다. 또한 제조물의 결함에 대하여 직접적인 규정을 두고 있다.

국내외적으로 제조물책임법상 결함에 대한 개념은 다양하게 규정하고 있다. '통상적으로 기대할 수 있는 안전성', '통상 갖추어야 할 안전성 일본 제조물책임법 제2조', '사람이 정당하게 기대할 수 있는 안전성 EC 제조물책임 입법 지침 제6조', '일반적으로 기대할 수 있는 안전성 독일 제조물책임법 제3조', '정당하게 기대할 수 있는 안전성 프랑스 민법전 제1386조의 4', '통상 당연히 기대되어야 할 안전성 영국 소비자보호법 제3조'을 갖추지 못한 경우를 말한다.

주목할 점은 결함을 '기대할 수 있는 안전성'과 '갖추어야 할 안전성'으로 표현하고 있다는 것이다. 여기에서 '기대할 수 있는 안전성'이란 소비자 사용자 관점에서의 안전성을 의미한다고 볼 수 있고, '갖추어야 할 안전성'이란 제조업자 관점에서의 안전성이라고 할 수 있다. 즉 결함이란 소비자 측면에서는 정당하게 또는 합리적으로 기대할 수 있는 안전성을 갖추지 못한 경우이고, 기업 측면에서는 마땅히 갖추어야 할 안전성을 구비하지 못한 경우라고 할 수 있다. 따라서 기대할 수 있는 안전성과 갖추어야 할 안전성은 동일한 것으로 보아야 한다.

결함 없는 제품인지 여부를 판단할 때 가장 중요한 것은 해당 제품에 적용된 과학 · 기술의 수준이다. 여기에서 과학 · 기술의 수준이란 해당 기업이 보유하고 있는 과학 · 기술의 수준이 아니라 제품을 공급할 당시의 실용화된 최첨단의 과학 · 기술 수준을 기준으로 판단할 수 있다는 점을 간과해서는 안 된다. 자사 제품의 안전성을 확인할 때 반드시 경쟁사의 제품에 대한 안전성 분석뿐 아니라 세계적으로 동종 제품에 대하여 산업계에서 실용화된 과학 · 기술의 수준에 대한 평가가 함께 이루어져야 한다.

비록 이러한 안전성 확인을 거친 후 시장에 공급하였다고 할지라도 공급한 이후 결함이 발견되거나 결함이 발생할 우려가 있다고 판단될 경우에는 이에 상당한 조치를 해야 한다. 예컨대 리콜이나 추가 정보 제공 등의 적절한 조치를 적극적으로 취하여야 한다. 이러한 조치에 대한 의무를 '제조물 관찰 의무'라고 한다. 우리나라 제조물책임법은 이러한 의무를 다하지 않은 경우 법이 정하고 있는 소정의 면책 사유를 주장할 수 없도록 규정하고 있다[26]. 과학 · 기술의 수준이 시대의 흐름에 따라 빠른 속도로 발전하기 때문에 결함 없는 제품을 공급하여야 하는 기업으로서는 이 부분에 대한 책임을 더욱 무겁게 다루어야 한다. 기업의 제품안전과 관련하여 사법적 책임에서 제조물책임의 범위는 지속적으로 확대된다는 점을 잊어서는 안 된다.

소비자가 정당하게 기대할 수 있는 안전한 제품, 즉 기업이 통상 갖추어야 할 안전성을 갖춘 제품을 제조 · 공급하여야 할 책임은 기업의 기본적인 책임이고, 나아가 끊임없이 더 안전한 제품을 소비자가 안심하고 사용할 수 있도록 필요한 노력을 다하여야 한다.

---

26 제조물책임법 제4조 제2항.

소비자가 기대하는 안전에 부응해야 할 책무 기업의 사회적 책임

앞에서 살펴본 바와 같은 법적책임 공법적 책임과 사법적 책임은 기업의 본연의 책임이다. 이러한 법적책임뿐 아니라 최근, 기업의 사회적 책임이 강조되고 있다. 비록 인증을 요구하는 표준은 아니지만 조직의 사회적 책임에 관한 국제표준 ISO 26000 Guidance on social responsibility은 '소비자 이슈 Consumer issues'에서 두 번째 이슈로, 소비자의 보건 및 안전 보호 Protecting consumers' health and safety에 관하여 규정하고 있으며[27] '안전하고, 사용 또는 소비할 때 허용할 수 없는 손해의 리스크를 수반하지 않는 제품 즉 안전한 제품 및 서비스를 포함한다'고 설명하고 있다. 또한 '이러한 보호는 의도된 용도 및 예측할 수 있는 오용을 모두 포함하는 것이 좋고, 조립 및 유지 · 보수를 포함하여 안전한 사용을 위한 명확한 설명서도 소비자의 보건과 안전을 보호하는 데 중요한 역할을 한다'고 설명하고 있다.

조직의 평판은 그 조직의 제품 및 서비스가 소비자의 보건 및 안전에 미치는 영향에 의해서 직접적으로 영향을 받을 수도 있다. 제품 및 서비스는 법적 안전 요구사항과는 무관하게 안전한 것이 좋다. 또한 안전은 피해 또는 위험을 피하도록 잠재적인 리스크를 예상하는 것을 포함한다고 규정하고 있다. 모든 리스크를 예상 또는 제거할 수는 없으므로 안전보호조치는 제품 취소, 철회 및 리콜 메커니즘을 포함하는 것이 좋다고 규정하고 있다. 이러한 이슈 해설과 함께 소비자 보건 및 안전 보호를 위하여 조직이

27 ISO 26000 Guidance on social responsibility, 6.7.4 Protecting consumers' health and safety.

취해야 할 활동을 구체적으로 열거하고 있다[28].

ISO 26000에서 소비자의 보건 및 안전 보호를 위하여 취해야 할 활동은 〈표 1-4〉와 같다.

〈표 1-4〉 ISO 26000에서 소비자의 보건 및 안전보호를 위하여 취하여야 하는 활동

6.7.4 소비자 이슈 2: 소비자의 보건 및 안전 보호
(Consumer issue 2: Protecting consumers' health and safety)
6.7.4.2 관련 활동 및 기대(Related actions and expectations)

소비자의 보건 및 안전을 보호할 때 조직은 아래와 같은 활동을 취하여야 하고, 잠재적인 위험을 인식 또는 평가할 역량이 없는 취약 집단(어린이에 대해서는 특별한 관심)에 특별한 주의(attention)를 기울이는 것이 좋다.

- 정상 그리고 합리적으로 예견할 수 있는 사용 조건에서 사용자, 다른 사람, 이들의 재산 및 환경에 안전한 제품과 서비스를 제공하는 것이 좋다.
- 모든 보건 및 안전 측면을 다루기 위하여 보건 및 안전법, 규정 및 다른 명세서의 적정성을 평가하는 것이 좋다. 최소 요구사항을 만족하는 제품 또는 서비스를 포함하는 사고의 발생으로 제시된 바와 같이, 더 높은 수준의 요구사항이 더 좋은 보호를 의미 있게 달성한다는 증거가 있거나 사고의 건수 또는 심각도를 줄일 수 있는 제품 또는 제품 설계의 가용성이 있는 경우 조직은 최소한의 안전 요구사항 이상으로 하는 것이 좋다.
- 제품이 시장에 놓인 후에 예상하지 못한 위험성이 나타나고 제품이 심각한 결함이 있거나, 오도하거나 허위 정보를 포함하고 있는 경우 서비스를 중단하거나 아직 유통 체인에 있는 모든 제품을 회수하는 것이 좋다. 조직은 해당 제품을 구입하였거나 해당 서비스를 이용한 사람들에게 연락하기 위하여 적절한 수단과 언론을 이용하여 제품을 리콜하고, 소비자가 입은 손실을 보상하는 것이 좋다. 조직의 가치 사슬에서 추적성을 위한 조치가 적절하고 유용할 수도 있다.
- 아래와 같이 함으로써 설계에서 리스크를 최소화할 수 있다.

28 ISO 26000, 6.7.4.2 Related actions and expectations.

- 가능한 사용자 집단, 의도된 사용 및 해당 제품 또는 서비스의 모든 단계 및 사용 조건에서 발생하는 위험성뿐 아니라 그 공정, 제품 또는 서비스에 대한 합리적으로 예견할 수 있는 오용을 특정하기. 어떤 경우에는 취약 집단을 위하여 특별히 맞춘 제품 및 서비스를 제공하기
- 임산부를 포함하여 각각의 특정된 사용자 또는 접촉 집단에게 특정된 위험성으로부터 발생하는 리스크를 추산하고 평가하기.
- 다음의 우선순위를 사용함으로써 리스크를 줄이기: 근본적인 안전 설계, 안전장치 및 사용자를 위한 정보
- 각기 다른 소비자 요구(needs)를 고려하고, 소비자의 다르거나 제한된 역량을 존중함으로써 특히 정보 프로세스에 할당된 시간으로 제품 및 서비스에 대한 적절한 정보 설계(information design)를 보장하는 것이 좋다.
- 제품 개발의 경우 발암성, 돌연변이 유발성, 생식에 대한 독성, 지속성, 생체 누적성 화학물질을 포함하지만 한정되지 않는 유해 화학물질의 사용은 피하는 것이 좋다. 만일 그런 화학물질을 포함한 제품을 안전을 위하여 제공한다면 명확하게 표시하는 것이 좋다.
- 타당하다고 생각하는 경우 새로운 물질, 기술 및 생산 방식을 도입하기 전에 제품 및 서비스의 인간 보건 리스크 평가를 실시하고, 필요한 경우 소비자가 이용할 수 있는 문서를 만드는 것이 좋다.
- 기존의 문서 정보에 추가하여, 필요할 때마다 되도록이면 국제적으로 합의된 기호를 사용하여 필수적인 안전 정보를 소비자에게 전달하는 것이 좋다.
- 소비자에게 제품의 올바른 사용을 지시하고, 의도된 사용 또는 정상적으로 예견할 수 있는 사용에 포함된 리스크를 경고하는 것이 좋다.
- 소비자가 관리하는 중에 부적절한 취급 또는 보관으로 인하여 제품이 안전하지 않게 되는 것을 예방하는 조치를 채택하는 것이 좋다.

〈표 1-4〉에서 보는 바와 같이 ISO 26000에서 소비자의 보건 및 안전 보호를 위하여 취해야 할 기업의 활동은 비록 권고적 표현should~을 사용하고 있지만 이미 안전기준이나 제조물책임법의 결함 개념 등이 반영된 활동이라고 할 수 있다. 유의할 것은 활동의 목적을 이해하고 추구해야 할 목표를 지속적으로 제고하려는 기업의 노력을 구체적으로 권고하고 있다는

점이다. 지금까지 살펴본 제품안전에 관한 기업의 책임을 〈그림 1-2〉에 요약하였다.

〈그림 1-2〉 제품안전 수준과 기업의 책임

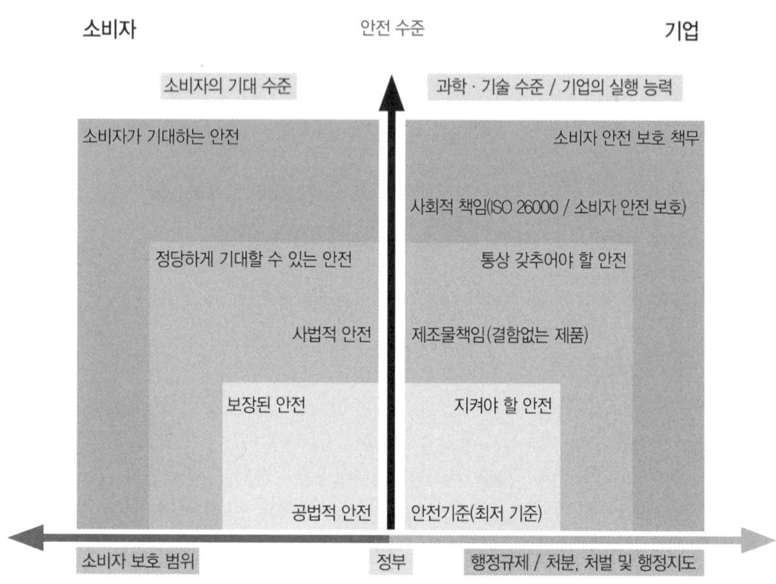

기업의 최우선 사명과 제품 안전

기업은 최소한의 법적책임인 안전기준 준수를 넘어 기본적인 법적책임인 결함 없는 제품의 공급에 대한 책임을 부담하여야 한다. 나아가 지속적으로 높아지는 소비자의 기대 수준에 부응하는 안전성을 확보하고, 소비자의 신뢰를 더욱 견고하게 유지하는 데 최선을 다하여야 한다.

성공한 기업이 아니라 위대한 기업, 존경받는 기업이 되기 위해서는 무엇보다 소비자의 안전을 최우선 사명으로 자각하고, 제품안전 철학을 경영의 기본 이념으로 하여 조직 내에 안전문화 정착을 위하여 지속적으로 노력해야 한다. 이를 위해 경영 활동의 모든 부문에서 예상할 수 있는 리스크를 세밀하게 특정하고[risk identification], 특정한 리스크를 사정하여[risk assessment] 그릇된 것을 바로잡고, 평가하여[risk evaluation] 적절한 관리를 하는 리스크 관리 체계를 확립할 필요가 있다.

소비자에게 안전한 제품을 공급하여 안심하고 사용할 수 있도록 세심하게 배려하는 마음이 곧 제품안전 철학의 바탕이며, 이러한 마음이 구체적으로 실현된 결과가 안전한 제품인 것이다. 소비자 안전을 최우선으로 배려하는 마음이 없는 행위는 위선일 수밖에 없고, 무늬만 안전한 제품을 만드는 결과를 가져온다. 이러한 기업은 소비자의 신뢰를 얻을 수 없고, 결국은 시장에서 사라지게 될 것이다.

최근 사회적으로 이슈가 되고 있는 여러 가지 제품안전 사고들은 그 밑바탕에 소비자 안전을 배려하는 마음보다 기업의 이익만을 추구하는 사욕이 앞섰기 때문에 발생하였다는 공통점이 있다. 기업의 존재 이유에 대한 패러다임의 대전환이 필요한 시대에 진정으로 글로벌 스탠더드에 부합하는 기업이란 최소한의 법적책임의 준수를 넘어 위대한 기업, 존경받는 기업으로서의 사회적 책무에 대한 무한한 책임 의식을 갖춘 기업이다. 그 첫걸음이 바로 제품안전 철학을 바탕으로 하는 안전한 제품을 공급하는 것이다.

·제 II 장·

리콜과 개정 제조물책임법 시행에 따른 기업의 대응 전략

리콜과 개정 제조물책임법 시행에 따른 대응

1

개정 제조물책임법 시행에 따른 제품안전경영

개정 제조물책임법

확대되는 기업의 책임

2016년 11월, 검찰은 가습기 살균제 1심 구형 공판에서 제조 기업인 C사 전 대표에게 징역 20년을 구형하였다. 검찰은 이번 사건을 '우리 사회에서 기업이 만든 제조물의 형사 책임을 묻는 최초 사례'로 언급하고, 선언하는 주의 의무가 앞으로 기업 활동의 기준이 될 것이라며, 이같이 구형했다. 그 사유로 '가습기 살균제 원료 물질을 결정한 최종 책임자로서 대형 참사의 뿌리이자 근원'이라며, '인체 안전성 검사에 대한 필요성을 인지하였음에도 생략하였다'고 밝혔다(1심에서 7년 형, 2심과 대법원에서 6년 형이 선고되었다). 이러한 중대사고의 영향을 받아 2017년 4월, 제조물책임법이 개정되어 징벌적 배상제도와 결함 추정입증책임전환제도가 도입되었다. 결함 제품 공급에 대한 법적책임의 강화 동향은 기업이 제품안전 문제를 관련 행정 법규뿐 아니라 민·형사상 법적 제도 전반과 관련하여 이해하여야 함을 의미하고 있는 것이다.

제품안전 생태계에서 기업의 과제

이와 같은 법과 제도의 변화 속에서 제품안전은 어떻게 발전하는가? 국

〈그림 2-1〉 제품안전 생태계[29]

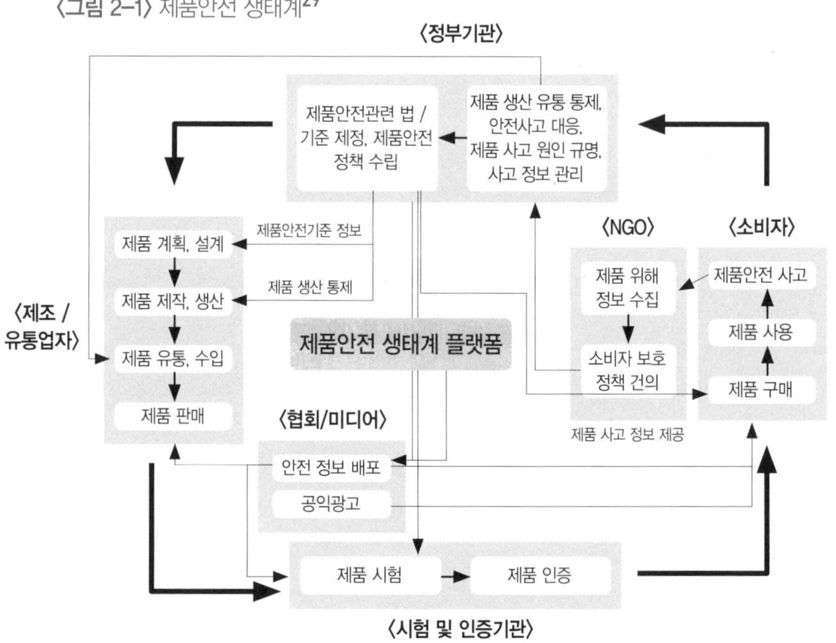

가기술표준원이 운영하는 제품안전 정책 포럼에서 우리나라의 제품안전 생태계 모형이 〈그림 2-1〉과 같이 제시된 바 있다.

정부와 시험 인증 기관 및 관련 단체는 소비자와 시민의 안전을 위하여 제조 · 유통업자인 기업이 안전한 제품을 공급할 수 있도록 전체적인 제품안전 생태계의 유기적인 발전을 추진하고 있다. 앞으로 이러한 생태계가 건전하게 진화할 수 있도록 전체 이해 당사자는 노력을 기울여야 한다. 특히, 결함 제품 공급의 주체인 기업이 어떠한 역할을 수행하여야 하는가는 매우 중요한 과제이다. 소비자와 시민의 안전을 위한 주요한 과제로 시민의 안전을 위한 제품안전 생태계의 진화와 법 제도의 변천은 기업에게 과거와 다른 발전된 행동을 요구하게 된다. 단계별로 요구되는 과제를 정리하면 〈표 2-1〉과 같다.

그 가운데 기업이 중심이 되어 시행하여야 할 과제를 정리하면 크게 세 가지로 요약할 수 있다. 첫째, 손해배상의 확대 등 기업의 책임이 확대됨에 따라 제품안전을 중시하는 기업 문화와 제품안전경영시스템PSMS: Product Safety Management System을 구축하여 예방 활동을 강화하여야 한다. 둘째, 결함 제품을 설계 · 제조하거나 수입하지 않도록 공급자를 포함하여 철저히 관리하여야 한다. 셋째, 결함 발생 시 그 원인을 규명하여 개선하거나 리콜을 철저히 실시하기 위하여 공급자로부터 유통, 소비자에 이르기까지의

29 2015. 12. 제품안전 정책 포럼 발표 자료 인용(인하대학교 손동원, 출처: J.G. Kim(2014) '안전 기준 비교 분석 연구: 한국과 일본의 제품안전 확보 체계를 중심으로' 재구성)

〈표 2-1〉 제품안전 Life Cycle에서 기업의 주요 과제

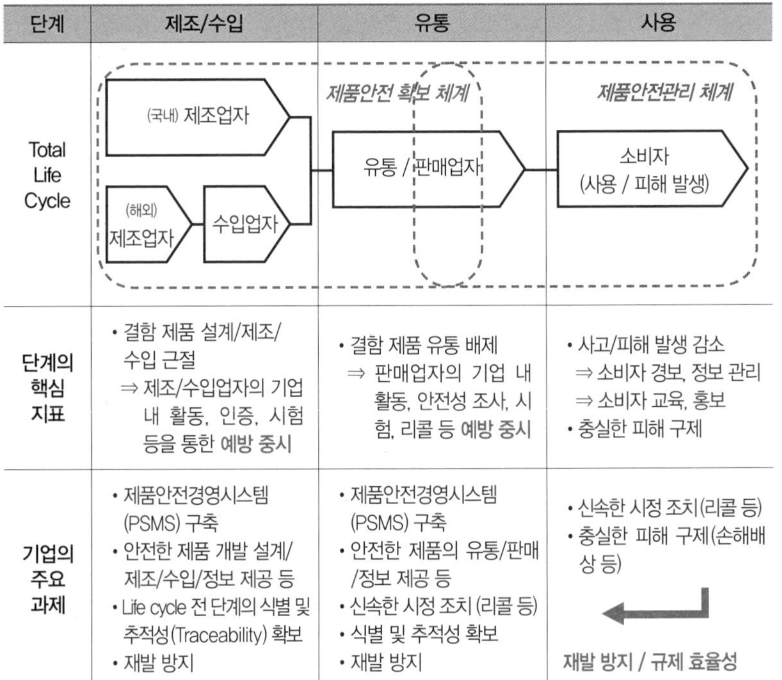

단계	제조/수입	유통	사용
Total Life Cycle	(국내) 제조업자 (해외) 제조업자 → 수입업자	유통 / 판매업자 제품안전 확보 체계	소비자 (사용 / 피해 발생) 제품안전관리 체계
단계의 핵심 지표	• 결함 제품 설계/제조/수입 근절 ⇒ 제조/수입업자의 기업 내 활동, 인증, 시험 등을 통한 예방 중시	• 결함 제품 유통 배제 ⇒ 판매업자의 기업 내 활동, 안전성 조사, 시험, 리콜 등 예방 중시	• 사고/피해 발생 감소 ⇒ 소비자 경보, 정보 관리 ⇒ 소비자 교육, 홍보 • 충실한 피해 구제
기업의 주요 과제	• 제품안전경영시스템(PSMS) 구축 • 안전한 제품 개발 설계/제조/수입/정보 제공 등 • Life cycle 전 단계의 식별 및 추적성(Traceability) 확보 • 재발 방지	• 제품안전경영시스템(PSMS) 구축 • 안전한 제품의 유통/판매/정보 제공 등 • 신속한 시정 조치(리콜 등) • 식별 및 추적성 확보 • 재발 방지	• 신속한 시정 조치(리콜 등) • 충실한 피해 구제(손해배상 등) 재발 방지 / 규제 효율성

전 단계에서 제품의 식별과 추적성의 보완 방안을 강구하여야 한다.

앞으로 제조·수입업자는 물론 유통·판매업자도 결함 제품의 공급 과정에서 영리를 취하고 있었음에도 불구하고 제품안전 사고에 대한 책임을 회피하고자 하는 것은 절대 불가능해질 것이다. 그러므로 현재의 경영 활동을 재점검하고 이를 획기적으로 개선할 수 있는 실질적인 제품안전경영시스템의 보완을 고민하여야 한다.

체계적인 검토를 위해서는 먼저 자신이 소속된 조직이 지속 가능한 기

업인지 자문해 보기 바란다. 제품안전과 기업의 사회적 책임을 확보하기 위하여 앞에서 설명한 지속 가능성과 사회적 책임의 국제표준인 ISO 26000을 전체적으로 이해하여야 한다.

ISO 26000: Guidance on Social Responsibility 사회적 책임 가이던스

ISO 26000 사회적 책임 표준은 국가별로 기업의 사회적 책임에 관한 표준 제정으로 인해 발생할 수 있는 새로운 무역 장벽을 방지하고 국제적으로 통일된 사회적 책임 표준을 만들기 위하여 전 세계 99개국, 42개 국제 조직에서 약 600명의 전문가들 참여하여 6대 이해관계자 그룹[소비자, 정부, 산업계, 노동계, NGOs, SSRO(서비스, 연구 및 기타)]이 검토하고 2010년 11월 1일 제정되었다.

ISO 26000은 인증 표준은 아니다[30]. 그러나 시장에서의 자율적 검증을 통하여 무역 장벽의 가능성이 존재하므로 앞으로 각국의 표준으로 활용될 전망이다. 때문에 앞으로 해외 진출의 성패에 ISO 26000은 큰 영향을 미칠 것으로 예상된다. ISO 26000은 〈그림 2-2〉와 같이 조직 거버넌스, 인권, 노동 관행, 환경, 공정 운영 관행, 소비자 이슈, 지역 사회 참여와 발전의 7대 핵심 주제를 내용으로 하고 있으며, 그 중 소비자 이슈에 소비자의

30 2017. 5. 영국 런던에서 열린 2차 ISO/IWA 26 개발 워크숍 결과 ISO 26000을 HLS(상위 수준 구조: high level structure)에 따른 MSS(경영시스템 표준: Management System Standard)와 최대한 통합적으로 운용하자는 논의가 있었다(www.iso.org에서 IWA 26: 2017 참조). 이는 ISO 26000의 실효성을 확보하기 위하여 인증 표준으로 전환할 가능성이 있으므로 앞으로 그 추이를 살펴보아야 할 것이다.

〈그림 2-2〉 ISO 26000 핵심 주제와 관련 쟁점

※ 출처: 지식경제부 SR 전문가 과정 교재, 2010

보건과 안전 보호에 관한 사항이 규정되어 있다.

소비자의 보건과 안전 보호protecting consumers' health and safety는 소비자가 지시되거나 혹은 지시되지 않은대로 이용하거나 소비하였을 때, 또는 충분히 예상 가능한 방식으로 잘못 사용하더라도 안전하고 무해한 제품과 서비스를 제공하는 것이다. 소비자 이슈의 원칙은 UN 소비자 보호 가이드라인의 바탕이 되는 〈표 2-2〉의 소비자 8대 권리에서 도출된 것이다. 이 가이드라인은 각 회원국을 위한 지침 사항이다. 그러나 소비자 보호의 기본

가치에 관한 지침도 제공하고 있기 때문에 조직이 소비자 이슈를 분석할 때 매우 유용하게 사용할 수 있다.

사회적 책임 체제 구축을 위해서는 〈그림 2-3〉과 같은 모델을 활용한다. 이 모델은 기업이 체계적인 경영 활동을 통하여 지속 가능성과 사회적 책임을 위한 활동을 전개하고 실행하는 방법을 제시하고 있다. 이를 효과적으로 추진하기 위해서는 기업의 경영 전략을 수립하고 실행하는 활동과 일체화된 활동이 필요하다.

기업은 〈그림 2-3〉과 같이 ISO 26000이 제시하고 있는 사회적 책임의 기반 하에 제품안전의 과제를 이해하고 체계적으로 대응하여야 한다. 이를 위하여 이해관계자, 특히 고객인 소비자의 요구를 이해하고 그를 충족

〈표 2-2〉 소비자의 기본적 권리(소비자기본법 제4조)

1. 물품 또는 용역(이하 "물품등"이라 한다)으로 인한 생명 · 신체 또는 재산에 대한 위해로부터 보호받을 권리
2. 물품등을 선택함에 있어서 필요한 지식 및 정보를 제공받을 권리
3. 물품등을 사용함에 있어서 거래상대방 · 구입장소 · 가격 및 거래조건 등을 자유로이 선택할 권리
4. 소비생활에 영향을 주는 국가 및 지방자치단체의 정책과 사업자의 사업활동 등에 대하여 의견을 반영시킬 권리
5. 물품등의 사용으로 인하여 입은 피해에 대하여 신속 · 공정한 절차에 따라 적절한 보상을 받을 권리
6. 합리적인 소비생활을 위하여 필요한 교육을 받을 권리
7. 소비자 스스로의 권익을 증진하기 위하여 단체를 조직하고 이를 통하여 활동할 수 있는 권리
8. 안전하고 쾌적한 소비생활 환경에서 소비할 권리

〈그림 2-3〉 ISO 26000에 따른 사회적 책임 체제 구축 추진 모델

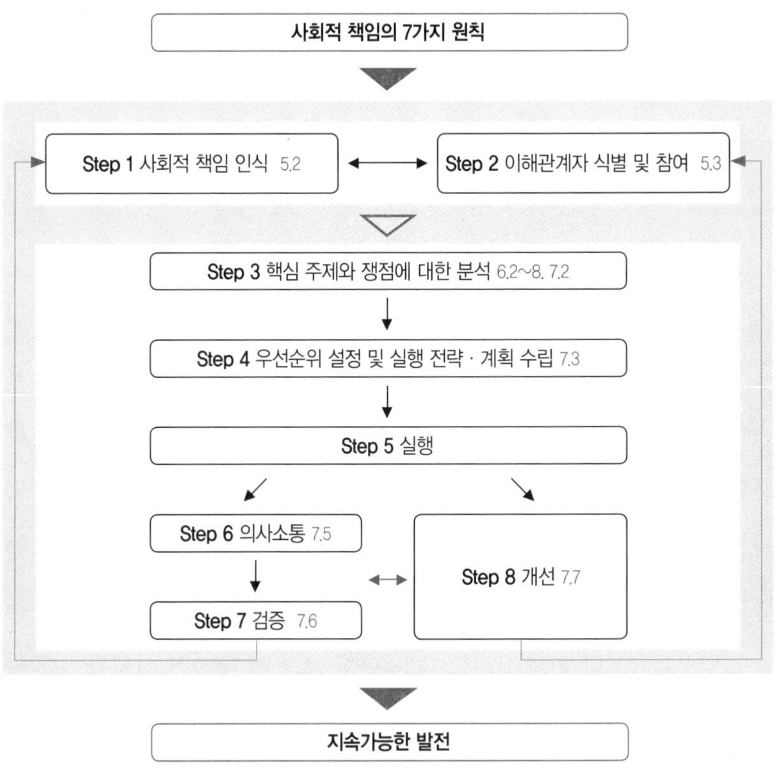

※ 출처: 지식경제부 SR 전문가 과정 교재, 2010

하기 위하여 다음 사항에 대한 노력을 기울여야 한다. 기본적으로 필요한 활동은 다음과 같이 정리할 수 있다.

1. 법령 · 표준 등의 준수는 기본, 본질적인 위험의 저감을 추구
2. 소비자의 기대에 따라 제품안전기준 설정
3. 제조물책임을 회피하는 것이 아니라 제품 사고의 예방에 노력

4. 소비자를 포함한 이해관계자와의 커뮤니케이션을 강화하여 신뢰 구축

5. 미래 사회의 안전 확보와 사회적 약자 배려

6. 사고 발생 시 신속하고 적절하게 행동하여 피해 확대 방지

7. 소비자의 불만 및 분쟁 해결을 용이하게 함.

제품안전 피라미드의 이해

결함 제품이 시장에 공급된 후에는 그에 대하여 리콜 등의 조치를 아무리 잘 취한다고 해도 이미 소비자에게 제품이 전달된 뒤에 조치하는 것이다. 따라서 심할 경우에는 사후약방문이 될 수 있다. 제품안전 사고를 본질적으로 근절하기 위하여 관련 이해관계자가 각자 책무를 다하여야 한다. 특히 사업자는 결함 제품 공급의 직접적인 주체로서 그 책무에 대하여 철저한 사전 예방 조치의 이행이 필수적이다.

사업자는 〈그림 2-4〉의 Ⅰ, Ⅱ 유형의 책무에 대하여 사고가 발생하지 않도록 철저한 예방적 활동이 필요하다. 〈그림 2-4〉에서와 같이 사업자가 법규 · 표준 등을 준수하는 것은 최소 조건을 이행하는 것일 뿐 책임을 다하였다고 생각하는 것은 잘못이다. Ⅱ 유형의 책무에서 사업자는 제품안전을 위하여 시장이나 동종 업계의 사고 사례나 조치 내용 등을 파악하여야 한다. 나아가 체계적인 위험성 분석 등을 통하여 소비자가 피해를 입지 않도록 철저히 대비하여야 한다. 이것은 Ⅰ장에서 설명한 최고의 기술 수준state of the art의 개념으로 책임의 한계를 설명하고 있다. 합리적인 기준을 이해하는 체계적인 활동이 수행되어야만 가습기 살균제와 같은

〈그림 2-4〉 제품안전 피라미드로 보는 사업자의 책임

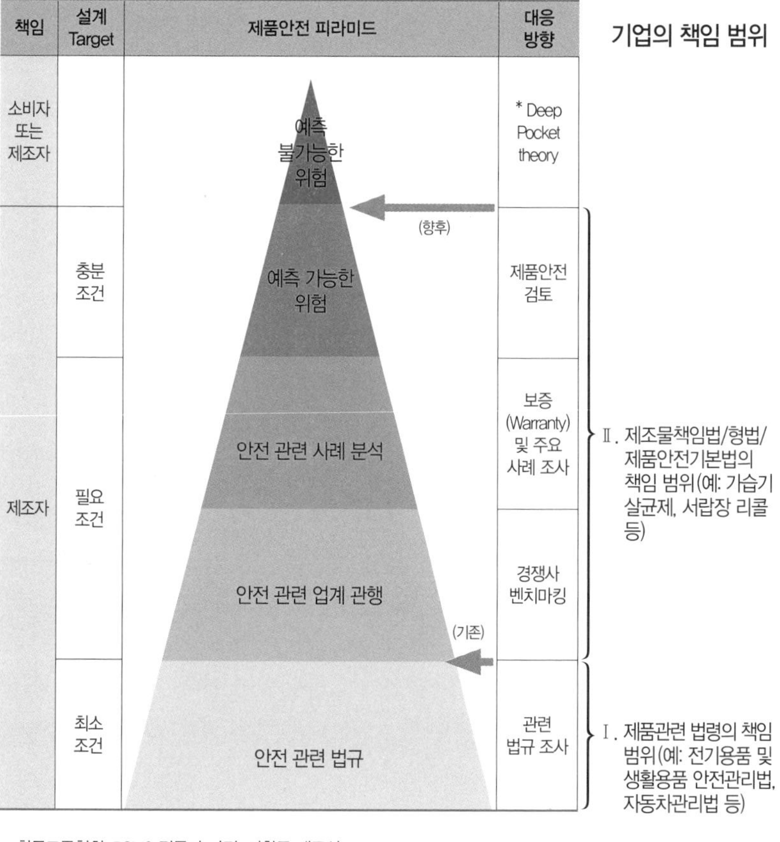

※ 한국표준협회, PSMS 전문가 과정, 이황주 재구성

* Deed pocket theory 경제적 수익을 가진 자가 고의나 과실이 없어도 피해에 대한 부담을 져야 한다는 이론

사고를 예방할 수 있다. 나아가 선진 시장에서 제품안전 리스크를 예방할 수 있다.

글로벌 스탠다드와 기업의 과제

사업자는 국민과 소비자의 삶의 가치를 증진하는 데 이바지하기 위하여 안전성을 고려한 제품을 소비자에게 제공하여야 한다. 그렇지 않을 경우 행정적 · 법적 규제와 리콜 및 제조물책임 소송을 피할 수 없게 된다. 소비자 보호로부터 기업이 입을 손실을 최소화하기 위해서는 제품 수명 주기 product life cycle 동안 제품의 안전성 확보를 위한 종합적 관리 대책을 마련하여야 한다.

지금까지 제품안전관리 정책에 대하여 기업은 불필요한 비용 발생요인으로 여겨왔다. 때문에 기존의 품질 보증(Quality Assurance: QA) 활동만으로 충분히 제품안전을 확보할 수 있다고 인식하는 것이 일반적이었다. 그러나 품질 보증은 일반적으로 제품을 특정 품질 기준이나 규정에 벗어나지 않도록 규제하거나 생산 공정에서 불량이 발생하지 않도록 노력을 기울이는 공학적 접근 방법이다. 따라서 제품안전관리 정책으로의 적용은 적합하지 않다.

그러므로 기업은 품질보증 활동뿐 아니라 제품안전을 고려한 제품안전경영 정책을 마련하여야 한다. 이를 위하여 전사적 차원에서의 품질경영 활동뿐 아니라 제품 개발에서부터 설계 · 제조 · 출하 · 폐기 등 전 제품 수명 주기total product life cycle 동안 제품의 안전성을 제고하는 총체적 경영 정책을 수립하여 체계적으로 제품안전을 도모할 수 있는 제품안전경영을 추진하여야 한다.

제품안전경영이란 제품 개발 개념 단계에서부터 설계 · 제조 · 출하 · 폐기 등 수명 주기 동안 제품의 안전성을 제고하는 총체적 경영관리 정책을 의미한다. 제품안전 생태계의 건전한 발전을 위하여 핵심이 되는 기업 활동에 대한 국제표준을 살펴보면, ISO 10377: 2013 소비자 제품안전에 관한 공급자 가이드라인Consumer product safety – Guidelines for suppliers와 ISO 10393: 2013 소비자제품 리콜에 관한 공급자 가이드라인Consumer product recall – Guidelines for suppliers이 대표적이다. 제품안전 생태계의 핵심인 기업 활동의 흐름과 정보의 흐름을 〈그림 2-5〉와 같이 규정하고 있다.

〈그림 2-5〉 ISO 26000, ISO 10377과 ISO 10393의 상호 관계

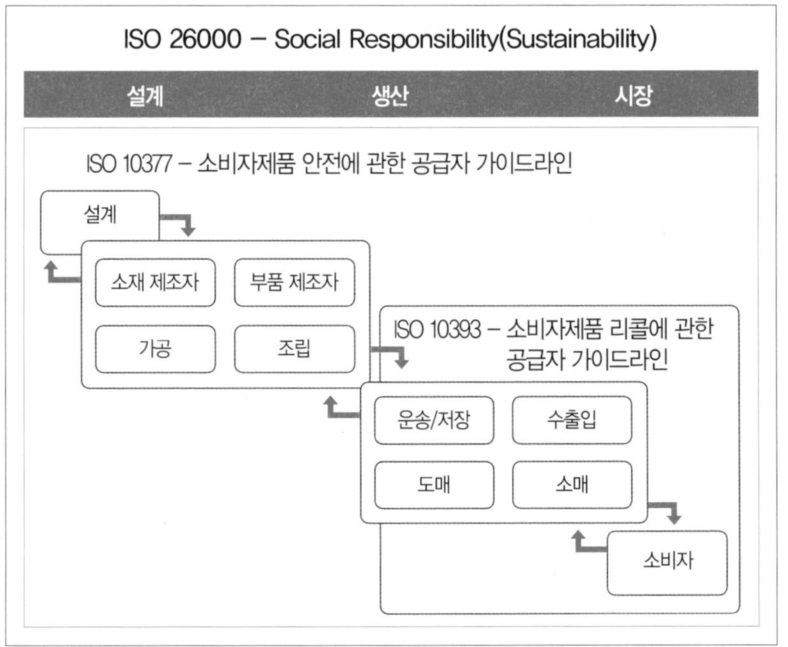

개발 설계 및 제조를 포함하여 공급자 관리 등 기업의 활동은 소비자 안전의 핵심인 결함을 발생시키는 선행 활동이다. 제품 출하 후 소비자의 피해를 예방하거나 구제하기 위한 리콜 등의 활동과 연계되어 있다. 그러므로 국제표준을 상세히 살피고 적절히 활용하여야 한다.

2

안전한 제품을 위한 구체적 실행 방안, ISO 10377

ISO 10377 제정 배경

소비자제품 안전에 관한 공급자 가이드라인(ISO 10377: 2013 Consumer product safety – Guidelines for suppliers)의 개요

기업이 사회적 책임과 제품안전을 확립하기 위해서는 필수적인 업무를 수행하고 다양한 이해관계자의 기대에 부응할 수 있어야 한다. 제품안전 경영은 '사업자가 제품안전에 관한 정책, 목표, 조직 체계, 방식 등을 결정하고 적절한 대처 및 운영 관리, 교육 등을 통하여 제품안전의 확보가 가능한 상태'를 의미한다.

경영자가 지도력을 발휘하여 제품안전경영시스템을 정비 · 유지하고 다양한 이해관계자의 기대를 고려하면서 PDCA Plan, Do, Check, Act 사이클을 돌리고 지속적인 개선을 도모하는 제품안전문화를 구축하는 것이 중요하다.

ISO는 소비자정책위원회 COPOLCO: Committee on Consumer Policy를 구성하고 2013년 공급자에 대한 제품안전경영 활동과 리콜의 우수 적용 사례 Best Practice를 ISO 10377 소비자제품 안전에 관한 공급자 가이드라인과 ISO 10399 소비자제품 리콜에 관한 공급자 가이드라인이라는 두 가지 가이드라인을 제공하였다. 이는 제품안전 · 소비자 안전을 위하여 공급자인 기업이 수행하여야 할 내용을 폭넓게 제시하여 공급자 · 기업이 고려하여야 할 사항의 전반을 제공한다.

제품안전 · 소비자 안전을 확보하는 것은 절차와 함께 구체적으로 이를 실행할 수 있는 도구가 있어야 한다. 그래야 지속적으로 발전할 수 있다. 기업은 제품안전 실행 중시의 문화를 구축하여 체계적으로 이를 추진해야 한다. ISO 10377은 그 활동 방향을 구체적으로 제시하고 있다. ISO 10377은 소비자의 안전을 위하여 기업 내부의 활동을 글로벌 베스트 프랙티스로 운영하기 위하여 만든 국제표준이다. 외국의 우수 선진 기업이 활용하고 있는 내용을 담고 있으므로 전체적인 내용과 구성을 이해하고 실행할 필요가 있다.

이 국제표준은 위험 평가 및 위험 관리의 효과적인 문서화를 포함하여 소비자제품의 안전성을 평가하고 관리하는 공급자에게 적용 가능한 요구사항을 충족하기 위한 지침을 제공하고 있다.

ISO 10377은 다음을 수행하는 방법을 설명한다.

- 리스크를 식별, 평가, 감소 또는 제거한다.
- 허용 수준까지 줄임으로써 리스크를 관리한다.
- 소비자제품의 안전한 사용 또는 폐기에 필수적인 위험 경고 또는 지침을 소비자에게 제공한다.

이 국제표준은 소비자제품에 적용하기 위한 것이지만 다른 제품 분야의 안전 관련 결정에도 적용될 수 있다.

소비자제품 안전의 기본 원칙

기본 원칙의 준수는 공급망의 구성원들에게 제품을 개발하고 역할을 공유하고 유지하는 데 도움이 될 것이다. 잘못된 설계, 생산 공정 및 유통 또는 저장 단계의 결함된 원인을 식별하고 시정 조치를 신속하게 실시하는 데 도움이 된다.

조직 내의 제품안전문화 진흥

제품안전이 조직 내에서 중요한 과제로 인정받기 위해서는 최고경영층에 의해 승인된 제품안전경영 계획에 반영되어야 한다. 제품안전경영에 대한 두 가지 접근 방법의 예는 부속서 D(부록 5 ISO 10377 부속서 D 참조)에 있다.

조직은 제품을 제조 또는 판매하는 시장에서 해당 제품에 적용되는 법령 및 기준을 이해하고 준수하여야 한다. 조직은 준수의 책임을 명확히 하고, 제품안전에 대한 프로그램을 개발하고 유지하며, 모니터링과 감시를 하고, 지속적인 개선을 위하여 적절한 경영 자원을 배분하여야 한다.

조직 외부의 제품안전 추진

조직은 공급망 전반에 걸쳐 제품안전문화를 조성하여야 한다. 제품안전 추진에는 계약을 체결하고 동기부여를 할 수 있도록 앞선 업계 관행을 살펴야 한다. 또한 부서 조직뿐 아니라 다른 사람과의 파트너십을 형성하고, 정보를 공유하고, 소비자가 제품을 안전하게 조립, 사용, 유지 관리, 폐기하는 데 필요한 정보를 소비자에게 제공하는 것도 포함한다(ISO 26000 참조).

안전한 제품의 제공

제품안전은 리스크를 줄이기 위한 설계 단계의 활동에서 가장 적절하게 이루어진다. 안전하지 않은 제품의 회수, 재설계 및 교체 등의 잠재 비용을 피하는 데 도움이 된다. 국제표준에 명시된 원칙과 지침은 적절한 교육, 문서 · 기록 관리 및 제품 추적성을 위한 근거를 제공한다.

지속적인 개선

제품 및 프로세스의 지속적 개선을 위한 체계적인 접근은 제품 설계, 생산 단계 및 시장의 안전 활동에 적용되어야 한다. 지속적인 개선 활동과 그 결과는 문서화되어야 한다. 그리고 지속적인 개선 목표를 달성할 수 있도록 경영진에 의해 정기적으로 검토되어야 한다.

예방적 접근

예방적 접근은 과학적인 확증이 없다는 이유로 인체의 건강에 대한 손상 등 심각하거나 돌이킬 수 없는 위협이 있는 곳의 리스크 감소 조치를 연기해서는 안된다는 것을 의미한다. 공급자는 제품의 안전성을 평가할 때 사전 예방적 접근 방법의 확대를 고려해야 한다.

정보 공유

조직은 제품 성능에 대한 정보를 지속적으로 공유해야 한다. 컴플라이언스[규범 준수] 및 리스크를 공급망의 다른 구성원들과 공유하여야 한다. 최고경영자는 제품안전경영시스템의 개발 및 실행, 그리고 제품안전경영시스템의 효과성을 지속적으로 개선하기 위한 의지의 실행 증거에 대해 다음을 통하여 제시하여야 한다.

– 법적 및 규제적 요구사항뿐 아니라 고객 요구사항 충족의 중요성에 대해 조직과 의사소통

– 제품안전 방침의 수립

– 제품안전 목표 수립의 보장

– 경영 검토의 수행

– 자원의 가용성 보장

제품안전 프로그램은 실행을 위해 요구되는 제반 경영 환경 구축과 관련된 일련의 활동이 필요하다. 경영자 · 관리자는 소비자 보호를 위한 제품안전의 중요성에 대하여 확고히 인식하고, 이에 대한 책임을 져야 한다. 경영자 책임에 대한 행동 강령은 문서로 작성하여 제품안전에 대한 자사의 포괄적인 의지를 표명하고, 사내 교육 체계를 통하여 제품안전의 중요성을 직원들에게 인식시켜야 한다.

제품안전 관련 업무를 조직적이고 원활하게 수행하기 위해서는 새로운 관점에서 사내 업무 조직 체제가 재정비되어야 한다. 또한 제품안전을 확보하기 위하여 필요한 행정 및 관리상 요건을 규명하여, 조직 부문별 책임 및 의무를 규정하여야 한다. 최고경영자를 비롯하여 부서별 임원, 관리자, 제품안전 관련 전문가 등으로 구성된 제품안전 관련 업무를 총괄적으로 수행 · 관리 · 감독하는 독립 부서 설립을 추진하여야 한다.

일반 요구사항

일반 사항

공급망의 모든 구성원(설계자, 제조업체, 수입업자, 유통업체, 소매업체)의 핵심 문제에는 다음이 포함된다.

- 소비자제품에 대한 안전 설계
- 제품과 관련된 잠재적 리스크 식별
- 잠재적 위험에 대한 노출을 결정하거나 추정
- 소비자의 건강과 안전에 대한 리스크 평가
- 허용 수준까지 제거 또는 축소하여 이러한 리스크를 관리
- 소비자에게 제품의 안전한 사용 및 폐기에 필수적인 리스크 경고 및 지시 제공
- 설계, 재료, 생산 프로세스의 변경 또는 대체 승인

공급망 구성원이 수행하는 기능은 다음과 같다. 〈그림 2-6〉은 이를 도식화한 것이다.

- 설계: 제품을 만들기 위한 요구사항 및 시방 개발, 제품의 의도된 사용과 예측 가능한 사용 및 오용을 고려
- 재료 제조: 제조 공정에서 사용되는 재료의 생산
- 구성 요소 제조: 제품 생산 및 공급에 사용되는 구성 요소 제품, 다른 제품의 제조
- 조립: 부품을 조립하여 소비자제품을 생산하는 것. 다른 제품을 제조하거나 최

종 제품일 수 있다.

- 제조: 구매자에게 공급될 제품의 생산
- 수송: 한 위치에서 다른 위치로의 제품 이동
- 저장: 유통을 위한 제품의 임시 저장
- 수입/수출: 국가의 안팎으로 제품 이동
- 소매: 저장, 이동, 운송 수출입 등 물류 기능
- 소비자: 제품의 구매자와 사용자

〈그림 2-6〉 공급망(Supply Chain)

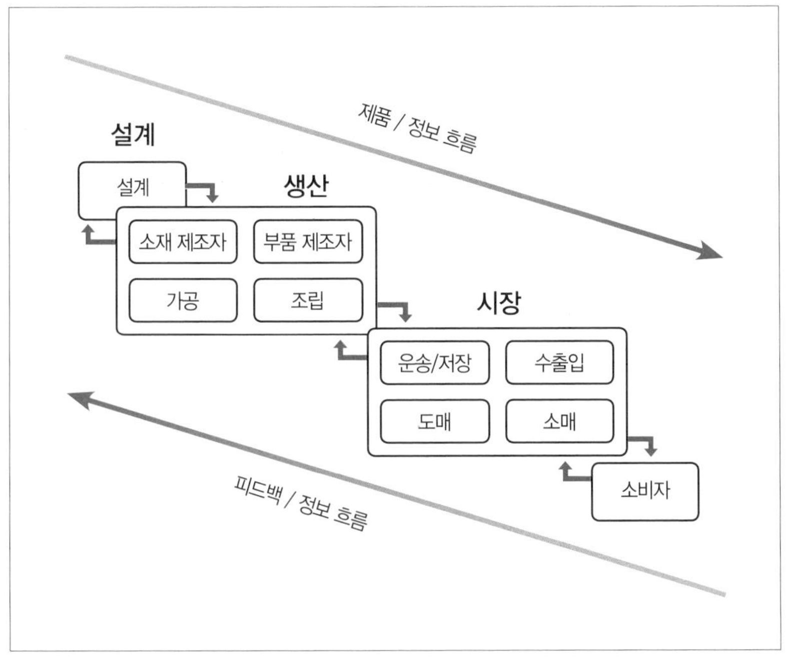

(1) 제품안전 확보를 위하여 사업자는 제품의 설계 및 개발에서 재활용 및 폐기에 이르기까지 전체 프로세스에 대해 제품안전 목표를 달성하여야 한다. 이를 위해 제품안전 요구사항 및 제품안전 표준을 적절하게 설정하고 달성 정도를 확인하여 지속적으로 개선하는 것이 필요하다.

(2) 설계 및 개발 담당자는 설계 및 개발 단계에 적합한 위험 평가에 근거하여 제품안전 대책을 검토하고, 제품의 안전성에 대한 위험을 사회적으로 허용할 수 있는 범위에서 줄일 수 있어야 한다.

(3) 조달 담당자는 조달 활동이 자사 제품의 안전성에 큰 영향을 미칠 수 있음을 고려하여 적합한 공급업체를 평가 · 선정하여야 한다. 또한 조달 품목들이 제품안전 요구사항 및 제품안전 표준을 충족시킬 수 있도록 해야 한다.

(4) 생산과 생산 관리 담당자는 설계 및 개발 시 제품안전 요구사항 및 제품안전 표준을 준수하는 설계 도면 및 시방의 제품을 생산하기 위하여 생산 라인의 설계, 생산 계획, 생산 시설, 장비, 환경 정비, 작업 절차서 작성, 근로자의 교육 훈련을 제대로 실시하고 생산 활동을 관리하는 것이 필요하다.

(5) 검사 담당자는 생산 과정에서 제품 설계 및 개발 시 설정된 제품안전 요구사항 및 제품안전기준을 충족하고 설계 도면 및 시방서를 충족하는 제품이 생산되고 있는지 검사를 통하여 확인한다. 이때 제품안전 부적합품이 있으면 제거하고 부적합품의 유출 및 확대 방지를 위

하여 관리할 필요가 있다.

(6) 출하 준비 및 물류[운송 · 보관] 담당자는 제품 검사 완료 후 제품 포장 및 물류 단계에서 제품에 적용되는 안전 관련 법령 · 강제 기준을 준수하는 것을 최우선으로 하고, 직접적인 고객뿐 아니라 저장 시설 및 운반 경로에서의 안전성을 확보하여야 한다. 또한 물류는 제품을 소비자에게 제공하는 마지막 과정임을 인식하고 소비자가 기대하는 안전성을 확보하여야 한다.

(7) 설치 및 유지 보수 · 점검 · 수리 담당자는 제품의 안전성 확보를 위하여 적절한 작업을 할 수 있도록 준비하여야 한다. 또한 사업자는 예상 사용 가능 기간을 통하여 제품의 안전성을 보장하기 위하여 적절한 보수 · 점검 · 수리를 할 수 있도록 하여야 한다.

(8) 재활용 담당자는 제품의 재활용에 관련된 작업의 안전성을 확보하기 위한 처리 단계, 인체에 해를 줄 수 있는 물질이 방치되는 것을 막기 위한 절차를 적절하게 설정하여야 한다.

제품안전 확보를 위하여 해당 제품에 적용되는 안전 관련 법령 및 적용 기준 등을 준수하는 것은 당연한 것이다. 기술은 계속 진보하고 시장의 요구도 지속적으로 변화한다. 그러므로 사업자는 법령이나 강제 규격이 제정된 시점에서 예상한 수준을 초과하는 보안 기술이 개발되고 시장에 보다 안전한 제품을 요청할 가능성을 고려하여야 한다. 사업자는 제품을 시장에 유통시킨 시점에서 최고 수준의 기술[state of the art]에 적합한 안전 방책 외에 위에서 언급한 기술 발전과 시장 변화를 염두에 두고 제품안전 요구사항을 결정하고 그것을 얻을 수 있는 시스템을 구축하여야 한다. 제품의 안전 확보에 대한 대처는 사업자가 담당한 판매 · 사용 개시에서 사용 중지까지, 사용 가능 기간 동안 소비자의 안전뿐 아니라 그 후의 재활용 및 폐기에 이르기까지, 전체 기간 동안 제품을 취급하는 작업자의 안전과 환경에 유해한 폐기물이 방치되는 것을 방지하기 위한 전략 등을 포함한 것이어야 한다.

안전한 제품 제공에 대한 약속

역량 및 교육

조직은 조직 내부 및 외부에서 소비자제품안전과 관련된 사람들이 책임을 수행하는 데 필요한 교육 · 훈련, 기술 지식 및 경험이 있는지 확인하여야 한다. 조직은 다음의 절차를 수립하고 유지하여야 한다.

- 소비자 제품안전에 책임이 있는 사람들을 위한 역량 요구사항 정의
- 제품안전 규격을 포함하여 제품안전에 대한 의무와 책임을 수행할 역량 확보
- 안전하지 않은 제품을 제공함으로써 초래될 수 있는 잠재적 결과에 대하여 소비자 제품안전과 관련된 사람들에게 통지

교육 훈련은 조직 내에서 또는 외부에서 제공될 수 있으며, 다음과 같은 요소를 포함하여야 한다.

- 소비자 제품안전 보장을 위한 역량 요구사항, 의무 및 책임에 근거

- 역량 있는 사람이 수행
- 정보가 최신 상태로 유지되는 데 필요한 업데이트
- 관련성과 효과성을 보장하기 위하여 필요에 따라 평가와 수정
- 적절하게 기록되고 조직에 의해 보관

제품 요구사항에 대한 적합성에 영향을 미치는 업무를 수행하는 인원은 적절한 학력, 교육 훈련, 숙련도 및 경험에 근거하여 적격이어야 한다. 제품 요구사항에 대한 적합성은 품질경영시스템 내의 업무이든지 간에 그것을 수행하는 인원에 의해 직접적 또는 간접적으로 영향을 받을 수 있다.

- 적용 가능한 경우 필요한 적격성을 갖추기 위하여 교육 훈련을 제공하거나 기타 조치를 취함
- 취했던 조치의 효과성 평가
- 조직의 인원이 자신의 활동에 대한 관련성 및 중요성을 인식하고 있으며, 그들이 어떻게 제품안전 품질 목표의 달성에 이바지하는지 인식함을 보장
- 학력, 교육 훈련, 숙련도 및 경험에 대한 적절한 기록 유지

적절한 자원 배분

조직은 적절한 기술, 재정 및 인적 자원이 설계, 생산, 시장에서 안전에 배분되도록 하여야 한다.

- 재정적 및 인적 자원

- 제품안전에 관한 전문 지식 및 관련 참조 문서에 대한 접근
- 제품안전 문제에 대한 직원 교육
- 기록 및 문서 관리
- 진행 중인 생산 활동이 안전 요구사항을 충족하는지 확인, 검증 및 테스트

조직은 필요한 자원을 결정하고 확보 · 제공하여야 한다.

- 제품안전경영시스템의 실행 및 유지, 그리고 효과성에 대한 지속적인 개선
- 고객 요구사항 충족에 의한 고객만족의 증진

조직은 제품의 요구사항에 대한 적합성을 달성하는 데 필요한 기반 구조를 결정, 확보 · 제공 및 유지하여야 한다. 기반 구조는 다음 사항을 포함한다.

- 건물, 업무 장소 및 관련된 유틸리티
- 프로세스 장비(하드웨어 및 소프트웨어)
- 지원 서비스(운송, 통신 또는 정보 시스템 등)

조직은 제품 요구사항에 대한 적합성을 달성하기 위하여 필요한 업무 환경[31]을 결정하고 관리하여야 한다.

---

31 업무 환경이라는 용어는 물리적 · 환경적 및 그 밖의 요소(소음, 온도, 습도, 조명 또는 날씨 등)를 포함하여 업무가 수행되는 조건과 관련이 있다.

기록 및 문서 관리

조직은 설계 · 생산 및 시장에서 안전을 반영하는 모든 주요 문서 및 데이터를 기록 · 관리 · 유지 및 검색하는 절차를 수립하고 유지하여야 한다. 이러한 항목에는 다음의 내용이 포함되어야 한다.

- 국제표준 이행으로 인해 발생하는 기록
- 법률 및 규정 준수에 필요한 기록
- 설계 시 안전관리 과정에서 생성된 문서
- 위해 분석 및 위험 감소 계획
- 중요한 디자인 선택 및 안전 결정
- 도면, 제품 시방 및 BOM[bill of materials]
- 제품 품질 테스트 및 승인된 제품 샘플
- 설계 검증
- 사용된 경고, 지침 및 언어
- 설계 시험 및 검사
- 시정 조치의 비용 편익 분석
- 법적 요구사항 및 제품별 산업 표준
- 필요에 따라 제3자 시험 및 적합성 평가
- 생산 시 안전관리 과정에서 생성된 문서
- 좋은 제조 관행
- 품질 보증 기록
- 구매 주문 및 공급망에 대한 지침

- 공장에서의 시험 및 검사
- 필요에 따라 진행 중인 생산에 대한 제3자 테스트
- 생산 계획, 설계 검증 및 시제품 제작
- 요청 및 외주 변경
- 오염 사고
- 공급망 관리, 공구, 설비, 공장 시운전, 교육 및 제품 시방을 포함한 생산 준비
- 시장에서 안전관리 중에 생성된 문서
- 납품 검사, 감사 및 소비자 제품안전 시험
- 소비자 불만 및 소비자 제품안전 사고
- 공급망 전체의 제품 판매 및 유통 기록
- 광고, 마케팅 및 포장을 포함한 제품 관련 문서
- 제품 등록, 판매 후 경고, 시장 조사 및 구매자의 피드백을 포함하여 공급자 및 소비자와의 커뮤니케이션
- 반품된 제품 및 서비스 기록의 이유
- 시정 조치

제품안전경영에 필요한 문서는 관리되어야 한다. 기록은 문서의 특별한 형식이며, 기록 관리의 요구사항에 따라 관리되어야 한다. 다음 사항과 관련된 필요한 관리를 규정하기 위한 문서화된 절차가 수립되어야 한다.

- 문서는 발행 전에 충족함을 승인
- 문서의 검토 및 필요 시 갱신 그리고 재승인

- 문서의 변경 및 최신 개정 상태의 식별을 보장
- 적용되는 문서의 해당본이 사용되는 장소에서 가용성을 보장
- 문서는 읽을 수 있게 유지되고, 쉽게 식별됨을 보장
- 제품안전경영을 기획하고 운영하기 위하여 조직이 필요하다고 결정한 외부 출처 문서의 식별 및 배포가 관리됨을 보장
- 효력이 상실된 문서의 의도되지 않은 사용을 방지하며, 어떤 목적을 위하여 보유할 경우에는 적절한 식별의 적용

제품안전경영의 요구사항에 적합하다는 증거와 시스템의 효과적인 운영에 대한 증거를 제공하기 위하여 작성된 기록은 관리되어야 한다. 조직은 기록의 식별, 보관, 보호, 검색, 보유 기간 및 처분에 필요한 관리를 정하기 위하여 문서화된 절차를 수립하여야 한다. 기록은 읽을 수 있고, 쉽게 식별하고 검색이 가능하도록 유지되어야 한다.

지속적인 개선

조직은 소비자제품의 안전성을 지속적으로 향상시키는 것이 조직 문화의 일부로 확립되도록 하여야 한다. 이러한 활동은 조직 또는 공급망의 사소한 개선에서부터 주요 개선에 이르기까지 다양할 수 있다. 효과적이고 효율적인 개선의 근본은 수집된 정보의 평가와 학습된 교훈의 통합에 기반하여 정보에 근거한 결정을 내리는 것이다. 조직은 해당 분석을 기반으로 제품 및 프로세스 개선 목표를 정의하여야 한다. 특히 소비자제품 설계,

생산 및 시장에서 안전성을 지속적으로 향상시켜야 한다.

- 설계 개선 활동에는 포커스 그룹[32]을 사용하여 서로 다른 상황에서 제품의 사용을 예상하고 제품이 다른 그룹에 의해 수행되는 방식을 결정할 수 있다.
- 생산 활동의 개선은 직원으로부터 피드백을 얻거나 진행 중인 생산을 시험하는 것을 포함할 수 있다.
- 시장에서의 개선 활동은 공급자 또는 소비자의 의견 또는 불만을 접수하고 설계 또는 생산 변경 또는 기타 시정 조치를 제안하는 소규모 팀을 모으는 것을 포함하지만 이에 국한되지는 않는다.

모든 개선 활동과 그 결과는 지속적 개선이 일어나고, 변경이 실수로 다른 안전 문제를 일으키지 않도록 정기적으로 관리하고 문서화하여 검토해야 한다. 조직은 제품안전관리 계획에 명시된 바와 같이 지속적 개선을 위한 체계적인 접근 방식을 따라야 한다. 이러한 접근 방식의 주요 단계에 대한 예가 〈그림 2-7〉에 제시되어 있으며, 다음을 포함한다.

- 문제 식별 및 의사결정
- 행동 계획의 개발
- 제품 또는 프로세스의 변경
- 공급망의 모든 구성원에 의한 개선 모니터링

32 포커스 그룹Focus Group은 대표적인 소비자를 활용하여 다양한 실제 상황에서 제품을 사용하는 방법에 대한 정보를 수집하거나 평가하고 제품 생산 방식을 결정하는 비공식 토론을 포함한다.

〈그림 2-7〉 지속적인 개선 접근 예제

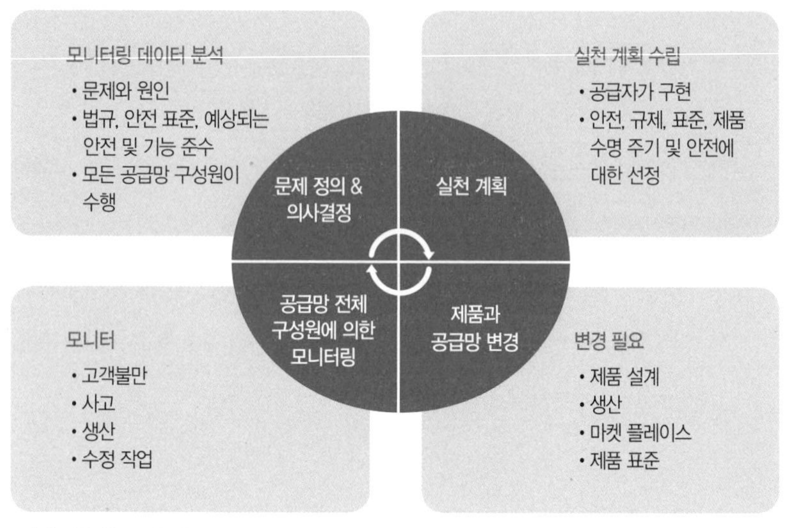

※ 출처: ISO 10377, ISO, 2013

문서화, 문제 평가, 문제를 해결하기 위한 행동 식별 및 실행, 그러한 행동의 효과를 모니터링하고 평가하는 ISO 9000의 접근법은 일반적으로 PDCA 주기라고 하는 4단계 품질 모델이다. PDCA 사이클은 문제가 해결될 때까지 계속된다.

적용 가능한 법률, 규정 및 표준

조직은 적용 가능한 법률, 규정 또는 표준 요구사항을 식별하고 모니터링하여, 이해하고 준수하여야 한다.

– 판매 또는 제조될 시장에서 제품의 수입, 수출 및 유통과 관련된 모든 관련 법률, 규정 및 표준을 확인한다.

– 제품에 적용되는 법률, 규정 및 표준을 식별하고 접근할 수 있는 자원 할당

– 교육, 규정 및 표준 환경 모니터링 회의에 참석

제품안전 관련 법규 준수 여부의 평가는 〈표 2-3〉의 양식을 활용한다. 제품의 특성이 다를 경우에는 제품별로 평가하는 것을 권장한다.

〈표 2-3〉 제품안전 관련 법규 준수 평가 체크시트 양식

<table>
<tr><td>제품명</td><td colspan="4"></td><td>(제품이 다를 경우 각각 작성)</td></tr>
<tr><td rowspan="5">적용 법령 (인증/ 안전기준 포함)</td><td colspan="4">1.</td><td rowspan="5">(여러 가지 법령/ 인증이 적용될 경우 모두 기록)</td></tr>
<tr><td colspan="4">2.</td></tr>
<tr><td colspan="4">3.</td></tr>
<tr><td colspan="4">4.</td></tr>
<tr><td colspan="4">5.</td></tr>
<tr><td>법령/인증</td><td>요구사항(안전기준)</td><td>기준값</td><td>당사 수준</td><td>적합 여부</td><td>부적합 사유</td></tr>
<tr><td rowspan="4"></td><td></td><td></td><td></td><td></td><td></td></tr>
<tr><td></td><td></td><td></td><td></td><td></td></tr>
<tr><td></td><td></td><td></td><td></td><td></td></tr>
<tr><td></td><td></td><td></td><td></td><td></td></tr>
<tr><td rowspan="4"></td><td></td><td></td><td></td><td></td><td></td></tr>
<tr><td></td><td></td><td></td><td></td><td></td></tr>
<tr><td></td><td></td><td></td><td></td><td></td></tr>
<tr><td></td><td></td><td></td><td></td><td></td></tr>
</table>

* 필요 시 근거 서류를 첨부할 것.

제품 식별 및 추적성

일반 사항

이력 추적 상품은 해당 상품에 대한 정보를 검색할 필요가 있는 실제 대상이며 내역, 응용 프로그램, 위치 정보를 제공한다. 각 추적 가능 품목에 대하여 공급업체는 제품 또는 구성 요소의 직접 공급업체를 추적하여 제품의 직접 수령인을 식별할 수 있어야 한다. 개인정보보호법에 명시된 제한 사항에 따라 공급업체는 법에 따라 적절하게 다음 사항을 처리하여야 한다. 이를 위하여 전 세계적으로 고유한 제품 식별 및 제품 추적 기능을 사용하여야 한다.

- 비즈니스 요구사항 충족
- 제품안전 지원
- 제품 식별, 추적성, 리콜 및 기록의 수립과 유지를 위한 다양한 법률 또는 규제 요구사항의 준수 보장
- 제어, 효율성 증대 및 제품 회수 비용 절감
- 시방 준수
- 효율적인 공급망 관리
- 효과적인 품질 관리
- 소비자 및 비즈니스 이해관계자에게 정보 제공
- 제품 속성의 유무 확인(예: 유기농, 어린이 안전)
- 브랜드 보호
- 제품 인증 및 위조 방지 정책 수립

추적성 및 제품 식별과 관련하여 고려하여야 할 질문은 다음과 같다.

- 공급자는 제품이 인도되는 국가의 추적 가능성과 법, 규정 또는 표준을 알고 있습니까?
- 각 공급업체는 공급망의 다른 구성원에게 고유한 추적 가능성 요구사항을 권고하였습니까?
- 공급자가 배포하거나 수령한 모든 추적 가능한 제품 구성 요소 또는 제품이 고유한 식별자로 식별되었습니까?

제품 식별 및 추적성은 품질경영과 제품안전의 기본이다. KS Q ISO 9001: 2015 품질경영시스템 – 요구사항의 8.5.2 식별과 추적성에서

- 조직은 제품 및 서비스의 적합성을 보장하기 위하여 필요한 경우, 출력을 식별하기 위하여 적절한 수단을 활용하여야 한다.
- 조직은 생산 및 서비스 제공 전체에 걸쳐 모니터링 및 측정 요구사항에 관한 출력의 상태를 식별하여야 한다.
- 추적성이 요구사항인 경우 조직은 출력의 고유한 식별을 관리하여야 하며, 추적이 가능하기 위하여 필요한 문서화된 정보를 보유하여야 한다.

라고 규정하고 있다. 이를 구체적으로 실행하기 위한 시스템과 프로세스의 정비가 필수적이다.

공급망 전반에 걸친 추적성

이력 추적성은 자체적으로 각 공급업체가 완전한 추적성을 제공할 수

있어야 함을 의미하지 않는다. 공급망의 각 구성원은 공급망 전반에 걸친 정보 대신 추적 가능 항목의 직접 소스로 돌아가 추적 가능 항목의 직접 수신자를 식별하고 추적할 수 있어야 한다. 이것은 '한 단계 위로, 한 단계 아래로'의 원칙이다.

제품 또는 부품을 생산하는 제조업체의 경우 추적성을 유지하여야 한다. 제조업체는 제조 및 조립 공정 전반에 걸쳐 어떤 제품, 구성 요소 및 배치에 원료 또는 구매한 구성 요소가 있는지 등을 추적할 수 있어야 한다. 추적성 기록은 제품 수명 기간 동안 유지되어야 한다[33].

제품 식별

모든 이력 추적 상품은 고유한 식별 표시를 가지고 있어야 하며, 해당 법적 요구사항에 따라 출처(또는 작성 시)에 라벨, 표시 또는 태그[tag]가 지정되어야 한다. 가장 보편적인 공급망 관행은 전 지역 고유 번호가 내장된 바코드 또는 일련 번호, 배치 또는 로트 번호, 유효일 및 생산일의 조합과 같은 식별 표시의 사용을 권장한다. 이 중 하나가 정보를 이용할 수 없다면 공급자는 정보를 제공할 수 있는 사람에게 정보를 요청하여야 한다.

공급자는 이력 추적 상품 식별의 진정한 고유성을 보장하여야 한다. 외주업체 또는 면허 취득자가 개입된 경우 공급자는 유일성을 보장할 수 있는 방법을 찾아야 한다. 제품 식별은 추적 가능 품목이 소비, 반환 또는

---

33 공급자는 법이 요구하는 경우 소비자 수준까지의 추적성을 갖출 수 있다.

폐기될 때까지 추적 품목에 남아 있거나 부착이 가능하여야 한다. 또한 불필요하게 변경하면 안 된다.

소비자의 역할 이해

일반 사항

공급자는 제품의 구매, 조립, 사용, 보관 및 유지 관리 중 소비자가 취하는 결정과 행동을 이해하여야 한다. 왜냐하면 이러한 소비자 행동이 제품의 위해 여부에 큰 영향을 줄 수 있기 때문이다. 또한 공급업체는 소비자가 제품을 구매할 때 정보에 근거한 결정을 내리고 제품을 안전한 방법으로 사용, 조립, 유지 및 폐기할 책임을 완수할 수 있도록 제품 정보를 소비자에게 제공하여야 한다[34].

사전 구매 및 사전 사용

공급자는 제품의 안전 기능에 관한 정보를 소비자에게 제공하여야 한다. 여기에는 제품 사용을 다루는 라벨 또는 광고가 포함될 수 있다. 표시 또는 광고에서 다루는 주제의 예로는 연령에 맞는 사용, 잠재적 질식, 소음, 제품 내용 또는 기타 제품 위험이 있다.

공급업체는 제품 포장에 이름과 주소를 명시하여야 한다. 공급자는 해당 제품이 판매되는 관할 구역에서 특정 라벨링 또는 광고가 필요한 법률

34 소비자에 대한 정보 작성에 대한 자세한 내용은 ISO/IEC Guide 14 및 ISO/IEC Guide 37 참조.

및 규정을 알고 있어야 한다. 공급자는 사용 전에 명백한 안전 위험에 대한 지침을 읽고 제품을 확인하도록 안내하여야 한다.

사용

제품의 조립, 의도된 안전한 사용, 유지 보수, 보관, 수명 및 폐기에 대한 지침을 소비자에게 제공하여야 한다. 공급자는 다음과 같은 방법을 통하여 소비자에게 명확하고 완전한 지침, 특별한 지침 및 정보를 제공할 수 있다.

- 제품과 포장에 인쇄
- 제품과 함께 제공되는 포장 내용물 또는 기타 재료 포함
- 웹 사이트 또는 전화 연락 센터를 통하여 정보를 제공

제품에 포함된 정보가 사용 중 안전 위험을 최소화하기에 충분하지 않은 경우 개인적인 도움을 제공할 수 있다. 이 도움은 필수적이며, 소비자 서비스의 일상적인 요소로 조립, 설치, 연습 및 유지 관리에 도움이 될 수 있다. 소비자는 제품과 서비스를 받는 방법과 장소, 특히 제품안전 위험의 잠재적 원인에 대한 정보를 제공받을 필요가 있다. 안전 위험을 방지하기 위하여 제품을 설치, 유지 보수하는 방법에 대하여 서비스 요원에게 적절한 정보를 제공하는 것도 고려하여야 한다.

사용 후

공급자는 제품의 사용에 대한 정보를 소비자로부터 얻어야 한다. 이 정보를 얻을 수 있는 사례로 마케팅 중 소비자 피드백, 공급자에 대한 소비자 불만, 청구 및 소송 중에 제공된 소비자 정보, 규제 기관에 대한 소비자 보고서 등이 있다.

공급자는 제품의 지속적인 개선에 사용하기 위하여 소비자 정보를 분류하여야 한다. 또한 사고를 공급자에게 연락하는 방법과 잠재적인 안전 위험을 탐지하는 방법에 대한 정보를 제공하여야 한다. 공급자는 소비자에게 보증카드를 작성하고 제품안전 업데이트에 대한 국가 및 국제 제품 회수 데이터베이스, 기타 웹 사이트에 대한 정보를 제공하도록 권장하여야 한다. 소비자의 사용 후 정보 중 가장 중요한 것은 제품안전 클레임으로, 〈표 2-4〉를 활용하여 자사 제품을 포함하여 유사 제품의 제품안전 품질과 관련한 클레임을 사전에 조사한다.

취약한 소비자

특정 취약한 소비자 그룹은 책임을 이해하지 못하고 제품안전 계획에 참여하거나 제품 사용에 대한 피드백을 제공하지 못할 수도 있다. 공급자는 공무원 및 시민 사회 단체와 협력하여 이러한 취약한 소비자가 제품 사용에 대해 이해하고 피드백을 제공하는 데에 참여하도록 도와야 한다[35].

---

35 공급자는 법이 요구하는 경우 소비자 수준까지의 추적성을 갖출 수 있다.

〈표 2-4〉 제품안전 클레임 조사표

제품안전 클레임 조사표

부서명: 일자:

제품명	부품명	규격

사고 원인 조사	
유사 제품명	제조 연월일
개선 내용	개선 완료일

재발 시험 방법

No.	시험 항목	관련 표준

* 기타 사항

취약한 소비자, 특히 어린이는 성인과 달리 외부 위험으로부터의 보호에 취약하다. 그러므로 어린이가 주로 사용하는 제품은 일반인과 다른 기준 및 제도에 따라 특별한 안전관리가 이루어질 필요가 있다. 우리나라의 경우 어린이제품 안전 특별법이 제정되어 있다.

설계의 안전성

일반 사항

공급망의 모든 단계, 특히 제품 설계 시방이 개발되는 프로세스의 시작 단계에서 안전이 주요 관심사가 되어야 한다. 설계 단계에서 제품안전 고려 사항이 부족하면 많은 제품안전 오류가 발생할 수 있으며, 다음과 같은 결과가 발생한다.

– 소비자에 대한 상해
– 제품 리콜 및 관련 비용
– 재설계 및 재교육 비용
– 제조물책임 소송 및 관련 비용
– 정부와 법률의 시행 및 준수에 관한 문제

설계 결함이 철저히 예방될 수 있음을 인식하여 제품 설계의 안전성을 보장하는 것은 조직의 책임이다. 최근 제품의 안전 품질 기능을 좌우하는 안전 기능은 점점 더 전기 · 전자 또는 프로그램이 가능한 전자 장치 시스템에 의해 수행되고 있다. 21세기에 들어 시스템은 복잡해지는 반면, 모든 고장 모드를 완전하게 결정하거나 가능한 모든 행위를 시험하는 것이 현실적으로 불가능하게 되었다. 따라서 제품 설계 단계에서 안전 품질에 대한 관리와 더불어 제품 설계에 안전 개념이 반영되지 못할 경우 안전 성능을 예측하는 것은 더욱 어려워질 수밖에 없다. 따라서 다음 사항을 제품 설계에 반영하여야 한다.

- 시스템, 하드웨어 또는 소프트웨어의 구성과 안전 품질 확보를 위한 제품 설계가 이루어져야 한다.
- 안전 요구사항에 대한 설계 검토(예를 들면, 서로 다른 모드들로 운영되는 동안에 관련된 모든 안전 기능이 나타나지 않는 고장의 설계 단계 제거를 위한 검토 등) 및 제품 설계에 반영
- 하드웨어 우발 고장 메커니즘의 설계 검토 및 제품 설계에 반영
- 소프트웨어 오류 검증을 위한 설계 검토 및 제품 설계에 반영
- 공통 원인 고장common cause failure[36]에 대한 설계 검토 및 규명과 제품 설계 변경 실시
- 인적 오류에 대한 설계 검토 및 설계 변경 실시
- 환경적인 영향(예를 들면 전자기, 온도, 기계적인 현상들)에 대한 설계 검토
- 공급 시스템 전압 불안정(예를 들면 공급 손실, 전압 감소, 공급의 재연결)에

36 2개 이상의 부품에 고장을 발생시키는 원인

대한 설계 검토 및 설계 변경 실시

설계 명세

설계 규격은 제품의 안전을 보장하는 중요한 요소로 다음과 같은 내용을 포함하지만 이에 국한되지 않는다.

- 도면, 이미지 및 사진
- 제품의 설명
- BOM bill of materials
- 부품 및 하위 부품 목록
- 원료 선택 및 소싱
- 모델 이름/번호 및 추가 추적 정보
- 제품의 특징, 기능 또는 특성
- 제품 사용 설명 및 경고

제품의 전체 수명 주기는 다음을 고려하여야 하는 설계 규격을 개발할 때 고려되어야 한다.

- 제품 수명
- 기후 조건(예: 온도, 습도, 햇빛, 대기압)과 같은 환경 요인
- 포장
- 시장 및 창고로의 운송
- 어셈블리 및 오용 가능성

– 설치, 서비스, 유지 보수 및 수리 요구사항

– 사용 후 처리

– 안전한 수명 후 고장 대처

설계 시방서에 기록하는 안전 관련 고려 사항은 다음을 포함하지만 이에 국한되지 않는다.

– 제품의 설명

– 사용 목적

– 예측 가능한 사용 및 오용

– 제품이 사용될 장소의 주변 환경(예: 집/사무실, 실내/실외, 고정/이동)

– 필수 안전 요구사항 및 산업 표준 준수

– 위험에 대한 노출 분석

– 위험 식별 및 특성 규명

– 리스크 평가

– 리스크 감소

– 리스크 커뮤니케이션

사업자는 설계 및 개발 단계에 적합한 위험 평가에 근거한 제품안전 대책을 검토하고, 제품의 안전성에 대한 위험을 사회적으로 허용할 수 있는 범위를 줄일 수 있어야 한다. 사업자가 스스로 결정한 제품안전 요구사항 및 안전기준을 충족시키는 제품을 제공하기 위하여 설계/개발 프로세스의 적절한 단계에서 위험 평가를 실시하고, ISO/IEC 가이드 51 안전 원칙safety principles 또는 3 step method에 따라 '디자인본질 안전 설계 위험성 감소' → '보호수단안전 방호 위험성 감소' → '사용 정보를 통하여 위험 감소'의 우선순위에 따라 제품을 안전하게 구현하여야 한다.

위험 평가를 실시하는 제품 정보제품 시방, 성능, 구조 등 이외에 제품에 적용되는 안전에 관한 법령, 강제 규격 정보 및 유사 제품의 제품 결함, 사고에 대한 정보를 수집하고 분석하여야 한다. 이들을 이용하여 시장에서의 법적 적합성을 확인하고, 위험물손상의 잠재적인 근원을 추정하고 그에 따른 피해를 추출하여 안전 위험성의 크기를 적절하게 평가할 수 있다. 제품의 오용에 대하여 사업자는 축적된 지식을 활용하여 제품 사고 방지에 노력하여야 한다. 이미 공표된 사고의 원인이 되는 잘못된 사용은 더 이상 예측 불가능하거나 예측이 어렵지 않고 쉽게 예측 가능한 오용으로 간주하고 예상되는 사용 방법 및 조건에 포함된 위험 평가를 실시하여야 한다.

제품은 사용 중지한 후에 궁극적으로 재활용하거나 폐기된다. 제품 개발 단계에서 그 과정을 안전하게 하기 위하여 적절한 방법을 설계에 고려하여야 한다. 제품의 설계 및 개발의 최종 단계양산 시작 전에서는 위험 평가 결과에 따라 최종적으로 설계 시방에 채용된 안전 방책의 내용이 제품안전 표준을 충족하는 것인지 다시 확인하여야 한다.

정확하고 신뢰할 수 있는 의사결정을 위하여 조직은 시장 지식, 목표로 하는 시장, 원재료, 부품 및 부품의 잠재 사용자, 출처 및 공급자를 식별하기 위한 정보 수집 및 분석을 수행하여야 한다.

설계 시 안전 고려 사항

예측 가능한 사용

공급자는 제품의 의도된 용도와 실제로 어떻게 사용되는지에 대한 지식을 이해하고 지식을 가져야 한다. 이 지식은 다음과 같은 정보에서 파생될 수 있다.

- 제품의 기능 및 디자인에 관한 기술 데이터를 포함하여 기능 및 디자인과 일치하는 제품의 사용
- 사실적인 인간의 행동(예: 어린아이가 장난감을 입에 넣고 주변을 탐색함) 또는 인체 측정(예: 아이의 머리가 갇힌 경우)을 바탕으로 한 제품 사용(어린아이의 머리가 칸막이 사이에 낄 만큼 작기 때문에 유아용 침대 막대 사이를 고려)
- 고객의 청구 · 반품 · 보증 · 수리 및 소송을 포함하여 소비자의 피드백을 기반으로 한 제품사용
- 공급자의 제도적 지식에 기초한 제품 사용(예: 공급자가 보유하고 몇 년 동안 축적된 실제 지식)
- 제품이 사용될 장소의 법과 규정에 부합하는 제품의 사용
- 특정 제품에 대한 업계 지식과 일치하는 제품 사용

예측 가능한 오용

공급자는 제품이 오용되거나 잘못 조립될 수 있는 방법에 대한 명확한 이해와 지식을 가져야 하며, 제품 디자인을 적절하게 조정하여야 한다. 이 지식은 다음과 같은 정보에서 파생될 수 있다.

- 사실적인 인간의 행동이나 인체의 측정(예: 어린이, 노인)을 바탕으로 한 제품의 사용
- 고객의 청구 · 반품 · 보증 · 수리 및 소송을 포함하여 소비자의 피드백을 바탕으로 한 제품 사용
- 마케팅 및 소비자 동향을 통해 획득한 인구 통계적인 정보
- 공급자의 지식에 기초한 제품 사용
- 해당 특정 제품에 대한 업계 지식과 일치하는 제품 사용
- 소비자의 부적절한 조립, 유지 보수 및 불량 수리에 대한 보고서

예측 불가능한 오용

소비자제품의 의도하지 않거나 쉽게 예상되지 않는 오용을 식별하는 것은 어렵다. 그러나 공급자는 제품 또는 유사 제품의 오용과 관련하여 시장으로부터 피드백을 받을 수 있는 메커니즘을 수립하여야 한다. 반복적인 패턴을 확인하기 위해 이러한 피드백을 모니터링하고 분석해야 한다. 오사용 조건 분석 결과(〈표 2-5〉)를 활용하여 고객의 합리적 오사용, 비합리적 오사용 조건을 사전에 조사하고 이를 분석하는 것이 매우 유용하다.

위해성 평가

(1) 일반 사항

리스크 평가는 제품과 관련된 리스크 수준을 확인하는 과정이며, 일반적으로 다음 단계를 포함한다.

– 위해 요소 식별

– 리스크에 대한 노출 분석

– 사용 조건에 대한 고려

– 잠재적 상해 시나리오에 대한 설명

– 심각도 평가

– 확률의 평가

– 리스크 평가

리스크 평가 프로세스의 결과는 리스크가 용인 가능한지를 결정하고, 그렇지 않은 경우 제품의 재설계 또는 보호 수단 도입을 포함한 리스크 감소 조치를 고려하여야 한다. 프로세스의 개요는 〈그림 2-8〉을 참조한다.

(2) 위해성 확인

위해 요인 식별에는 제품, 부품 및 포장의 예측 가능한 사용 또는 오용으로 인해 해를 끼칠 수 있는(예: 질병 또는 상해) 제품과 관련된 잠재적인 위험 요소를 식별하여야 한다. 위해성 확인을 위한 데이터 및 정보는 다양한 출처에서 나올 수 있다[37].

– 소비자 불만 및 유사 제품의 반품

– 사고 보고서, 상해 자료 및 데이터베이스 분석

– 정부 기타 리콜 데이터

〈표 2-5〉 오사용 조건 분석표

오사용 조건 분석

부서명: 일자:

1. 합리적 오사용 조건

No.	오사용 조건	예상 위험성	대책	비고
1				
2				
3				
4				
5				
6				
7				
8				
9				
10				

2. 비합리적 오사용 조건

No.	오사용 조건	예상 위험성	대책	비고
1				
2				
3				
4				
5				
6				
7				
8				
9				
10				

※ 비고

1. 대책란에는 사용 설명서에 경고 문구 표기, 제품에 경고 문구 표기, 안전장치 부착 풀프루프pool proof 설계 등으로 구분하여 기록한다.
2. 비고 란에는 선진 업체 제품의 대응 상태 등을 기록한다.
3. 비합리적인 오사용 조건에 해당하는 것은 비고란에 그 이유를 기록한다.
(예: 현재의 기술로는 감당할 수 없음. 선진 제품도 동일한 경우임.)

- 법률, 규정 및 국제, 국가 및 산업 표준의 요구사항
- 제품 또는 원료 시험 보고서 또는 인증서
- 최고의 기술 수준[state of the art]에 관한 과학 지식과 산업, 전문가 조언
- 인간공학적 원칙
- 인터넷 채팅 그룹, 포럼 및 소셜 미디어
- 제품 및 유사 제품과 관련된 기타 정보 출처

Annex[부속서] C(본서에는 수록치 않음)에 제시된 것처럼 소비자제품과 관련된 여러 가지 유형의 제품 위험 요소가 있다.

(3) 위험 노출 분석

위험 노출 분석은 가능성이 있는 사용자 집단의 식별 및 제품과 관련된 위험에 대한 노출을 나타낸다. 여기에는 다음이 포함될 수 있다.

- 의도된 사용자, 잠재적인 사용자 및 의도하지 않은 사용자를 포함하여 제품과 접촉할 수 있는 사용자의 식별
- 사용자의 신체적 능력 및 심리적 특성. 힘, 운동기술, 경험 및 육체적인 차원
- 제품과 관련된 위험 요소에 특히 취약한 사용자 식별(노인, 어린이 및 장애인)

---

37 Annex C에 제시된 것처럼 소비자제품과 관련된 여러 가지 유형의 제품 위험 요소가 있으며, 다양한 유형의 분석을 통하여 유해성을 평가할 수 있다.
FTA(Failure Tree Analysis), FMEA(Failure Mode and Effects Analysis), FMECA(Failure Mode, Effect and Criticality Analysis), ETA(Event Tree Analysis) 참조.
기계 관련 위험 요소(예: 전동 공구, 잔디 깎는 기계)는 ISO 12100 참조.

- 사용자가 제품에 접촉하거나 노출될 수 있는 기간
- 위험 요소가 사용자에게 명백한 정도(예: 많은 사람들이 날카로운 나이프와 관련된 위험을 이해할 수 있지만 어린이 장난감 내부의 날카로운 금속 가장자리는 의도한 사용자에게는 그리 명확하지 않을 수 있다.)

(4) 사용 조건 고려

위험 요소를 식별하고 위험 요소에 노출되는 것을 고려할 때 예측 가능한 사용과 예측 가능한 오용을 모두 고려해야 한다. 습기가 많은 곳에서 전기 장비를 사용하여 감전 위험을 일으킬 수 있는 제품, 인화성 물질이 있는 환경에서 스파크를 일으킬 수 있는 제품으로 화재 위험이 발생할 수 있다(예: 주방 및 욕실 싱크와 같이 물에 젖어 있을 수 있는 곳에 사용되는 전기 구동 기기. 이러한 상황에서 기기가 감전되거나 감전될 위험이 있다. 이러한 유형의 제품을 설계할 때 침수 보호를 고려하여야 한다.).

사용 환경 조사표〈표 2-6〉을 활용하여 고객의 제품 사용 환경을 사전에 조사하는 것이 매우 유용하다.

(5) 잠재적인 상해 시나리오에 대한 설명

공급자는 상해와 같은 유해한 사건을 일으킬 수 있는 단계를 식별하고 발생할 수 있는 가능한 시나리오를 설명할 수 있어야 한다(예: 전기 제품의 잠재적인 상해 시나리오는 기기가 작동하는 동안 사용자가 손을 개구부에 삽입하여 전기 안전 위험을 일으킬 수 있다.).

〈표 2-6〉 사용 환경 조사표

<table>
<tr><th colspan="6">사용 환경 조사표</th></tr>
<tr><td rowspan="2">사용조건</td><td>평균 온도(℃)</td><td colspan="2"></td><td>온도 범위(℃)</td><td></td></tr>
<tr><td>평균 습도(%)</td><td colspan="2"></td><td>습도 범위(%)</td><td></td></tr>
<tr><td>사용환경</td><td colspan="3"></td><td colspan="2"></td></tr>
<tr><td>시장조건</td><td colspan="3"></td><td colspan="2"></td></tr>
<tr><td rowspan="2">관련법규</td><td>국가명</td><td>적용 법규/규격</td><td>규격 No.</td><td>예상 문제점</td><td>강제 여부</td></tr>
<tr><td></td><td></td><td></td><td></td><td></td></tr>
</table>

잠재적인 위험은 〈표 2-7〉과 같은 잠재 위험 발굴표를 사용하여 제품에 내재되어 있는 잠재 위험을 발굴한다. 이를 위해 조직의 다양한 부서에 있는 사람들이 같이 토론하는 것을 권장한다.

〈표 2-7〉 제품 잠재 위험 발굴표

구분	제품의 고장	오용 가능성	수명이 다한 경우	환경이 다른 상황	기타
물리적 위험					
화재 열변형 위험					
전기적 위험					
화학적 위험					
누설					

(6) 심각도 평가

부상의 중증도는 종종 '가벼운', '경미한', '중대한', '심각한'과 같은 질적인 용어로 표현된다(예: 열상이나 상처는 날카로운 칼과 관련된 위험이다. 위험 상황의 심각성은 부상 시나리오에 따라 조금씩 다를 수 있다. 피부 상처는 '경미한' 것으로 간주될 수 있지만 중요한 장기의 깊은 상처는 '심각한' 것으로 간주된다.). 심각도 평가 기준 적용 예는 〈표 2-8〉과 같다.

(7) 확률 평가

확률은 상해 시나리오에서 설명된 각 단계가 제품의 예상 수명 동안 발생할 가능성을 나타낸다. 심각도와 마찬가지로 확률은 일반적으로 '드문'에서 '확실한'과 같은 질적인 용어로 표현되지만 종종 이것은 수치 비율 또는 백분율을 기반으로 한다[예: 100만분의 1(또는 0.0001%)의 확률은 '희소한' 것으로 간주될 수 있는 반면, 50% 이상의 확률은 '매우 가능성 있음'

〈표 2-8〉 심각도 평가 기준 적용 예

영향	기준: 제품에 대한 영향의 심각도(고객 영향)	등급
안전 및 규제 요구사항을 충족시키지 못함	잠재적 고장 형태가 경고 없이 안전한 사용에 영향을 미치거나 정부 법규에 대하여 불일치 사항을 포함한다.	10
	잠재적 고장 형태가 경고를 하고 안전한 사용에 영향을 미치거나 정부 법규에 대하여 불일치 사항을 포함한다.	9
주요 기능의 상실 또는 저하	주요 기능 상실(예: 자동차 작동 불능, 자동차 안전 운행에 영향을 미치지 않는다.)	8
	주요 기능 저하(예: 자동차가 작동하지만 성능 수준이 떨어진다.)	7
보조 기능의 상실 또는 저하	보조 기능 상실(예: 자동차가 작동하지만 안락하고 편안한 기능 불능)	6
	보조 기능 저하(예: 자동차가 작동하지만, 성능 수준의 감소로 안락하고 편안한 기능 수준이 떨어진다.)	5
고객 불편	외관 또는 들리는 소음, 자동차 작동 가능, 품목이 안락하지 않고 대부분의 고객에 의해 인지된다.(>75%)	4
	외관 또는 들리는 소음, 자동차 작동 가능, 품목이 안락하지 않고 많은 고객에 의해 인지된다.(50%)	3
	외관 또는 들리는 소음, 자동차 작동 가능, 품목이 안락하지 않고 예민한 고객에 의해 인지된다.(<25%)	2
영향 없음	인지할 수 있는 영향 없다.	1

으로 간주될 수 있다].

심각한 위험이 자주 발생하든 그렇지 않든 대부분의 제품과 관련하여 여전히 허용 가능한 위험을 초과할 수 있다. 부상 시나리오의 각 단계에는 적절한 확률이 주어지며, 이들의 곱셈은 시나리오의 전체 확률을 제공한다. 확률 분석은 가능하면 테스트 데이터로 구체화되어야 한다.

발생도 평가 기준 적용 예는 〈표 2-9〉와 같다.

〈표 2-9〉 발생도 평가 기준 적용 예

고장 가능성	기준: 원인 발생도–설계 FMEA (부품/차량의 설계수명/신뢰성)	기준: 원인 발생도 –설계 FMEA (부품/제품당 발생 횟수)	등급
매우 높음	전에 없던 새로운 기술, 새로운 설계	1,000개당 100개 이상 10개 중 1개 이상	10
높음	새로운 설계, 새로운 기술 적용, duty cycle/작동 조건의 변화에서 고장은 필연적이다.	1,000개당 50개 20개 중 1개	9
	새로운 설계, 새로운 기술 적용, duty cycle/작동 조건의 변화에서 고장 가능성이 있다.	1,000개당 20개 50개 중 1개	8
	새로운 설계, 새로운 기술 적용, duty cycle/작동 조건의 변화에서 고장이 불확실하다.	1,000개당 10개 100개 중 1개	7
보통	유사한 설계와 연관되거나 설계 모의 실험 및 시험에서의 빈번한 고장	1,000개당 2개 500개 중 1개	6
	유사한 설계와 연관되거나 설계 모의 실험 및 시험에서 가끔 발생하는 고장	1,000개당 0.5개 2,000개 중 1개	5
	유사한 설계와 연관되거나 설계 모의 실험 및 시험에서 산발적인 고장	1,000개당 0.1개 10,000개 중 1개	4
낮음	거의 동일한 설계와 연관되거나 설계 모의 실험 및 시험에서의 독립적인 고장	1,000개당 0.01개 100,000개 중 1개	3
	거의 동일한 설계와 연관되거나 설계 모의 실험 및 시험에서 고장이 관찰되지 않음	1,000개당 0.001개 이하 1,000,000개 중 1개	2
희박	예방 관리를 통하여 고장이 제거됨	예방 관리를 통하여 고장이 제거됨	1

(8) 리스크 평가

이 국제표준은 리스크 평가, 즉 제품이 문제를 일으킬 수 있는 위험에 대한 평가를 통하여 소비자 또는 사용자가 위험에 노출될 가능성을 결정하고 위험의 심각성을 여러 번 언급한다. 어떤 경우에는 평가를 수행하기 위하여 연구하거나 전문 지식을 더 습득하여야 할 수도 있다. 조직은 잠재적 리스크 수준을 평가하기 위하여 사용 조건 및 상해 시나리오를 포함하여 리스크 식별 및 노출 분석을 사용하여야 한다. 관련된 요소를 평가할 때 리스크가 있는 경우 〈그림 2-8〉과 같이 다음을 고려하여야 한다.

- 제품 및 위험 요소 유형(단계 1)
- 사용 조건(단계 2)
- 노출된 사람들의 수 또는 취약성을 피하거나 제한하는 기술적 또는 인간의 능력을 포함하여 제품을 사용하는 소비자 유형(단계 3)
- 일련의 단계에서 기술된 부상 시나리오(단계 4)
- 위험 요소로 인한 위험의 정도(단계 5)
- 노출 가능성(단계 6)
- 리스크 수준(단계 7) 및 허용 여부(단계 8)

조직은 다음의 리스크 감소에 기술된 것처럼 위해를 일으킬 가능성이 있는 위해 요소가 있다고 판단될 때 리스크 평가를 수행하는 프로세스를 수립하여야 한다. 리스크 평가 프로세스는 일반적으로 다음 단계를 포함한다.

- 발생할 수 있는 상해 유형 및 해당 심각도 수준에 대한 평가. 예를 들어 치명적이거나, 아니거나, 심각하거나, 경미한 상해
- 소비자 행동 및 제품 사용 빈도와 사용 시간을 고려한 위해 발생 확률의 추정

〈그림 2-8〉 리스크 평가의 흐름을 보여 주는 다이어그램

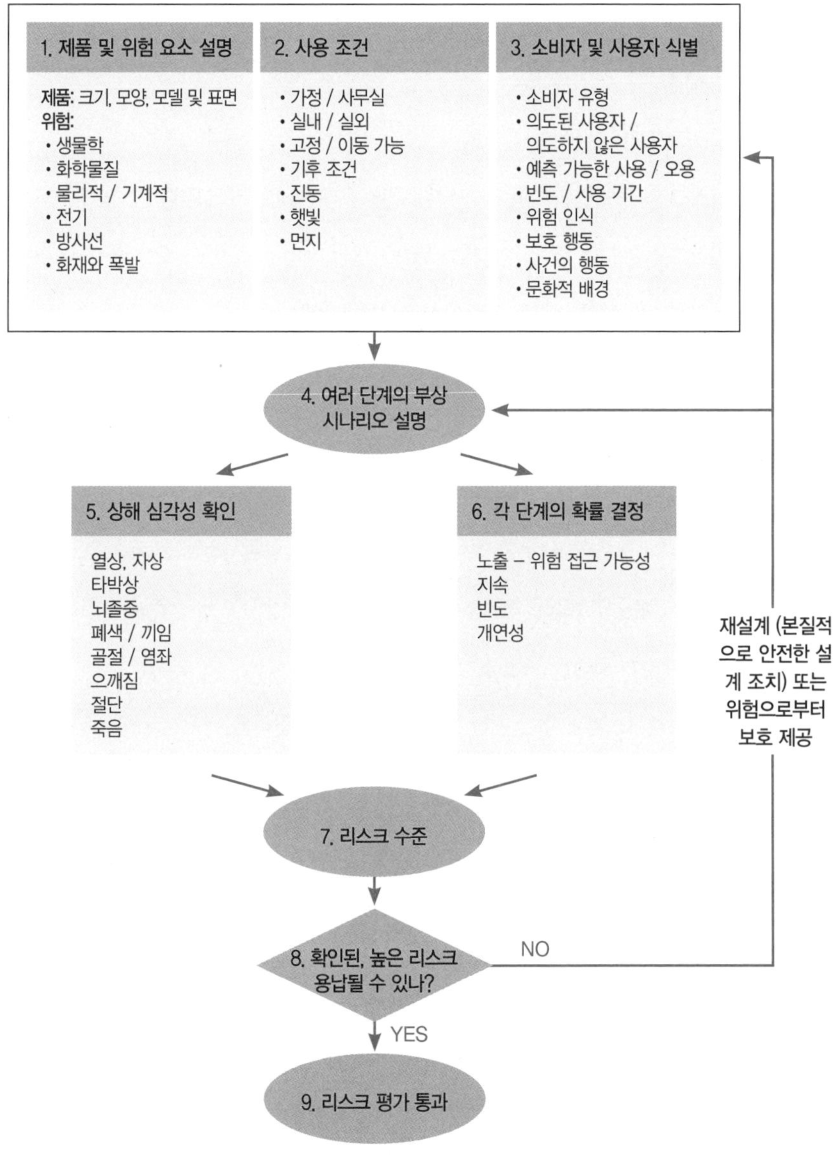

- 식별된 위해로부터 식별된 각 소비자 집단에 대한 위해성 평가
- 리스크 수준이 가정이나 확률의 변화에 의해 영향을 받는지 파악하기 위한 분석 수행
- 리스크 평가의 문서화
- 리스크 평가 방법의 적용과 도달한 결론에 대한 전문가의 검증
- 리스크를 용인할 수 없는 경우 제품을 재설계하거나 리스크 요소에 대한 보호조치를 제공하여 위험을 지속적으로 감소시킨다.

위험 평가를 도입할 때에는 다음 사항에 유의하여야 한다.

- 경영진은 위험 평가의 본격적 도입에 관한 경영 판단보다 안전한 제품을 시장에 공급해야 하는 의무를 이행하기 위하여 품질경영시스템 및 제품안전에 관한 성능 수준의 현상을 인식하고 적절한 자원(사람 · 물건 · 돈 · 정보)을 투입하는 결정을 내리는 것이 요구된다.
- 품질경영시스템에 대한 기본 위험 평가는 품질 관리를 위한 추가적 · 부속적인 실시 사항이 아닌 필수 과정으로 평가하여 품질경영시스템에 통합하는 것이 필수적이다.
- 위험 평가 참여자는 경험 · 노하우를 보유한 관련 부문의 임원이 참여하여야 한다. 참가자의 사내 자격 제도, 역할 및 권한을 포함하여 위험 평가 운영 규정 등을 결정하여 효과를 확실하게 보장하도록 규칙이 정비되어야 한다.
- 위험 평가의 실시 시기와 실시 횟수, 위험 평가의 실시 등은 품질 관리 규정 기타 규칙에서 빼놓을 수 없는 과정으로 규정하여야 한다. 제조로 전환하기 전

단계에 수행되어 더 안전한 디자인을 보장하는 것이 최소 요구사항이다. 유통 후에도 원래 구성된 위험의 크기[기대 빈도/예상 발생 피해 정도]와 현황 및 앞으로 예상되는 위험 실태에 간격이 발생하지 않았는지 유효성 검사를 계속 하여야 한다.

- 위험 평가 방법의 선택에서 제품의 위험을 줄이기 위한 첫걸음은 '위험을 발견하는 것'이다. FMEA[Failure Mode and Effect Analysis] · FTA[Fault Free Analysis] · ETA[Event Tree Analysis], 기타 다른 방법이 있다. 그러나 어떤 방법을 선택하는 경우에 충분한 위험을 발견할 수 있는지, 위험을 분석하여 적절한 안전 조치를 취하는 것에 기여할 수 있는지에 대한 유일한 정답은 없다.
- 업무와 분리하여 체계적인 제품안전 교육을 실시하여야 한다. 자사 제품군의 특성을 고려한 기술 기준 해설은 많은 기업에서 이미 실시하고 있지만, 제품안전에 특화하고 안전 성과 확보를 위해서는 창의력과 분석 능력을 키우는 교육이 실시되어야 한다. 위험 평가의 실무 연수를 통하여 안전하게 만드는 것의 중요성과 기본 개념을 인식할 수 있어야 한다.
- 공급망[제조의 경우, 부품 및 원자재의 조달]뿐 아니라 밸류 체인[공급망 + 공급업체/도매업체/판매업체 등]의 위험 평가의 타당성 평가가 중요하다.
- 위험 평가는 해당 제품의 사업 부문에 속하지 않는 전문가가 과정 및 결과를 확인할 수 있도록 하는 것이 필요하다.

리스크 감소

리스크 평가를 수행하는 궁극적인 목표는 리스크를 가장 효과적으로 줄이는 방법과 취하여야 할 조치를 결정하는 조직을 지원하는 것이다. 조직은 사회 및 공공 혜택을 고려하여 허용 가능한 리스크로 판단되는 것과 리스크 평가 결과를 비교하여야 한다.

허용 가능한 리스크가 달성되지 않은 경우 리스크를 줄이기 위한 추가 조치를 취할 필요가 있다. 리스크를 허용 수준 또는 허용 수준 이하로 낮출 수 없는 경우 제품을 시장에 출시해서는 안 된다. 리스크를 줄이거나 없애기 위한 옵션에는 〈그림 2-9〉와 같이 다음 사항이 포함될 수 있다.

a) 위해성 평가(위해성 확인 및 노출 분석을 통하여 제품의 어떤 측면이 위해성에 기여하는지 결정)

〈그림 2-9〉 조직의 리스크 감소 프로세스의 예

b) 이용 가능한 감축이 리스크를 감소시킬 정도를 평가

c) 설계 단계에서 보호 조치를 제품에 통합(예: 테이블 톱에 보호 덮개 추가)

d) 사용, 조립 및 유지 보수, 경고 및 라벨에 대한 지침 제공을 통하여 사용자에게 안전한 사용 정보 제공

(예 1) 어린이 안전문이 있는 경우 잠재 리스크는 어린이가 손잡이를 여는 능력일 수 있다. 이 리스크에 대한 성능 기준은 5세 미만의 어린이가 손잡이를 열 수 없다는 것이다. 리스크 요소를 완전히 '설계'할 수 없는 경우 성능 기준을 허용 가능한 수준으로 설정하여야 할 수도 있다. 예컨대 2세 어린이의 15%가 열 수 있는 안전문이라면, 용인할 수 없는 리스크가 있지만 손가락에 상처를 입은 리스크가 0.001%인 메커니즘은 허용될 수 있다.

리스크 감소 조치는 리스크를 허용 수준까지 낮출 수 없는 경우 제품을 다시 설계하는 것부터 제품을 제조하지 않기로 결정하는 것까지 다양할 수 있다. 안전 정보, 경고 및 표시는 리스크를 허용 수준까지 줄이기 위한 마지막 단계로 사용하여야 한다. 소비자제품과 관련된 리스크에 대하여 대중과 의사소통하는 것과 관련하여 어떻게 피할 수 있느냐에 따라 크게 두 가지 방법, 경고와 지침이 있다.

경고는 제품 리스크 관리에 없어서는 안 될 부분이다. 조직은 소비자에게 잔존 리스크가 있는 제품에 대하여 경고하여야 한다. 경고는 사용자의 건강과 안전에 악영향을 줄 수 있는 제품 리스크의 존재 · 본질 · 형태 또는

심각성에 관한 간단한 안전 메시지이다. 또한 제품을 사용하는 환경 및 위치는 예상하지 못한 리스크를 초래할 수 있다.

경고의 내용에는 제품의 리스크, 리스크가 제시하는 피해 및 피하지 않은 경우의 결과가 기술되어야 한다. 각 제품의 리스크는 별도의 경고로 제시되어야 한다. 효과적인 경고는 신호 위험, 안전 경고 기호 및 제품 위험에 적합한 유형, 크기 및 색상의 글꼴을 사용하여 주의를 끌어야 하고, 제품, 내구성 있는 라벨, 제품 매뉴얼, 안전 데이터 시트 및 조직 웹 사이트에 경고가 표시되어야 한다.

지침은 제품을 안전하게 사용하기 위하여 필수적이다. 조직은 제품 사용자에게 제품의 사용, 조립, 유지 보수 및 폐기에 대한 지침을 제공하여야 한다. 교육 내용은 제품 사용자에게 감소되거나 제거되지 않은 제품 위험 요소로 인한 피해를 피하는 수단과 제품 오용을 방지하기 위한 지침을 제공하여야 한다.

(예 2) "밀폐된 공간에는 이산화탄소 및 인화성 위험이 있습니다. 캠핑용 랜턴을 텐트 안에서 사용하지 마십시오."

지시 사항은 제품이 오용된 경우 행할 조치에 대한 지침을 제공할 수 있다. 예를 들면 표백제 섭취 등 제품 위험에 대한 안전 메시지가 포함된 지침 및 경고는 제품 사용에 대한 혼동을 방지하기 위하여 별도로 작성하고 제시하여야 한다.

경고 또는 지시의 내용이나 표현에 대한 고려 사항은 다음과 같다[38].

- 법이나 규정에 요구되는 안전 메시지
- 제품 또는 그 사용과 관련된 위험에 대한 구체적인 지침을 제공하는 산업 표준
- 경고 또는 지시가 주어져야 하는 다른 언어
- 취약한 소비자(예: 어린이 및 노인)가 경고를 읽고 이해할 수 있는 능력
- 제품에 경고가 표시되어야 하는 위치
- 제품 설명서에서 경고의 중요성
- 제품 경고에 사용되어야 하는 기호
- 지침의 내용에 대하여 포커스 그룹으로부터 피드백을 얻는다.
- 제품의 기술(예: 소프트웨어)이 경고 또는 지침을 사용자에게 제공하여야 하는지 여부

설계 시방서 프로세스 문서화

설계 시방서 프로세스를 문서화하는 것은 그것이 어떻게 수행되고 완료되었는지를 보여줄 수 있기 때문에 중요하다. 제품 설계의 진화, 다른 유사한 제품의 이력 및 제품, 이와 유사한 제품의 사고, 문제에 대한 기록을

38 표시에 대한 식별된 규제 요구사항이 없거나 지시 및 지침이 요구되는 경우 공급자는 ISO/IEC Guide 14, ISO/IEC Guide 37, ISO/IEC Guide 74 및 ISO 3864 참조.

포함하여 제품 설계 및 개발의 내역을 문서화하여야 한다. 이러한 문서를 작성, 유지 관리 및 업데이트함으로써 조직은 이후의 리스크 평가 활동, 추적성, 제품 재설계, 법률 및 규정 준수를 위하여 정보를 사용할 수 있음을 보장할 수 있다. 여기에는 다음 내용이 포함되어야 한다.

- 국제표준의 이행으로 인해 발생하는 기록
- 설계 단계에서 생성된 문서, 예를 들면
  - 사용된 데이터 및 정보를 포함하는 리스크 평가
  - 중요한 디자인 선택 및 안전 결정
  - 도면, 규격 및 BOM[bill of materials]
  - 제품 품질 및 안전성 테스트와 승인된 제품 샘플
  - 설계 검증
  - 경고 및 지침의 확인
  - 설계 시험 및 검사
  - 기술적 타당성
  - 규제 요구사항 및 제품별 산업 표준 준수
  - 필요에 따라 제3자 시험 및 적합성 평가
  - 고려된 옵션과 리스크를 줄이거나 없애기 위하여 취해진 조치

생산 현장에서의 안전

생산의 기본 원칙

일반 사항

생산 중 제품안전 리스크의 식별 및 감소는 총비용을 줄이고 효율성을 향상시키며 최종 제품의 전반적인 안전 및 품질을 향상시킨다. 리스크 평가는 생산 계획, 생산 가동, 생산 후 생산 및 생산 지원의 주요 사항이다.

이 조항은 이러한 생산 단계에 단계를 통합하고 제품안전문화를 수립함으로써 소비자에게 위험을 감소시키는 지침을 제공한다. 생산의 3단계가 〈그림 2-10〉에 나와 있다.

〈그림 2-10〉 생산 단계

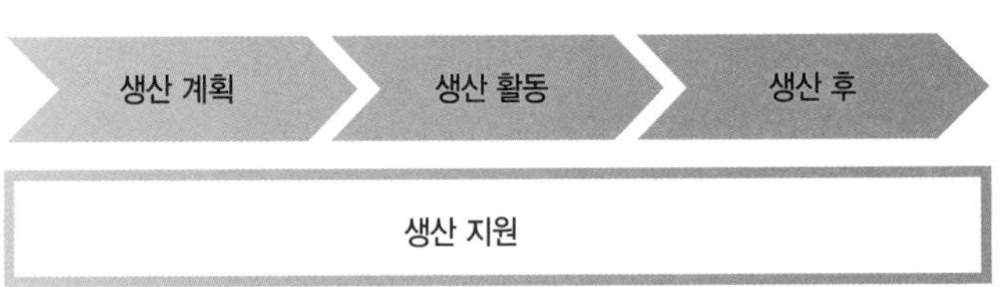

생산 시설에서의 제품안전문화 구축

많은 구성원이 있는 공급망에서 제품안전문화를 구축하면 제품안전이 향상된다. 제품안전문화는 조직이 설계, 시제품 제작, 테스트, 검사 및 교육 접근 방식의 전통적인 개념을 뛰어넘어 제품안전성의 위험을 신속하게 파악 · 관리 · 완화하는 것이 무엇보다도 중요하다는 것을 요구한다.

제품안전문화를 개발할 때에는 조직 내에서 우선순위가 있어야 하며, 다음과 같은 관행이 이를 증명한다.

- 그들이 취급하는 제품과 관련된 위험 요소와 그 관리 방법에 대한 지식
- 공급자 관행을 평가하기 위한 자원의 헌신
- 제품안전 문제에 관한 최신 정보
- 회사 제품 사용의 결과로 일어날 수 있는 상해나 피해를 피하는 데 중점을 둔 조직 내의 가치 체계 홍보
- 리스크 감소 활동에 대한 설득력 있고 적절한 메시지 전달 및 다른 사람들이 실천에 옮길 수 있는 권한 부여
- 사고가 발생하기 전에 효과적인 제품안전 시스템을 홍보
- 제품안전과 관련된 문제(예: 기술위원회 및 국가미러위원회National Mirror Committee[39] 수준)의 표준화 작업에 관여

제품 결함의 제거

제품의 안전성에 영향을 미치는 결함은 생산 중에 발생할 수 있으며 예방할 수 있다. 조직은 모든 단계에서 제품 결함을 줄이거나 제거하는 데 필요한 조치를 통합하여야 한다. 생산에서 취할 수 있는 조치의 예로는 유리의 열처리 온도, 나사의 토크 또는 설비의 오염 등 생산 공정의 중요한 단계를 식별하고 제어하는 것 등이다.

39 ISO 등 국제표준화기구에서 국가를 대변하는 위원회를 칭함

제품안전에 대한 약속

조직은 생산 프로세스의 모든 단계에서 교육을 포함하여 제품안전에 필요한 모든 것을 이행하여야 한다. 또한 조직은 원료, 부품 및 하위 부품의 공급망 제공업체가 제품안전에 필요한 모든 것을 각자의 생산 활동에 통합하였는지 확인하여야 한다.

최상의 제조 관행

조직은 제품 생산 과정에서 업계 최고의 제조 관행Best Manufacturing Practices: BMP을 따라야 한다. 이는 안전성과 품질에 대해 지속적으로 측정하게 하고 생산 과정의 불일치 및 변동으로 인한 문제를 제품 출하 전에 밝힐 수 있는 관행이다. BMP는 제품이 설계 시방을 충족시키는지 확인하는 보다 즉각적이고 일관된 방법이다.

생산 계획

일반 사항

생산이 시작되기 전에 계획하면 생산 중 제품 결함이 발생할 가능성이 줄어든다. 생산 시설은 다음과 같은 방법으로 제조를 시작하기 전에 생산 계획을 수립하여야 한다.

- 실제 생산에 사용되는 최종 디자인 유무 확인
- 제작 전에 제작된 시제품 검토
- 사전 제작 실행 완료

이러한 단계는 제품이 처음으로 생산되는지, 제품 설계가 변경되었는지에 관계없이 수행되어야 한다. 또한 제품이 결함 없이 요구되는 생산 속도로 규격을 준수하여 일관되게 제조될 수 있음을 확인하는 데 도움이 될 수 있다.

생산 준비

(1) 시방

생산 시설은 최종 디자인, 성능 기준, 생산을 위한 자재 요구사항, 원자재, 구성 요소, 하위 조립품(있는 경우), BOM(있는 경우), 조립 요구사항 최종 테스트, 포장 및 라벨링 등을 포함한 제품 시방을 갖추어야 한다.

(2) 자재 조달

승인된 원자재, 부품 및 서브 어셈블리(하위 조립품 등)의 가용성은 매우 중요하다. 조직은 공급망에서 제공하는 품목이 제품 시방과 일치하는지 확인하여야 한다. 또한 생산이 시작되기 전에 원자재, 구성 요소 또는 서브 어셈블리가 설계 시방을 충족하고 수명이 다하거나 승인되지 않은 대체품이 아님을 확인하여야 한다.

다양한 생산 형태에서 조달이 제품안전에 핵심적인 영향을 끼치는 경우가 있다. 사업자는 조달 활동이 자사 제품의 안전성에 큰 영향을 미칠 수 있음을 고려하여 적합한 공급업체를 평가 · 선정하여야 한다. 또한 조달 품목들이 제품안전 요구사항 및 제품안전 표준을 충족하도록 하여야 한다.

사업자의 조달 활동은 단순히 원자재 및 부품 구입에 머물지 않고, 특정 작업 및 서비스(생산, 생산 관리, 분석, 보관 및 운송 장비의 유지 보수) 관련 IT 시스템 개발이라는 영역으로 확장된다. 또한 원자재 및 부품을 구매할 때에도 검사 또는 보관 및 운송을 사업자가 실시하는 방법과 이러한 작업을 공급자가 담당하는 방법 등이 있다. 사업자는 공급업체에 자사 제품의 안전 정책 및 제품안전 목표를 명시하고, 공급자는 그에 적합한 준비를 하여야 한다. 사업자는 필요에 따라 공급업체에게 제품안전 실현을 위한 정보를 제공하고 지원하는 방법을 고려해야 한다. 또한 자사 제품안전기준 적합성을 확인함과 동시에 제품안전에 부조화가 있는 경우 공급업체에 대하여 개선을 요구하여야 한다.

(3) 공구 설비

생산되는 제품에 따라 생산 시설 내의 물리적 설치, 특수 기계, 특수 장비, 금형, 제작자 및 직원의 전문 기술을 포함하여 생산에 필요한 시설과 도구를 갖추어야 한다. 생산된 제품의 안전성에 영향을 줄 수 있는 필수적인 측면을 정의하고 모니터링하여야 한다. 공구에 대한 마모, 작업자 행동 등이 포함된다.

프로세스, 통제 및 측정 방법

(1) 일반 사항

생산 시설은 안전한 제품 생산을 위하여 일관된 생산 공정, 관리 절차를 수립하여야 한다. 또 생산 시설이 합의된 안전 요구사항을 충족함을 입증하는 문서를 기록하는 것이 중요하다. 생산 시설은 구성원들이 프로세스, 통제 및 측정 방법을 알고 있음을 보장하여야 한다. 그리고 측정 장비 및 설비는 보정되어야 한다.

(2) 교육

생산 시설은 구성원이 기존 공정, 관리 및 측정에 대한 교육을 받아 지속적으로 제품을 생산할 수 있도록 보장하여야 한다. 공급업체는 프로세스, 구성원 인증 및 구성원 교육을 문서화하여야 한다.

(3) 사전 제작 실행

생산 시설은 최종 제품을 생산하는 능력을 테스트하기 위하여 사전 제작 실행을 원할 수 있다. 사전 제작 실행은 안전한 설계와 최종 조립을 확인하는 데 도움이 될 수 있으며, 결함 없는 제품 생산을 가능하게 한다. 때로는 전체 설계가 시작되기 전에 최종 설계를 수정할 수도 있다.

(4) 소비자제품 확인

사전 제작 실행 중에 생산된 단위는 시방을 준수하고 결함 여부를 평가하여야 한다. 가능하면 제품을 이전에 생산된 시제품과 비교한 다음, 소비자가 제품을 사용하는 환경을 테스트하여야 한다. 제품에 문제가 있는 경우 위의 다양한 요소를 검토하여 전체 생산[양산]이 시작되기 전에 변경이 필요한지를 결정하여야 한다.

생산 가동

일반 사항

생산할 때 결함이 발생하는 것을 예방하기 위하여 생산 설비는 원자재, 부품, 서브 어셈블리, 예비품, 액세서리, 포장, 경고, 지침 및 설명서를 포함하여 실제 생산 과정에서 제품의 모든 부분을 제어하여야 한다. 변경 사항을 구현하기 전에 제품 설계, 원자재, 제조 프로세스 및 소싱에 영향을 미치는 모든 변경 사항을 고려하고 승인하여야 한다. 변경 관리는 제품안전을 보장하는 데 중요하다.

원자재, 부품 및 서브 어셈블리

생산 시설에서 수령할 때 들어오는 원자재, 구성품 및 서브 어셈블리의 모든 배치는 제품의 설계 시방을 준수하고 품질이 사전 생산 실행 중에 사용된 품질 이상인지 확인하여야 한다. 생산 시설에서 허용되는 원자재, 구성 요소 및 서브 어셈블리를 생산 시설 재고 목록에 도입하고, 관리하고, 추적하여 출처, 일괄 처리, 로트 및 날짜를 식별하여야 한다. 규격을 충족시키지 못하는 원자재, 부품 및 서브 어셈블리는 허용 가능한 재료와 섞이지 않도록 분리되어야 한다. 조직이 승인하지 않으면 생산 시설에서 원자재, 구성품 또는 변경 사항이 받아들여지지 않음을 확인해야 한다.

생산

(1) 생산 일정 계획

생산 일정 계획은 효율성, 비용 절감 및 최종적으로 안전한 제품 생산에 대한 계획을 제공한다.

(2) 생산 일관성

생산 시설은 안전 및 품질 관점에서 일관된 하나 또는 여러 생산 단계의 최종 제품을 생산하여야 한다.

(3) 생산 품질 모니터링

생산 품질 모니터링을 통하여 설계, 재료, 생산 계획을 바탕으로 최종 제품에 안전성을 통합할 수 있다. 생산 모니터링은 생산 시설 직원 책임의 일부로 포함될 수 있지만 생산 모니터링 프로세스 및 실행은 생산 현장에 할당된 직원의 책임이어야 한다. 생산 모니터링 담당자는 각 생산 작업의 샘플링 속도를 설정하고 모니터링을 문서화하여야 한다. 생산 모니터링 직원은 문제가 확인된 경우 생산을 중단할 수 있어야 한다. 생산 모니터링에는 검사 및 제품 테스트가 포함되며 제품 샘플링, 매뉴얼 및 포장도 포함되어야 한다.

(4) 완제품 테스트

완제품또는 배치(batch) 테스트는 최종 제품의 안전성을 보장하는 데 필수적이다. 여기에는 완제품의 완벽한 테스트 및 제품 시방에 대한 매뉴얼, 라벨 및 포장의 검증이 포함된다. 적합성 평가 기관 및 시험소는 요구사항을 충족하는 제품을 생산하기 위하여 모든 합리적인 조치가 취해졌음을 증명하는 생산 시설을 지원할 수 있다.

생산 후

생산 시설은 제품을 공급 시설로 가져오는 물류를 고려하여야 한다. 적절하지 않으면 선적 · 포장 · 운송 및 보관 중에 위험을 초래할 수 있다. 고려하여야 할 사항은 다음과 같다.

– 주포장 및 선적 준비 포장

– 보안 및 제품 무결성을 포함한 공급망 물류 요구사항 검토

– 물류 계획 수립

공급망은 손상되지 않고 제품을 소비자에게 이전하기 위한 물류 계획에 대한 공통된 이해가 있어야 한다. 이러한 이해를 바탕으로 공급망은 계획 변경으로 인해 제품에 새로운 문제 또는 안전 위험이 발생하지 않도록 운송 과정을 모니터링하여야 한다.

생산 지원

일반 사항

생산 지원 기능은 생산 설비의 생산 현장 기능과 무관하다. 생산 지원은

생산 시설에 다음과 같은 기능을 제공한다.

- 일관성을 보장하기 위한 생산 감사
- 준수를 보장하기 위한 규제 및 표준 환경 모니터링
- 지속적인 개선 프로세스 모니터링
- 문서화 요구사항 회의

감사

생산 시설은 관할권자 또는 관할 당국[예: 적합성 평가 기관 및 고객]에 의해 감사받을 수 있다. 생산 지원은 이러한 감사를 용이하게 하여 제품 및 프로세스의 지속적인 개선을 위한 정보를 수집한다. 생산 공정의 문제, 재료 또는 구성 요소의 변경이 확인되면 위험을 평가하여야 한다. 위험이 용인될 수 없는 경우 시장 및 창고에서 영향을 받는 제품을 제거하여야 한다.

법률, 규정 및 표준

생산 지원은 생산 시설에서 제품이 제조되거나 판매될 관할지에 필요한 표준, 법률 및 규정을 알고 있음을 보증한다. 그들은 최종 제품이 해당 법률, 규정 및 표준을 충족하는지 확인하여야 한다.

리스크 기반 테스트

생산 시설, 적합성 평가 기관 및 공급자가 실시한 시험은 제품의 지속적인 개선 기회를 확인한다. 생산 지원은 제품 테스트에서 발생하는 리스크 감소 또는 시정 조치가 실행된 뒤 조직과 공급망을 통하여 피드백하여야 한다.

문서

문서 및 기록 보관은 일관성을 보장하고 생산 시설 및 프로세스의 무결성에 중요하다.

시장에서의 안전

일반 사항

제품안전을 향상시키기 위하여 공급자는 사전 구매 확인, 사전 데이터 수집 및 진행 중인 제품 리스크 평가를 수행하여야 한다.

구매 전 평가

공급자는 수령하기 전에 주문한 제품이 다음과 같은 요구사항을 충족하는지 확인하여야 한다.

- 취약한 소비자 및 노출될 수 있는 사람들을 포함한 소비자 안전
- 안전과 관련된 품질 속성
- 법률, 규정 및 안전 표준 준수
- 환경, 목표 고객targeted users 및 시장에 대한 적합성

제품이 요구사항을 충족시키는지 확인하는 권리는 생산 단계 이전에 계약서에 포함되어야 한다. 또한 설계 단계에서 제품 시방을 전달하고 동의하여야 한다. 제품 시방에는 다음과 같은 요소가 포함되어야 한다.

- 어떤 시장에서 제품을 판매할 것인가?
- 환경(예: 제품이 사용되는 사무실, 보육원 및 거주용 주택)
- 제품 사용자(예: 연령대와 능력 측면에서)

적합성 여부는 다음과 같은 방법으로 확인할 수 있다.

- 공급업체로부터 제품이 시방, 해당 법률, 규정을 준수하고 충족한다는 데이터를 얻는다.
- 확인은 내부 시설 또는 제3자 독립 실험실에서 시험 결과 테스트를 할 수 있으며, 필요한 경우 제3자 인증 기관의 인증 결과가 필요하다.
- 제품의 제조, 판매, 사용을 위하여 안전, 품질 및 해당 규정 준수를 포함하는 계약서를 작성하여야 한다. 또한 공급망의 구성원은 비준수 제품의 정정에 대하여 책임을 진다.
- 제품 공급업체의 리콜, 소송, 소비자 불만, 법규 준수 내역이 보고되어야 한다.
- 샘플링 및 테스트를 통하여 평가하여야 한다. 시험 단계는 설계 단계의 안전과 관련 규정 요구사항에 따라 동의한 시험 기준에 따라 시험을 수행하여야 한다.
- 검사를 통하여 평가하여야 한다. 제품 테스트의 대안 또는 보완책은 제품 검사이며, 제품을 시각적으로 검사하여 요구사항이 충족되고 필요한 안전 인증이 완료되었는지 확인한다.

– 제품 공급자가 제공한 문서의 감사는 테스트 또는 검사의 보완 또는 대안으로 사용할 수 있다. 제공된 문서는 요구사항에 대한 제품의 적합성을 입증하는 증거를 제시하여야 한다. 여기에는 시험 보고서, 검사 보고서 및 인증 문서가 포함된다.

사전 데이터 수집 및 분석

데이터 수집 및 분석은 결함, 반품율, 수리, 제품 사고, 불만, 보험 청구 및 법적 조치와 같은 정보로부터 제품안전 경향을 식별하는 데 필요한 정보를 공급업체에게 제공한다. 능동적인 데이터 수집 및 분석은 리스크 감소 및 지속적인 개선 프로세스에 대한 피드백으로 유용하다. 일부 정부 규정에 따라 데이터 수집 및 분석이 필요할 수도 있다. 조직은 또한 지속적인 개선을 위하여 모든 출처로부터의 긍정적인 피드백을 고려하여야 한다. 공급자는 다음과 같은 수단을 통하여 데이터 수집 및 분석 프로세스를 수립하여야 한다.

– 소비자가 제품, 고장 유형 및 결함을 알리는 방법과 제품을 개선할 수 있는 기회에 대한 정보를 얻을 수 있는 체계적인 소비자 불만 제도[40]를 수립 · 전달 · 홍보한다.
– 제품 및 서비스 기록을 검토하고 분석하여 제품이 반환되고 수리되는 이유를 결정한다.

40 조직에서의 불만 처리에 관한 추가 정보는 ISO 10002 참조.

- 새로운 데이터를 사용하여 제품 고유의 리스크에 대한 이해를 지속적으로 업데이트하고 이를 줄이는 방법

ISO 10393에 따라 공급자는 제품과 관련된 사고 및 결함을 문서화하고 조사하는 프로세스를 수립하여야 한다.

소비자제품 적합성에 대한 지속적인 평가

공급자는 지속적으로 적합성을 검증하여야 한다. 지속적인 평가를 통하여 여러 생산 단계, 여러 생산 라인 및 여러 공장에서 도입된 변형으로 인하여 발생할 수 있는 소비자의 건강과 안전에 대한 리스크를 줄일 수 있다. 공급자는 다음과 같은 방법으로 시장에 진입한 제품을 평가할 수 있다.

- 시장에서 제품을 얻는 것: 소비자가 제품을 구매할 수 있는 근원지에 가능한 한 가깝거나 가까운 곳에서 진행되는 평가를 위한 표본을 수집하는 것은 운송, 저장 및 취급 중에 공급망을 통하여 발생할 수 있는 리스크를 식별하고 줄이는 데 도움이 된다.
- 시방과 샘플 준수 확인: 감사 문서의 일부로 제품 샘플을 평가하여 요구사항 및 제조자가 사용하는 규격의 준수 여부를 확인할 수 있다.
- 소비자 만족도 조사 실시
- 제품 반환, 웹 사이트, 콜센터, 스토어 피드백 및 소셜 미디어 등 다양한 소스의 소비자 데이터 분석

- 생산 라인 및 품질 관리 감사 과정에서 제품의 준수와 관련된 데이터가 수집되도록 조직과 공급망을 통하여 피드백 루프[feedback loop] 구축
- 제품 리스크 및 공장의 준수 기록에 의해 결정된 빈도로 공장 감시를 실시한다.
- 공급자가 리콜 웹 사이트를 통한 시장 모니터링을 해야 한다는 조언을 포함한다.

보증 및 서비스

공급자는 제품이 설치 · 보증 · 서비스 · 수리 또는 교체 부품 제공을 포함하여 소비자에게 판매된 후에도 지속적인 지원을 요구할 수 있다. 공급자는 이 지원을 직접 제공하거나 이 기능을 공급망 또는 제3자 서비스 조직의 다른 부문에 위임할 수 있다. 소비자에게 판매된 후 제품에 대한 서비스를 제공하는 조직은 다음을 수행하여야 한다.

- 적절한 문서 제공
- 예비 부품 제공
- 제품의 안전을 저해하지 않도록 직원 교육

또한 공급자는 사용 중 테스트 및 제품 수리에 적용 가능한 표준을 준수하는지 확인하여야 한다. 제품에 대한 지원 활동이 열악한 경우 안전 위험이 발생할 수 있다.

(예 1) 전기를 의류 건조기에 연결하기 위한 부적절한 설치 작업으로 인해 연결 지점이 과열되어 화재가 발생

(예 2) 가스 온수기의 안전장치가 고장이 나 수리하였으나 부적절하게 이루어져 제품을 재가동 후 일산화탄소 누출로 사망

제품 사고 조사

공급자는 제품과 관련된 사고 및 결함을 문서화하고 조사하는 프로세스를 수립하여야 한다[41].

41 제품 사고 조사에 관하여는 ISO 10393 및 부록4의 B.3 참조.

3

소비(사용) 단계에서의 안전 확보 대책, ISO 10393

ISO 10393: 2013 Consumer product recall – Guidelines for suppliers 소비자제품 리콜에 관한 공급자 가이드라인

지금까지 안전한 제품을 공급하기 위한 기업의 경영철학과 구체적인 실행 방안에 대하여 살펴보았다. 이러한 과정을 거쳐 생산한 제품이라도 여러 가지 원인으로 소비자가 사용하는 단계에서 안전성을 비롯하여 품질에 대한 불만이나 예상하지 못한 결함 등으로 사고가 발생할 수 있다.

제품의 결함이나 사용 과정에서의 사고는 소비자뿐 아니라 해당 기업에도 심각한 손해를 끼치게 된다. 소비자에게는 제품 고장으로 인한 불편을 주게 되고 나아가 제품 결함으로 인해 소비자의 생명 · 신체 · 재산상 손해를 끼치게 되며, 기업은 이로 인한 경제적인 손해뿐 아니라 기업 이미지에 심각한 타격을 입게 된다. 더욱이 제품 공급 당시에는 안전한 제품이라 확신하여 시장에 내놓았더라도 시간이 지남에 따라 발전된 과학 · 기술을 적용한 더 안전한 제품이 출시될 수 있다. 이로 인해 미처 예상하지 못한 결함이 드러날 수도 있고, 보다 안전한 사용 정보를 제공하여야 할 필요가 발생할 수도 있다. 비록 공급 당시에는 안전한 제품이었다고 하더라도 시장에서 유통되거나 소비자가 사용하는 과정에서 제기되는 여러 가지 불만과 개선 요구, 결함 정보, 사고 정보 등에 대해 지속적인 모니터링을 해야 한다. 그리고 모니터링 결과에 따라 적절한 대책을 미리 마련하여야 한다.

오늘날 소비자 안전 확보 측면에서 기업이 더욱 많은 관심을 가지고 노력하여야 하는 것이 이미 언급한 바 있는 '제조물관찰의무'이다. 제조물관찰의무란 제품을 시장에 공급한 후에 발생할 수 있는 제품안전 관련 사항에 대한 철저한 관찰과 신속한 조치 의무라고 할 수 있다. 이러한 제조물관찰의무를 중심으로 소비사용 단계에서 기업이 수행하여야 할 대책에 대하여 살펴보기로 한다.

품질 불만 대응 체제

제품을 사용하다 보면 종종 고장이 발생하여 불편을 겪을 수 있다. 사소한 고장인 경우는 사용자가 간단히 수리하여 다시 사용할 수 있지만 그와 같은 수리가 불가능한 경우가 대부분이다. 이러한 경우에 소비자는 신속한 수리를 요청하게 되고, 기업은 이에 신속하게 대응할 수 있는 처리 시스템을 구축하여 대응하고 있다. 물론 이러한 시스템이 잘 구축되어 있어서 적절하게 대응하는 기업도 있지만 그렇지 못한 기업도 많다. 또한 대응 시스템은 구축되어 있지만 그 시스템이 원활하게 작동하지 않아 소비자의 불만을 가중시키는 경우도 적지 않다.

제품의 안전성을 포함하여 품질에 대한 소비자 불만처리시스템이 없는 기업은 자사의 상황에 맞는 불만처리시스템을 새롭게 구축하여야 한다. 이 경우 가장 중요한 것은 자사의 여러 가지 상황을 고려하는 것이다. 제품의 특성, 회사의 특성과 규모, 불만의 양과 성질, 그 불만이 소비자 안전에 미치는 영향 등을 종합적으로 고려해야 한다. 소비자 불만처리시스템이 구축되어 있는 경우에는 시스템의 각 부문에서 그 역할을 제대로 수행하고 있는지에 대하여 철저한 점검이 필요하다.

중대사고의 대부분이 제도의 미비보다 제도의 실질적 운영에 더 큰 문제가 있음을 우리는 종종 경험해 왔다. 아무리 완벽한 시스템을 구축하였다고 할지라도 운영이 원활하지 않다면 그 시스템은 무용지물이나 다름없다. 대형 사고의 이면에는 언제나 형식적인 점검이나 안일한 운영 태도가 그 원인으로 드러나게 된다. 대형 사고가 발생하기 전에 그와 관련된 수많은 경미한 사고와 징후들이 반드시 존재한다는 것을 밝힌 하인리히 법칙을 상기할 필요가 있다[42].

기업은 소비자 불만을 처리하는 단계에서 반복되는 불만이나 특정 부문에 대한 개선 요구사항에 특별히 주목하여야 한다. 나아가 이러한 불만이 제품 사고로 이어질 수 있는지를 면밀하게 검토할 필요가 있다. 불만 단계에서 얻을 수 있는 유용한 소비자 정보이기 때문이다. 이 단계에서 수집된 정보는 제품의 품질을 개선하는 데 우선적으로 사용됨으로써 자사 제품의 품질을 향상시키는 데 크게 기여하게 된다.

이 단계는 아직 제품 사고가 발생하기 전 단계로서 처리 시스템의 핵심은 신속한 대응과 조치이다. 소비자의 불만을 신속하게 접수받아 필요한 조치를 최대한 신속하고 적절하게 수행해야 하는 것이다. 이때 소비자의 불만이 확대되고 증폭되지 않도록 하는 것이 가장 중요하다. 자사 제품에 대한 전문성뿐 아니라 소비자 관련법에 대한 지식을 갖춘 상담 인력의 배치 및 상담 업무 처리에 적절한 장비와 시설의 설치, 그리고 이를 효과적으로 운영할 수 있는 처리 매뉴얼 등의 준비가 필요하다.

최근 대부분의 기업이나 공공 조직이 '고객불만 처리 매뉴얼'이나 '고객만족 매뉴얼' 등 다양한 이름으로 처리 매뉴얼을 개발하여 운용하고 있다. 이러한 활동 역시 소비자 불만에 체계적으로 대응하고 처리 결과의 통일성을 꾀하기 위함이다.

---

42 1:29:300의 법칙이라고도 하는 하인리히 법칙은 1931년 미국의 여행자 보험사(Travelers Insurance Company)의 엔지니어링 및 손실 통제 부서에 근무하고 있던 하인리히(Herbert W. Heinrich)가 펴낸 『산업 재해 예방: 과학적 접근(Industrial Accident Prevention: A Scientific Approach)』에서 소개된 법칙이다. 대형 재해는 우연히 또는 어느 순간 갑작스럽게 발생하는 것이 아니라 그 전에 반드시 경미한 사고들이 반복되는 과정 속에서 발생한다는 것을 실증적으로 밝힌 것이다. 즉 대형 재해와 작은 재해, 그리고 사소한 사고의 발생 비율이 1대29대300의 비율로 발생한다는 것이다.[김민주, 하인리히 법칙, 토네이도미디어그룹㈜, 2008, 30면].

일반적으로 대부분의 기업들은 소비자 불만을 체계적으로 처리하기 위하여 고객불만 처리 매뉴얼이나 고객만족 매뉴얼 등을 통해 구체적인 행동 방법과 지침을 제시하고 있다. 그럼에도 소비자 불만을 직접 접수하고 상담에 임하는 접점의 상담원들이 이러한 매뉴얼에 담긴 모든 내용을 제대로 숙지하고 충실하게 실행하고 있는지에 대해서는 여전히 의문을 제기할 수밖에 없다. 소비자 불만을 소비자의 입장에서 바라보는 진실한 마음이 뒷받침되지 않는다면 매뉴얼에 따른 행동은 기계적인 처리나 형식적인 처리로 흐를 수밖에 없다. 결국, 고객만족은 듣기 좋은 구호에 불과한 것이 되고 만다. 역지사지(易地思之)의 자세로 매뉴얼을 이해하고 숙지하는 것이 진정으로 소비자 불만을 해소하는 지름길이라는 것을 잊지 말아야 한다.

제품 사고 발생 시 대응 ① 제품 관련 사고에 대한 보고

소비자 불만처리시스템은 제품 사고가 발생하였을 때를 대비한 예비 단계라고 할 수 있다. 제조물관찰의무를 지고 있는 기업으로서는 제품 사고가 발생하였을 경우 어떻게 대응할 것인지가 매우 중요하다. 소비자 불만이 아닌 제품 사고는 그 처리의 절차와 내용 그리고 시기가 전혀 다르다. 제품 사고에 대해서는 대부분의 국가에서 제품안전 관련 법규를 적용하여 1차적으로 관계 기관에 보고하도록 의무화하고 있다. 또한 필요에 따라 그 내용을 소비자에게 신속하게 전달하고, 필요한 조치를 취하도록 규정하고 있다. 더불어 다양한 상품이 국경을 초월하여 소비되고 있는 상황인 경우 소비자 안전을 확보하고 제품안전 정보를 공유할 수 있도록 각 나라가 협력하고 있다. 이러한 상황에서 ISO국제표준화기구는 2013년 소비자제품 안전에 관한 공급자 가이드라인[43] ISO 10377과 소비자제품 리콜에 관한 공급자 가이드라인[44] ISO 10393을 공표하였다.

ISO 10377은 안전한 소비자제품을 만들기 위한 체제에 관한 국제표준인 반면, ISO 10393은 제품 사고 발생 시 리콜에 대한 국제표준이라고 할 수 있다. 이 두 가지 국제표준은 소비자제품의 안전에 관한 국제적 규범으로, 모든 기업이 지침으로 삼을 필요가 있다. 비록 인증을 강제하는 표준이 아닐지라도 국제표준으로 공표된 표준은 관련 분야에서 일종의 국제 규범으로서 기능을 하기 때문에 반드시 숙지하여야 할 필요가 있다. 제품 사고가 발생한 경우 이에 대한 체계적인 대응 시스템은 먼저 국가가 정한 법적 요구사항을 숙지하여 이에 따르고, 특히 구체적인 리콜 시스템 구축을 위해서는 ISO 10393을 충분히 활용할 필요가 있다.

관련 법규에 의한 보고 의무

실제 제품 사고가 발생한 경우 그 사고가 제품의 결함으로 인한 것이거나 결함 여부와는 관계 없이 관계 행정기관에 보고하여야 한다. 제품과 관

---

43 ISO 10377: 2013 Consumer product safety – Guidelines for suppliers.

44 ISO 10393: 2013 Consumer product recall – Guidelines for suppliers.

련한 사고인 경우 해당 기업은 관련 법규에 따라 신속하게 관련 사고 상황을 보고하고, 사후 대책을 마련하여야 한다. 무엇보다 해당 기업의 제품과 관련하여 특별한 규제를 담고 있는 법규를 면밀하게 검토하여 조치하여야 한다. 해당 제품을 직접 규율하고 있는 법규뿐 아니라 간과하기 쉬운 기본 법규들도 소홀히 다루면 안 된다.

첫째, 제품안전기본법은 기업이 중앙행정기관으로부터 제품의 수거등[45]을 하도록 지시를 받아 그에 따라 조치한 경우에 조치의 결과 등 대통령령으로 정하는 사항을 소관 중앙행정기관의 장에게 보고하도록 규정하고 있다[46]. 또한 기업은 시중에 유통되는 제품의 중대한 결함으로 인해 소비자의 생명 · 신체 · 재산에 위해를 끼치거나 끼칠 우려가 있다는 사실을 알게 된 때에는 그 결함의 내용을 소관 중앙행정기관의 장에게 즉시 보고하고 대통령령으로 정하는 바에 따라 해당 제품의 수거등을 하여야 한다[47]. '중대한 결함'이란 제품의 제조, 유통 또는 사용과 관련하여 통상적으로 기대할 수 있는 안전성이 결여되어 사망 또는 신체적 부상이나 질병의 위해를 끼치거나 끼칠 우려가 있는 결함이나 화재 또는 폭발을 일으키거나 일으킬 우려가 있는 결함을 말한다[48]. 사업자는 시중에 유통시킨 제품과 동

45 수거등이란 수거 · 파기 · 수리 · 교환 · 환급 · 개선 조치 또는 제조 · 유통의 금지, 그 밖에 필요한 조치를 말한다.

46 제품안전기본법 제11조 제2항. 여기에서 대통령령으로 정하는 사항이란 수거등에 대한 중앙행정기관의 장의 권고 사항, 수거등의 내용과 실적, 수거등을 이행하지 못한 제품에 대한 조치 계획, 위해의 재발 방지를 위한 대책을 말한다(제품안전기본법 시행령 제8조 제1항).

47 제품안전기본법 제13조 제1항.

일한 제품에 대하여 외국에서 위해성을 이유로 외국 정부로부터 수거등의 권고 또는 지시를 받고 조치한 경우나 자발적으로 조치한 경우 또는 외국의 다른 사업자가 해당 조치를 한 사실을 알게 된 경우에도 해당 제품의 소관 중앙행정기관의 장에게 즉시 보고하여야 한다[49].

요컨대 제품안전기본법은 사업자의 자발적 조치 의무와 정부의 명령에 따른 의무를 구분하여 규정하고 있다. 특별히 중대제품사고라 할 수 있는 사망, 4주 이상의 치료를 요하는 부상, 화재 또는 폭발, 기타 대통령령으로 정하는 사고에 대해서는 중대한 결함 여부와는 상관 없이 보고하도록 규정하고 있음을 주목하여야 할 것이다.

이와 함께 많은 기업이 소홀히 할 수 있는 소비자기본법 역시 사업자의 보고 의무를 규정하고 있다. 사업자는 소비자에게 제공한 물품 등에 소비자의 생명 · 신체 또는 재산에 위해를 끼치거나 끼칠 우려가 있는 제조 · 설계 또는 표시 등의 중대한 결함이 있는 사실을 알게 된 때에는 그 결함의 내용을 소관 중앙행정기관의 장에게 보고전자적 보고를 포함하여야 한다[50].

주목해야 할 것은 제품안전기본법이 시중에 유통되는 제품을 그 대상으로 하고 있는 반면, 소비자기본법은 소비자에게 제공한 제품을 그 대상으로 하고 있다는 점이다. 보고 대상이 되는 중대한 결함의 범위에도 차이가

48 제품안전기본법 시행령 제5조의4 제3항.
49 제품안전기본법 제13조 제3항.
50 소비자기본법 제47조 제1항.

있다. 부상의 치료 기간이 제품안전기본법은 4주 이상인 반면, 소비자기본법은 3주 이상으로 규정하고 있다. 또한 제품안전기본법은 화재 또는 폭발을 규정하고 있는 반면, 소비자기본법은 규정하고 있지 않다. 이 밖에도 중대한 결함에 대한 세부적인 규정에 차이가 있음을 주의하여야 한다.

따라서 제품안전기본법상 사업자의 제품 수거등의 의무와 소비자기본법상 결함정보보고 의무의 차이를 명확하게 숙지하고 두 법이 요구하는 보고 의무를 충실하게 이행하여야 한다.

이러한 보고 의무 규정 외에도 제품안전기본법과 소비자기본법은 결함 있는 제품에 대하여 수거등의 조치 의무를 구체적으로 규정하고 있다. 이른바 제품 리콜 등에 대한 세부 규정을 두고 있으므로 명확하게 이해하고 대응할 필요가 있다. 나아가 이미 언급한 바와 같이 개별 제품에 대한 규제 법률에 따라 별도의 규정을 두고 있는 경우가 있으므로 세밀한 검토와 대응이 필요하다.

[참고] 소비자기본법

제47조(결함정보의 보고의무)

① 사업자는 소비자에게 제공한 물품 등에 소비자의 생명 · 신체 또는 재산에 위해를 끼치거나 끼칠 우려가 있는 제조 · 설계 또는 표시 등의 중대한 결함이 있는 사실을 알게 된 때에는 그 결함의 내용을 소관 중앙행정기관의 장에게 보고(전자적 보고를 포함한다. 이하 같다)하여야 한다.

② 제1항의 규정에 따른 보고를 받은 중앙행정기관의 장은 사업자가 보고한 결함의 내용에 관하여 제17조의 규정에 따른 시험 · 검사 기관 또는 한국소비자원 등에 시험 · 검사

를 의뢰하고, 시험 · 검사의 결과 그 물품 등이 제49조 또는 제50조의 요건에 해당하는 경우에는 사업자에게 각각에 해당하는 규정에 따른 필요한 조치를 취하여야 한다.

③ 제1항의 규정에 따라 결함의 내용을 보고하여야 할 사업자는 다음 각 호와 같다.

1. 물품등을 제조 · 수입 또는 제공하는 자
2. 물품에 성명 · 상호 그 밖에 식별 가능한 기호등을 부착함으로써 자신을 제조자로 표시한 자
3. 유통산업발전법 제2조 제3호의 규정에 따른 대규모 점포 중 대통령령이 정하는 대규모 점포를 설치하여 운영하는 자
4. 그 밖에 소비자의 생명 · 신체 및 재산에 위해를 끼치거나 끼칠 우려가 있는 물품등을 제조 · 수입 · 판매 또는 제공하는 자로서 대통령령이 정하는 자

④ 제1항의 규정에 따라 사업자가 보고하여야 할 중대한 결함의 범위, 보고 기한 및 보고 절차 등에 관하여 필요한 사항은 대통령령으로 정한다.

[소비자기본법 시행령]

제34조(중대한 결함의 범위 등)

① 법 제47조 제1항에 따라 사업자가 보고하여야 하는 중대한 결함의 범위는 다음 각 호와 같다.

1. 물품등의 제조 · 설계 · 표시 · 유통 또는 제공에 있어서 통상적으로 기대할 수 있는 안전성이 결여된 결함으로서 소비자에게 다음 각 목의 위험을 일으키거나 일으킬 우려가 있는 결함
   가. 사망
   나. 의료법 제3조 제2항에 따른 의료 기관에서 3주 이상의 치료가 필요한 골절 · 질식 · 화상 · 감전등 신체적 부상이나 질병
   다. 2명 이상의 식중독
2. 물품등이 관계 법령이 정하는 안전기준을 위반한 결함

② 국공립 검사 기관 또는 한국소비자원은 법 제47조 제2항에 따라 시험 · 검사의 의뢰를 받으면 의뢰를 받은 날부터 1개월 이내에 시험 · 검사의 결과를 의뢰인에게 통보하여야 한다. 이 경우 1월 이내에 그 결과를 통보할 수 없는 부득이한 사유가 있으면 그 사유와 통보 기한을 정하여 의뢰인에게 알려야 한다.

③ 법 제47조 제3항 제3호에서 '대통령령이 정하는 대규모점포를 설치하여 운영하는 자'란 유통산업발전법 제2조 제3호에 따른 대규모점포의 종류 중 대형마트 · 전문점 · 백화점 · 쇼핑센터 · 복합쇼핑몰 또는 그 밖의 대규모점포(이하 '대형마트등'이라고 한다.)를 설치하여 운영하는 자(이하 '유통 사업자'라고 한다.)를 말한다.

[참고] 제품안전기본법

제13조(사업자의 제품 수거등의 의무 등)

① 사업자는 시중에 유통되는 제품의 중대한 결함으로 인하여 소비자의 생명 · 신체 또는 재산에 위해를 끼치거나 끼칠 우려가 있다는 사실을 알게 된 때에는 그 결함의 내용을 소관 중앙행정기관의 장에게 즉시 보고하고 대통령령으로 정하는 바에 따라 해당 제품의 수거등을 하여야 한다.

② 사업자는 제1항에 따른 조치를 한 후 수거등의 실적 등 대통령령으로 정하는 사항을 소관 중앙행정기관의 장에게 보고하여야 한다.

③ 사업자는 시중에 유통시킨 제품과 동일한 제품에 대하여 외국에서 위해성을 이유로 다음 각 호의 어느 하나에 해당하는 조치를 한 경우 또는 외국의 다른 사업자가 해당 조치를 한 사실을 알게 된 경우에는 대통령령으로 정하는 바에 따라 해당 제품의 소관 중앙행정기관의 장에게 즉시 보고하여야 한다. 다만 해당 사업자가 제1항에 따라 해당 제품의 수거등을 한 경우에는 그러하지 아니하다.

1. 외국 정부로부터 수거등의 권고 또는 명령을 받고 수거등의 조치를 한 경우
2. 자발적으로 수거등의 조치를 한 경우

제13조의2(사업자의 보고의무)

① 사업자는 제11조 제1항 제3호에 따른 제품의 중대한 결함 여부와 관계 없이 시중에 유통되는 제품으로 인하여 다음 각 호의 어느 하나에 해당하는 사고(소비자의 사용 부주의로 발생한 사고등 대통령령으로 정하는 사고는 제외한다.)가 발생한 경우 해당 제품의 명칭 · 사고 내용 및 판매 수량 등 대통령령으로 정하는 내용을 중앙행정기관의 장에게 보고하여야 한다.

1. 사망 사고
2. 의료법 제3조 제2항에 따른 의료 기관에서 전치 4주 이상의 치료가 필요한 부상을 일으킨 사고
3. 화재 또는 폭발 사고
4. 동일한 제품이 반복적인 사고를 일으키는 경우등 대통령령으로 정하는 사고

② 제1항에 따른 보고의 절차에 관하여 필요한 사항은 대통령령으로 정한다.

[제품안전기본법 시행령]

제10조(중대한 결함의 범위)

법 제11조 제1항 제3호에서 '대통령령으로 정하는 중대한 결함'이란 제5조의4 제3항 각 호의 결함을 말한다.

제5조의4(수입 제품의 안전성 조사 결과 조치 방법 등)

① 법 제9조의3 제4항 본문에 따라 관세청장이 통관 전 수입 제품의 반송 또는 폐기를 요청받은 경우의 조치 방법에 관하여는 관세법 제160조 또는 제241조에 따른다.

② 법 제9조의3 제4항 본문에 따라 중앙행정기관의 장이 관세청장에게 개선 조치를 요청한 경우 관세청장은 해당 제품의 사업자에게 개선 조치를 요구할 수 있다. 이 경우 사업자는 정당한 사유가 없으면 이에 따라야 한다.

③ 법 제9조의3 제4항 제2호에 따른 중대한 결함은 다음 각 호의 결함으로 한다.

1. 제품의 제조, 유통 또는 사용과 관련하여 통상적으로 기대할 수 있는 안전성이 결여되어 소비자에게 다음 각 목의 위해를 끼치거나 끼칠 우려가 있는 결함
   가. 사망
   나. 의료법 제3조 제2항에 따른 의료 기관에서 4주 이상의 치료가 필요한 골절 · 질식 · 화상 · 감전 등 신체적 부상이나 질병
2. 화재 또는 폭발을 일으키거나 일으킬 우려가 있는 결함

제14조의2(사업자의 보고의무)

① 법 제13조의2 제1항 각 호 외의 부분에서 '소비자의 사용 부주의로 발생한 사고 등 대통령령으로 정하는 사고'란 다음 각 호의 사고를 말한다.

1. 자동차 · 원동기 · 자전거 · 선박 · 철도 또는 항공기 등의 운전 부주의로 발생한 사고
2. 소비자가 제품을 사용하여 자살 · 자해하거나 의도적으로 다른 사람을 상해 또는 사망에 이르게 한 사고
3. 동일한 제품에 대하여 이미 사업자 또는 다른 사업자가 보고한 사고
4. 개별 법령에 따라 보고한 사고

② 법 제13조의2 제1항 각 호 외의 부분에서 '해당 제품의 명칭 · 사고 내용 및 판매 수량 등 대통령령으로 정하는 내용'이란 다음 각 호의 사항을 말한다.

1. 해당 제품의 명칭 · 상표 및 모델명
2. 사고내용, 사고 발생 일자 및 장소
3. 판매수량 및 판매기간
4. 제조기간 및 제조수량

③ 법 제13조의2 제1항 제4호에서 '동일한 제품이 반복적인 사고를 일으키는 경우 등 대통령령으로 정하는 사고'란 다음 각 호의 사고를 말한다.

1. 동일한 제품이 3회 이상 의료법 제3조에 따른 의료기관에서 치료가 필요한 부상 또는 질병을 일으킨 사고
2. 한 번의 사고로 인하여 3명 이상의 사람에게 의료법 제3조에 따른 의료기관에서 치료가 필요한 부상 또는 질병을 일으킨 사고
3. 시중에 유통시킨 제품과 동일한 제품으로 인하여 외국에서 발생한 사고로서 법 제13조의2 제1항 제1호부터 제3호까지의 규정에 따른 사고

④ 법 제13조의2 제1항에 따른 보고를 하려는 자는 사고가 발생한 사실을 안 때부터 48시간 이내에 별지 제5호의2 서식의 제품 사고 발생 보고서를 소관 중앙행정기관의 장에게 제출하여야 한다.

제품 결함에 대한 판단

제품 사고 발생에 대한 보고를 한 후에는 실제적인 사후 대응책을 마련하여야 한다. 이때 가장 중요한 사항은 사고가 제품의 결함 때문에 발생하였는지를 파악하는 것이다. 따라서 기업은 제품의 결함이 무엇을 의미하는지, 즉 결함 개념에 대하여 명확하게 인지하고 이에 대한 판단을 할 수 있어야 한다.

제품의 결함 개념을 파악하기 위해서는 제품의 결함에 관한 규정을 두고 있는 관련 법규를 검토하여야 한다. 제품안전과 관련하여 이미 검토한 바 있는 제품안전기본법과 소비자기본법, 제조물책임법을 통하여 결함 개념을 파악할 수 있으므로 이에 대하여 살펴보기로 한다.

제품안전기본법은 제9조제1항제2호에 제품의 제조 · 설계 또는 제품상 표시 등의 결함으로 인하여 소비자의 생명 · 신체 또는 재산에 위해를 끼치거나 끼칠 우려가 있는 경우에 안전성 조사를 실시할 수 있다고 규정하고 있다. 또한 중앙행정기관의 장은 시중에 유통되는 제품의 제조 · 설계 또는 제품상 표시 등의 결함 또는 제품의 기술상 · 구조상 특성으로 인하여 소비자의 생명 · 신체 또는 재산에 위해를 끼치거나 끼칠 우려가 있는 경우에는 해당 제품의 사업자에 대하여 수거등을 권고할 수 있다[51]. 특히 시중에 유통되는 제품의 제조 · 설계 또는 제품상 표시 등의 중대한 결함으로 인하여 소비자의 생명 · 신체 또는 재산에 위해를 끼치거나 끼칠 우려가 있

51 제품안전기본법 제10조 제1항.

다고 인정할 만한 상당한 이유가 있는 경우에 중앙행정기관의 장은 해당 제품의 사업자에 대하여 수거등을 명령하고, 그 사실을 공표할 수 있다[52].

규정에서 보는 바와 같이 일반적인 결함과 중대한 결함을 구분하고, 중대한 결함인 경우에는 중앙행정기관의 장은 수거등의 명령을 할 수 있다. 그러나 제품의 제조 · 설계 또는 제품상 표시 등의 결함에 대하여 구체적인 개념 정의는 하고 있지 않다. 일반 결함과 중대한 결함의 구분은 소비자에게 끼친 위해의 심각성에 따른 구분이다.

한편, 소비자기본법에 따라 사업자는 소비자에게 제공한 물품 등에 소비자의 생명 · 신체 또는 재산에 위해를 끼치거나 끼칠 우려가 있는 제조 · 설계 또는 표시 등의 중대한 결함이 있는 사실을 알게 된 때에는 그 결함의 내용을 소관 중앙행정기관의 장에게 보고하여야 한다[53].

중대한 결함이란 물품 등의 제조 · 설계 · 표시 · 유통 또는 제공에 있어서 통상적으로 기대할 수 있는 안전성이 결여된 결함으로서 다음과 같은 위해를 초래한 경우를 말한다. 사망, 3주 이상의 치료가 필요한 골절 · 질식 · 화상 · 감전 등 신체적 부상이나 질병 또는 2명 이상의 식중독의 위험을 일으키거나 일으킬 우려가 있는 결함이나 물품 등이 관계 법령이 정하는 안전기준을 위반한 결함을 말한다[54].

소비자기본법은 중대한 결함을 물품 등의 제조 · 설계 · 표시 · 유통 또

52 제품안전기본법 제11조 제1항 제3호.
53 소비자기본법 제47조 제1항
54 소비자기본법 시행령 제34조.

는 제공에서 통상적으로 기대할 수 있는 안전성이 결여된 결함으로 규정하고 있으나, 역시 각 종류의 결함에 대한 구체적인 개념 정의는 하지 않고 있다. 제품안전기본법과 다른 점은 통상적으로 기대할 수 있는 안전성이 결여되어 있는 결함과 안전기준을 위반한 결함이라는 규정을 통하여 상대적으로 구체화시킨 개념을 규정하고 있다는 것이다. 그리고 소비자기본법은 그 대상을 '물품등'으로 규정하고 있어서 제품뿐 아니라 '서비스[용역]'도 결함의 대상이 된다는 점을 주의하여야 한다.

그러나 제품안전기본법과 소비자기본법은 모두 결함의 종류에 대한 구체적인 개념 정의가 없기 때문에 기업이 결함에 대하여 정확하게 이해하기에는 어려움이 있다. 따라서 결함의 요건보다는 제품 사고의 유형이나 결과의 심각성에 따라 개별 법령이 요구하는 조치를 취할 수밖에 없다.

한편, 제조물책임법에서는 이미 살펴본 바와 같이 제조물의 결함을 4가지 종류로 구분하고 종류별로 정의를 내리고 있다.

① '제조업자가 제조물에 대하여 제조상 · 가공상의 주의 의무를 이행하였는지에 관계 없이 제조물이 원래 의도한 설계와 다르게 제조 · 가공됨으로써 안전하지 못하게 된' 제조상의 결함

② '제조업자가 합리적인 대체설계를 채용하였더라면 피해나 위험을 줄이거나 피할 수 있었음에도 대체설계를 채용하지 않아 해당 제조물이 안전하지 못하게 된' 설계상의 결함

③ '제조업자가 합리적인 설명 · 지시 · 경고 또는 그 밖의 표시를 하였더라면 해당 제조물에 의하여 발생할 수 있는 피해나 위험을 줄이거나 피할 수 있었음에

도 이를 하지 않은' 표시상의 결함

④ '통상적으로 기대할 수 있는 안전성을 갖추지 못한' 기타 결함

제조물책임법상 결함의 정의 규정은 제조물책임 소송에서 손해배상 책임의 핵심적인 근거가 될 뿐 아니라 가장 중요한 재판 규범이 되기 때문에 제품의 설계 · 제조 · 마케팅 및 소비 단계에서의 안전한 제품을 규정짓는 중요한 기준이 된다. 결함에 대한 별도의 개념 정의가 없는 제품안전기본법과 소비자기본법상 결함 내지 중대한 결함에 대하여 구체적인 개념을 이해하는 데에도 제조물책임법의 결함 규정은 보충적인 기능을 할 수 있을 것이다. 특히 제품안전 개념에서 안전한 제품이란 '결함 없는 제품'이라고 볼 수 있으므로 각 법률이 말하고 있는 결함의 개념은 상호 보충적으로 이해해도 무방할 것이다. 제조물책임법의 제정 목적과 기능 및 역할 등을 고려할 때, 제품안전과 제조물책임은 불가분의 관계에 있다. 또 공법적 규제라고 할 수 있는 제품안전기본법과 소비자기본법을 포함한 개별 제품안전 규제법상 제품의 안전성 개념을 이해하는 데 제조물책임법이 기초가 될 수 있을 것이다.

제품 사고 발생 시 대응 ② 정보 수집 및 원인 규명

제품 사고가 발생한 경우 법규에 따른 보고를 마쳤다면 즉시 사실 확인

과 원인 규명을 위한 절차를 진행하여야 한다. 이를 위한 구체적인 절차에 대하여 살펴보기로 한다.

제품 사고 긴급 대응팀 구성(사실 확인 및 원인 규명을 위한 준비)

먼저 발생한 제품 사고와 관련하여 내부에 필요한 관계자들로 구성된 긴급 대응팀을 조직하고, 관계자들에게 적절한 역할을 분담하고 의사결정 권자를 지정할 필요가 있다. 긴급 대응팀은 사실 확인을 위하여 직접 사고 현장을 찾아가 사고 제품을 확보하거나, 사고 제품 확보가 어려운 경우 이에 상당한 사고 정황 증거들을 확보하여야 한다. 특히 사고 원인 규명에 필요한 외부 요인으로서 사고 현장 정보, 즉 사고 제품, 확대손해 여부, 피해자 또는 목격자의 증언 등을 최대한 입수하여야 한다. 그리고 입수한 정보를 바탕으로 사고 발생 매커니즘을 구상하여 가능한 사고 시나리오를 작성한다[55].

내부 요인으로서 같은 기종의 제품 확보, 기본 설계 및 양산 설계에 관한 도면, 리스크 평가 실시 기록, 안전성 평가 결과, 그 밖에 직·간접적 안전성 입증 자료 등을 확보한다. 부품 공급업자에 대한 요구사항, 관련 회사와의 책임 분담 계약 사항 등도 확보할 필요가 있다. 지시·경고, 작동 매뉴얼, 정비 매뉴얼 등 부수 정보도 확보하여야 한다. 특히 판매 실적,

55 株式会社インターリスク総研, 製品事故発生時・リコール実施{時の対応のポイント, 製品安全に係る人材育成研修教材, 2017, 45면.

과거의 정비 · 보수 이력, 해당 제품 및 동종 제품, 유사 제품, 다른 회사의 사례 등 사고 이력, 그 밖에 관련 자료 등을 확보한다. 확보한 자료를 토대로 면밀하게 사실 확인을 하여야 한다[56].

사실 확인 단계에서는 사안의 본질을 파악한다. 먼저 명백한 오사용誤使用 여부를 판단하고, 예견 가능한 오사용인지를 확인한다. 결함의 유무와 정도, 결함과 손해 사이의 인과 관계 등은 이 단계에서는 평가하기 어렵기 때문에 추후 검토하기로 한다. 특히 해당 제품 고유의 결함인지, 아니면 동종 제품 공통의 결함인지를 확인하여야 한다. 그리고 해당 제품 사고에 대한 법적책임이 일정 수준 이상이고 나아가 동종 제품의 회수 필요성에 대하여 보다 면밀한 검토가 필요한지에 대해서도 평가하여야 한다[57].

이 단계에서 특히 주의해 할 것은 경험에 구속되지 않아야 한다는 점이다. 특히 다툼이 없는 사실과 다툼이 있는 사실 및 평가를 구별하고, 정보관리의 일원화장소, 사람, 시간 등와 전문 지식을 확보하는 것이 중요하다[58].

사고 원인 규명 및 소송 대응 전략 검토

긴급 대응팀을 통하여 사실 확인을 하고 원인 규명을 위한 준비를 마친 후에는 본격적인 원인 규명 작업에 착수하여야 한다. 원인 규명 단계에서

---

56 株式会社インターリスク総研, 製品事故発生時 · リコール実施{時の対応のポイント, 製品安全に係る人材育成研修教材, 2017, 45면.

57 株式会社インターリスク総研, 위의 교재, 45면.

58 株式会社インターリスク総研, 위의 교재, 45면.

는 특히, 리스크 평가risk assessment 기록에 대한 검토와 검사 및 실험에 의한 검증과 이를 통한 평가의 타당성 확보가 필요하다.

리스크 평가 기록을 검토할 때 사용 환경 설정, 위험원 특정hazards identification, 안전 대책safety measures의 타당성, 잔존 리스크potential risk의 허용 가능성, 지시 및 경고의 타당성 등을 중점적으로 검토한다. 특히 기본 설계에서 양산 설계로 이행하는 과정에서 조건의 변동은 없는지가격, 개발 · 판매 기한을 이유로 잔존 리스크의 허용 가능성을 쉽게 추산하지는 않았는지납기, 모델 변경, 제원 변경에 의한 조건 변경은 없는지망각 등에 대하여 검토한다.

검사 및 시험에 의한 검증을 하는 경우 먼저 투명성과 이론상의 엄격성, 원인 예측의 적절성 확보 및 결과의 용도 예측을 위하여 검사 또는 실험의 목적과 취지를 포함한 문서를 작성한다. 특히 증거의 보전을 위하여 사고 제품 및 시료의 취급에 주의하여야 한다. 적절한 시험기관과 시험 방법, 시험에 드는 비용, 시험 기간 등을 결정하여야 한다. 더불어 시험 환경 설정과 시험 방법 등 재현 시험의 신빙성을 충분히 고려하여 결정하여야 한다. ISO 10393은 사고 통보 후 제품 리콜을 결정하기까지의 과정에 대하여 〈그림 2-11〉과 같은 프로세스를 권장하고 있다.

리콜 개관

일반적으로 리콜recall이란 기업이 제품을 판매한 이후에 소비자의 생명 · 신체 또는 재산에 대한 위해가 발생하였거나 발생할 우려가 있는 제품

〈그림 2-11〉 제품 리콜 필요성 사정(173p 참고 참조)

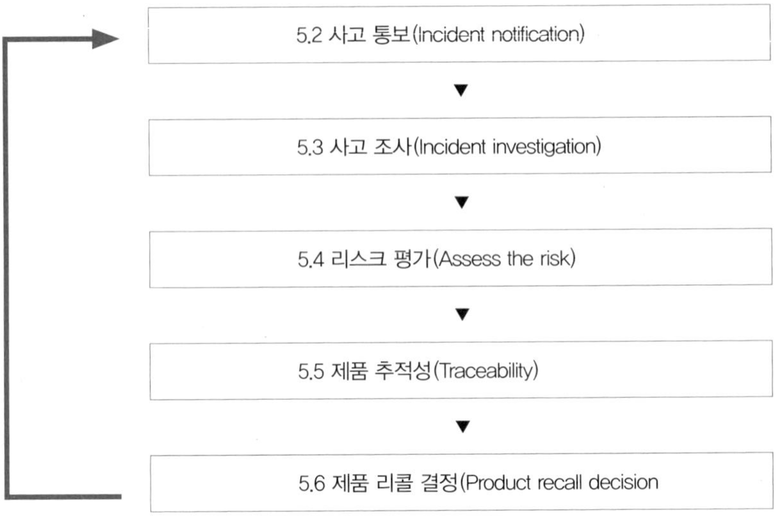

5.2 사고 통보(Incident notification)

▼

5.3 사고 조사(Incident investigation)

▼

5.4 리스크 평가(Assess the risk)

▼

5.5 제품 추적성(Traceability)

▼

5.6 제품 리콜 결정(Product recall decision

결함이 발견된 경우에 취하는 시정 조치[corrective action]를 말한다. 리콜은 기업 스스로 또는 관계기관의 권고나 명령에 의해 소비자에게 결함 내용을 알리고, 해당 결함 제품을 수거하여, 파기 또는 수리 · 교환 · 환불 등의 조치를 취함으로써 결함 제품으로 인한 소비자 위해의 확산을 방지하기 위한 제도를 말한다.

리콜이라는 용어는 현행 법률상 사용되는 용어는 아니다. 개별 법률에 따라 다양하게 번역하여 사용하고 있다. 예컨대 소비자기본법에서는 '수거, 파기[소비자기본법 제46~50조]'라는 용어로, 식품위생법에서는 '회수[식품위생법 제31조의2]'라는 용어를 사용하고 있다. 또한 자동차관리법에서는 '제작결함의 시정[자동차관리법 제31조]'이라는 용어를 사용하고 있다.

이와 같이 현행 법률상으로는 리콜이라는 용어를 사용하지 않으나 공공기관의 업무 처리 규정에는 '리콜'이라는 용어를 그대로 사용하는 경우도 있다. 예컨대 한국소비자원의 '위해정보 및 결함정보업무처리규정'에 리콜이라는 용어를 규정하고 있다. 이 규정은 리콜을 '소비자의 생명 · 신체 또는 재산상 위해를 끼치거나 끼칠 우려가 있는 경우 해당 사업자가 당해 물품 등의 수거 · 파기 · 수리 · 교환 · 환급 또는 제조 · 판매 · 제공의 금지 등을 행하는 일련의 조치를 말한다'라고 규정하고 있다[59].

최근 공정거래위원회는 소비자들에게 리콜 정보를 쉽고 빠르고 정확하게 전달할 수 있도록 정부 부처 전체에 적용되는 '리콜 공통 가이드라인'을 마련하였다[60]. 이 가이드라인은 리콜을 '관계 법령에 따라 소비자에게 제공한 물품 등에 소비자의 생명 · 신체 또는 재산에 위해를 끼치거나 끼칠 우려가 있는 제조 · 설계 또는 표시 등의 결함이 보고되어 수거 · 회수 · 파기 · 폐기 · 수리 · 모니터링 · 교환 · 환급 · 결함 시정 또는 제조 · 생산 · 수입 · 판매 · 제공의 금지 등이하 '수거 · 회수 등'이라고 한다을 하게 되는 경우를 말한다.'고 규정하고 있다[61]. 이 정의는 관계 법령에서 다양하게 사용하고 있는 용어들을 포괄하는 의미로, '리콜'로 규정하고 있다고 할 수 있다.

한편, 일본의 '리콜촉진공통지침リコール促進の共通指針'에서는 '리콜이란 소비자에 의한 소비, 사용 또는 이용되는 대상품이 안전성을 결여하고 있는

59 한국소비자원 위해 정보 및 결함 정보 업무 처리 규정 제3조 제11호.
60 공정거래위원회, 보도 자료, 2017. 10. 10.
61 국무조정실 · 공정거래위원회, 리콜 공통 가이드라인 제2조 제1호, 2017. 10. 10.

경우에 대하여 그 대상품이 유통 내지는 소비자에게 제공된 후에 소비자에게 미치는 영향을 최소한으로 하기 위하여 필요한 시정 조치를 말한다'고 정의하고 있다指針 II. 定義 2. リコール[62].

유럽연합의 일반 제품안전 지침Directive on General Product Safety: GPSD에서는 리콜을 '제조자 또는 유통업자에 의해 이미 소비자에게 공급되었거나 소비자가 입수할 수 있는 위험한 제품을 회수하기 위한 모든 조치를 의미하여야 한다'고 규정하고 있다[63].

호주의 '안전 관련 결함이 있는 자동차 및 관련 제품의 리콜 절차Procedures for the Recall of Vehicles and Associated Products with Safety Related Defects'에서는 리콜을 '안전 관련 결함을 포함하고 있거나 포함할 수 있는 자동차, 자동차 부품, 용품 또는 서비스의 검사, 수리 또는 교환을 포함한 모든 조치를 의미한다'고 정의하고 있다[64].

요컨대 리콜이란 제품이 시장에 유통된 후에 발견된 결함으로 소비자의 안전이 침해되거나 침해될 우려가 있는 경우에, 해당 제품으로 인한 소비자 위해의 확산을 방지하기 위하여 해당 제품을 회수하여 수리 · 교환 · 환

---

62 国民生活審議会, '消費者の安全 · 安心の確保に向けた総合的な取組の推進について(意見)', 2009.7. 30, 28頁, 2. リコール 'リコールとは､消費者による消費､使用又は利用される対象品が安全性を欠く場合 において､その対象品が流通後ないしは消費者に提供された後に､消費者に生ずる影響を最小限とするために必要となる是正措置をいう'.

63 Directive 2001/95/EC, Article 2 (g) 'recall' shall mean any measure aimed at achieving the return of a dangerous product that has already been supplied or made available to consumers by the producer or distributor.

64 Procedures for the Recall of Vehicles and Associated Products with Safety Related Defects by Registered Automtive Workshops, Part 2 - Definitions, 'Recall - means any action including the inspection, repair or replacement of any vehicle, part, accessory or service which contains or may contain a safety related defect.'

불하거나 파기 또는 제조 · 판매 · 공급을 금지하는 등의 적절한 조치를 취하는 것이라고 할 수 있다.

리콜의 목적

리콜의 목적은 결함 제품을 가능한 한 신속하게 파악하여 유통 과정 및 소비자가 보유하고 있는 해당 제품을 수거하고, 소비자에게 해당 제품의 결함과 그 위험성 그리고 시정 조치 사항에 대하여 정확하고 이해할 수 있는 정보를 적절한 방법으로 신속하게 전달함으로써 소비자 위해의 확산을 방지하기 위한 것이다. 따라서 기업은 대상이 되는 결함 제품 모두에 대하여 소비자뿐 아니라 유통 단계에 있는 사업자들에게도 신속하게 결함 사실을 통지해야 한다. 또한 통지를 받은 소비자나 사업자들은 리콜을 실시하는 기업의 시정 계획에 따른 시정 조치에 적극적으로 응함으로써 소비자 위해의 확산을 차단할 수 있는 것이다[65].

리콜의 구분

리콜은 시행하는 시점에 따라 사전 리콜과 사후 리콜로 구분된다. 사전 리콜은 결함 제품으로 소비자에게 위해가 발생하기 전에 실시하는 리콜이다. 반면, 사후 리콜은 결함 제품의 사용으로 소비자에게 생명, 신체나 재산상의 피해가 발생한 후에 시행하는 리콜이다.

---

65 CPSC, RECALL HANDBOOK, May 1999.

사전 리콜은 제품이 소비자에게 판매되기 전, 즉 제조업자나 유통업자의 수중에 머물러 있는 단계에서 실시되는 경우가 많기 때문에 사후 리콜보다 효율적이고 적은 비용으로 실시할 수 있다. 반면, 사후 리콜은 비록 소비자 피해가 발생한 후에 시행하는 것이지만 더 큰 소비자 피해의 확산을 신속하게 방지하는 데 그 의의가 있다.

리콜은 강제성 유무에 따라 자발적 리콜voluntary recall과 강제적 리콜mandatory recall로 구분된다. 자발적 리콜은 사업자의 자발적 의사결정으로 결함 제품에 대한 자진 수거, 파기 등 리콜 절차를 이행하는 리콜이다. 강제적 리콜은 정부의 권고나 명령에 의하여 제조·판매의 금지 및 결함 사실 공표 등의 리콜 절차를 이행하는 리콜이다. 또한 리콜은 형태에 따라 공개 리콜과 비공개 리콜silent recall로 구분된다. 공개 리콜은 특정 제품에 내재된 잠재적인 리스크에 대하여 일반 대중에게 경고하기 위하여 매스컴 등을 통하여 시행하는 리콜이다. 반면 비공개 리콜은 시정 조치의 내용을 리콜 대상자에게만 알리고 일반 대중의 눈에 띄지 않게 실시하는 리콜이다[66].

리콜 조치의 내용

리콜 조치의 구체적인 내용은 결함 제품의 부품 교환 등으로 결함을 완전히 시정할 수 있는 경우에 실시하는 수리repair와 결함이 없는 같은 종류

66 身崎 成紀, '製品の安全性確保に向けたリコール法制度, 情報開示・報告制度のあり方に關する調査研究, 社會技術研究論文集 Vol.2, 2004, 314頁.

의 제품으로 바꿔 주는 교환이 있다. 결함 제품의 수리 또는 재사용이 불가능한 경우에 주로 선택하는 방법으로 제품의 구입가를 지급하는 환급이 있다. 그리고 판매 금지나 회수된 제품에 대하여 위해 요인의 제거와 보관 비용의 손실을 줄이기 위하여 실시하는 파기가 있다.

리콜의 유효성

리콜이란 결함 제품으로 인한 소비자 위해의 확산을 방지하기 위한 조치이기 때문에 그 성공 여부는 해당 리콜을 실시함으로써 리콜 대상 제품으로 인한 소비자 위해 확산이 어느 정도 방지되었는지에 달려 있다. 따라서 기업은 그 성공 여부를 판단할 수 있는 적절한 관리 지표가 필요하다. 그 지표의 하나가 '리콜의 유효성' 개념이다.

리콜의 유효성이란 리콜이 얼마나 효과적으로 진행되었는가를 가늠할 수 있는 지표이다. 일반적으로 리콜 대상 제품의 수량에 대한 시정 조치 완료 제품의 비율로 표시한다. 미국의 소비자제품안전위원회Consumer Product Safety Commossion: CPSC에서는 리콜의 유효성을 계산하여 보고하기 위하여 다음과 같은 식을 자주 사용하고 있다[67].

$$\frac{\textit{Number of Products returned / repaired or refunds / credits required.}}{\textit{Number of Product units originally distributed.}}$$

67 Edward J. Heiden, Recall Effectiveness: A Review and Analysis of Current Issues (August 18, 2009, http://www.productsafetyletter.com/news/5649-1.html).

그러나 위와 같은 식은 특정한 시정 조치의 성공 여부를 측정하는 데는 상대적으로 덜 정확하고, 보다 적절한 리콜의 실효성은 다음과 같이 계산하는 것이 정확하다는 주장이 있다[68].

$$\frac{\textit{Number of potential Product hazards eliminated.}}{\textit{Number of Products still use.}}$$

이러한 리콜의 유효성에 영향을 주는 요소로는 다음과 같은 것이 있다[69].

– 제품 판매가격 Product sale price

– 제품의 평균 수명 Average useful life of the product

– 대상 제품 수 Number of affected units

– 유통 시간 Time in distribution

– 판매된 제품 비율 Percentage of units in consumers" hands

– 리콜 조치의 형태 Type of recall action

– 소비자 통지의 수준 Level of direct consumer notification

제품 사고가 발생한 경우, 사고 피해자는 피해의 심각성이나 사고 처리 과정에서 원하지 않는 상황에 따라 제조물책임 소송을 포함하여 적극적으로 손해배상을 청구할 수 있다. 특히 제조물책임 소송은 제품 사고로 발생

68 *id.*

69 EXCELLENCE IN PROFESSIONAL SERVICES and Heiden Associates, RECALL EFFECTIVENESS RESEARCH: A REVIEW AND SUMMARY OF THE LITERATURE ON CONSUMER MOTIVATION AND BEHAVIOR, July 2003, p.4.

된 확대 손해를 배상받기 위한 가장 일반적인 수단이라고 할 수 있다. 따라서 기업은 이에 대한 철저한 대응이 필요하다.

기업은 필요한 경우, 제조물책임 소송에 대비하여 법률 전문가의 조력을 받아 적절한 소송 전략을 수립할 필요가 있다. 이 경우 무엇보다 소송 요건이 되는 제품 결함의 존재 여부, 손해 발생 여부, 결함과 손해 사이의 인과관계, 피해자의 과실 유무 등을 고려하여 예상할 수 있는 소송 시나리오를 구성하는 것도 필요하다. 소송 시나리오를 통하여 요구되는 증거의 종류를 파악하고, 이미 확보된 증거는 실제 소송에서 활용할 수 있도록 정리한다. 또한 확보하여야 할 증거에 대해서는 확보 방안을 검토한다. 특히 제조물책임법상 보장된 면책 사유를 검토하여 면책 가능성을 판단하고 이를 주장하고 증명할 수 있는 방안을 모색할 필요도 있다.

[참고] ISO 10393 5. 제품 리콜의 필요성에 대한 사정(査定)
(assessing the need for a product recall)

5.1 일반 사항

제품 리콜의 필요성을 결정하기 위하여 공급자는 제품이 위해가 발생하였거나 발생할 우려가 있다는 정보의 접수에 대한 조치를 위하여 적절한 프로세스와 적용 가능한 규제상의 요구사항에 따라 필요한 시간표를 마련하는 것이 좋다. 예컨대 사고 통보(5.2), 사고 조사(5.3), 리스크 평가(5.4), 제품 추적성(5.5), 제품 리콜 결정(5.6) 등의 프로세스를 따르는 것이 좋다.

매우 심각한 상해 또는 상당한 재산상 손해가 발생할 수 있는 상황인 경우에는 비록 리스크의 가능성을 정확하게 결정할 수 없더라도 제품 리콜을 실시하는 것을 고려하는 것이 좋다.

5.2 사고 통보(Incident notification)

공급자는 필요한 경우, 제품 사고 정보 수집 및 그 정보를 이해관계자에게 전달하기 위한 시스템을 갖추는 것이 좋다.

규제상 요구사항 및 계약상 의무로 요구되는 대로 공급자는 규제 당국, 인증 기관 및 다른 기관들에게 제품으로 인해 위해가 발생하였거나 발생할 우려가 있다는 보고를 알리는 것이 좋다.

5.3 사고 조사(Incident investigation)

공급자는 제품 사고 또는 잠재적 사고를 조사하기 위한 프로세스를 확립하는 것이 좋다. 이 프로세스는 통상 다음 단계를 포함할 것이다.

- 발견 사실 및 취한 조치를 포함하여 조사의 핵심 요소들을 기록한다(문서로 뒷받침한다).
- 조사의 긴급성 및 우선성을 결정하기 위하여 초기 평가를 실시한다.
- 조사를 수행하기 위하여 유능한 스태프를 지정한다.
- 사고 보고가 유효하고 정확한지를 결정한다. 이것은 시험 및 검토 목적으로 사용하기 위한 사고 제품 또는 샘플의 확보도 포함한다.
- 사고 보고가 유효하고 정확한지를 결정한다. 이것은 적절한 샘플링 절차에 따라 시험 및 검토 목적으로 사용하기 위한 사고 제품 또는 샘플의 확보도 포함한다.
- 위해를 발생시키거나 발생시킬 우려가 있는 결함의 근본 원인을 특정하고, ISO 10377에 요약된 지속적인 개선 프로세스에 이 정보를 사용한다. 추가로, 공급자는 그 결함이 다른 제품에도 동일하게 있어서 유사한 리콜의 실시가 요구되는지를 결정하는 것이 좋다.
- 5.4에 따라 리스크를 평가한다.
- 유사한 제품과 관련한 사고를 포함하여 해당 제품에 대한 다른 사고가 있었는지를 결정한다.

5.4 리스크 평가(Assess the risk)

소비자제품에서 위해 리스크를 평가하기 위한 다양한 방법이 있다(참고 문헌 참조).
공급자는 위해 리스크를 평가하기 위한 프로세스를 확립하는 것이 좋다. 여기에는 일반적으로 다음 단계가 포함된다.

a) 제품명, 상표명(brand), 모델 번호, 형식, 고유 국제 식별자(unique global identifier), 로트, 배치(batch), 누락 제품에 사용된 부품 공급자 및 제조일과 같은 세부 사항을 포함하여 해당 제품을 특정한다.
b) 해당 제품을 사용 또는 접촉할 수 있다고 생각할 수 있는 사람들의 집단, 특히 취약계층 소비자(제품으로 위해를 입기 쉬운 소비자)를 특정한다(참고 문헌 참조).
c) 사고가 제품을 예견 가능한 사용 중에 또는 예견 가능한 오사용 중에 발생하였는지를 식별한다.
d) 제품의 설치, 사용, 정비, 수리 또는 처분 중에 발생할 수 있는 위험원 및 위해의 심각도를 특정한다(부록 A 참조).
e) 소비자의 행동 및 제품의 사용 빈도와 기간을 고려하여 위해의 발생 가능성을 추산한다(위해는 연기를 탐지하는 데 실패한 연기 경보기의 경우처럼 제품이 제기능을 발휘

하지 못해서 발생할 수도 있다.).

f) 특정된 위험원으로부터 특정된 사용자 집단 각각의 리스크를 추산하고(ISO 10393 부록 A 참조) 리스크 수준(level)을 결정할 때, 다음 사항을 고려한다.
   - 사용자의 취약성(피해의 용이성)
   - 공동체 내의 리스크에 관한 일반적 지식
   - 리스크에 대한 예방 대책을 취할 가능성
   - 리스크의 명백성
   - 리스크를 회피할 수 있는 사용자의 능력
   - 리스크에 대한 사용할 수 있는 경고 또는 주의
   - 경고의 유효성
   - 안전 대책의 유효성

g) 세워 놓은 가정이 변화된 경우 리스크 수준에 대한 영향을 결정한다.

h) 사회에 누적된 리스크를 결정하기 위하여 시장에 놓인 제품 수량을 특정하고, 그 평가를 기록한다.

i) 독립된 전문가에 의해 검증된 해당 평가와 결과를 취한다.

5.5 제품 추적성(Traceability)

5.5.1 일반 사항

공급자는 ISO 10377에 제시된 1단계 하향/1단계 상향 추적성 원칙들을 알아 두는 것이 좋다. 제품 추적성은 해당 제품이 이미 판매된 경우 공급자로 하여금 신속하게 리콜을 결정할 수 있게 함으로써 리콜 프로세스를 촉진할 것이며, 리콜 통지를 적절한 대상에게 맞출 수 있게 해 줄 것이다.

추적성 인자들(attributes)은 소비자가 그들이 사용하고 있는 제품이 리콜에 영향을 받는지를 검증하는 데도 도움이 될 것이며, 그렇게 함으로써 모든 공급자의 제품들이 결함 있는 것으로 인식되는 상황을 피하게 할 것이다.

5.5.2 대상 제품(Affected product)

리콜을 통지할 때 해당 제품 또는 리콜 범위에 있는 제품들을 명확하게 특정하는 것이 좋다. 이 특정은 가능한 한 정확하여야 할 것이며 대상 제품의 핵심 특성을 구별하는 것이 좋다. 핵심 특성들의 예는 제품 변형(variants), 예컨대 로트, 색, 크기, 전류의 세기, 조성 또는 제품 포장 등을 포함할 수 있다. 개별 리콜 제품은 독특하게 식별되는 것이 좋다. 이상적으로, 이 식별은 국제적으로 독특한 것이 좋다. 국제적으로 독특한 제품 식별의 예는 통일 상품 코드(the Universal Product Code: UPC) 및 국제 거래 단위 번호(the Global Trade Item Number: GTIN)를 포함한다.

제품 사고 발생 시 대응 ③

리콜 결정 및 실시(리콜 시스템 구축 및 절차 수립)

리콜대책본부 설치

제품 사고가 발생하여 법적 보고 의무에 따라 사고 보고를 한 후에 사고 조사와 원인 규명을 통하여 제품 결함이 발견될 경우 기업은 이에 따른 후속 절차를 진행하여야 한다. 사고 조사를 통하여 확인한 사고 사실과 원인 규명 작업 결과를 바탕으로 리콜대책본부를 설치할 필요가 있다.

리콜대책본부는 경영진을 비롯하여 법무 부문, 홍보 부문, 설계 개발 부문, 품질 보증 부문, 영업 부문 등 관련 부문을 망라하여 구성한다. 리콜대책본부는 제품 리콜의 전반적인 사항에 대한 의사결정과 리콜 시스템상 개별 프로세스의 운영에 관한 책임을 맡는다. 개별 프로세스마다 역할 분담 및 책임의 범위와 내용을 명확하게 하고, 원활한 연락이 이루어지도록 하여야 한다. 이와 함께 필요한 사외 전문가, 예컨대 변호사, 관련 부문 기술 전문가, 학계 전문가, 위기 관리 컨설턴트, 손해보험 회사 등도 미리 확보하여 유기적인 협력 시스템을 갖출 필요가 있다.

리콜대책본부는 사실 확인에 대한 검토 및 논점을 정리하고, 논점에 대한 평가와 대응 방안을 검토하여 기본 방침안을 마련한다. 비상 시 대책(플랜 B)을 함께 비교 · 검토하여 최고경영자의 의사결정을 구한다. 의사결정을 할 때에는 기업의 경영 이념과 행동 헌장 등의 가치가 단기간의 이익을 확보하는 것에 우선하도록 하여야 한다.

ISO 10393은 리콜대책본부와 같이 전반적인 리콜 조치를 효과적으로 관리하기 위하여 요구되는 전문 지식을 '4.5 리콜 관리에 요구되는 전문 지식Expertise required to manage a recall'에 규정하고 있다.

리콜대책본부에서 제품 사고에 대응하기 위한 기본 방침을 수립할 때, 공정성 및 투명성을 확보하는 것과 특히, 피해 확산 방지 및 재발 방지 대책을 철저하게 마련하는 것, 그리고 다양한 이해관계자들을 배려하여 기본 방침을 수립하여야 한다.

[참고] ISO 10393 4.5 리콜 관리에 요구되는 전문 지식

> 공급자는 사고를 조사하고, 리스크를 평가하며, 리콜을 결정하고, 리콜을 실시하기 위한 전문성을 가지고 있음을 확실히 하는 것이 좋다. 대규모 공급자인 경우 다양한 직능 영역의 스탭으로 구성된 리콜운영팀의 설치가 필요할 수도 있다.
> 규모와 관계 없이, 공급자에게는 조언자(advisor) 및 컨설턴트에 의한 외부 원조가 필요할 수도 있다. 그들이 사고가 발생하기 전에 해당 리콜 프로그램에 대한 이해를 더 깊게 할 수 있도록 조언자 및 컨설턴트와 협의하는 것이 좋다.
> 리콜 관리 책임자의 목적은 다음과 같다.
>
> - 모든 입수 가능한 정보를 평가하고, 아래 사항을 실시하는 데 필요한 행동을 결정한다.
> - 소비자의 건강과 안전 보호
> - 소비자 및 이해관계자와의 관계 유지
> - 공급자의 평판 보호
> - 유통되는 모든 국가에서 관련된 모든 법적 책무(예컨대 의무 보고)의 이행
> - 관계 행정기관 및 산업 당국과 연락
> - 주요 이해관계자가 곧 시행될 미디어 커뮤니케이션을 포함하여 공급자의 리콜 결정 및 조치들에 관한 정보 획득 보장
> - 공급자의 정상적인 일상 업무 수행에 중단이 최소화되면서 리콜 결정 및 조치들이 효과적으로 실행되는 것을 보장

대응책 검토

리콜대책본부는 기본 방침 수립과 함께 제품 사고와 관련하여 제품 구조 및 고장 또는 결함 내용에 대하여 기업 내외부의 관계자특히 소송 관계자들. 원고, 피고 대리인, 법관 포함의 이해를 촉진시키는 데 필요한 기술 정보를 제공하는 것이 바람직하다. 이를 위하여 필요한 경우 해설용 약도, 시방 구조도, 상세 설계도 등과 과학 기술의 기초 지식, 안전 설계 · 제조 원칙 등을 제공하는 것이 필요하다. 재발 방지 대책과 관련하여 사고의 직접적 · 간접적인 원인, 기타 원인에 대응하는 방지 대책을 검토한다. 특히 설계 변경을 하는 경우 반드시 사고 후 설계 변경에 관한 이유를 기재하도록 한다.

리콜 대책을 고려할 때 리콜 실시의 취지와 목적을 명확하게 하고, 대책 실시의 범위와 효과를 검토한다. 또한 기업의 법적책임과 사회적 책임도 함께 검토한다. 이 때 고려하여야 할 요소로 대상 제품에 관한 정보제품 특성, 사고 이력, 제조 · 판매 수량 · 기간, 내구 연수 등와 법 규제, 규격, 법률상의 책임민사 책임, 형사 책임, 행정상 책임 및 예상되는 리스크의 크기정량적 평가 등을 들 수 있다. 리콜의 수단, 방법, 시기와 관련하여 목표 회수율과 단계적 통지 철저, 사용 금지 조치와 제품 회수, 그리고 결함 제거를 위한 대책의 타당성 등을 고려하여 결정한다.

이 밖에 리콜대책본부는 예상되는 최대 손해액을 산출하고, 이해관계자별 이행 리스트를 재확인하여야 한다. 특히 패소해서는 안 되는 사안에 관한 방어 전략을 추가로 검토하고, 필요한 경우 결과에 대한 관계자의 처분도 고려한다.

리콜의 결정

일반적으로 기업이 제품 리콜을 결정할 때 1차로 사내 규정에 저촉되는지를 기준으로 판단하고, 2차로는 제품 회수에 관한 정량적 평가 기준에 따라 판단한다. 그리고 최종적으로 경영 판단을 통하여 결정한다.

기업이 제품 회수나 리콜 등에 관한 내부 규정을 마련하고 있다면 1차 판단은 해당 기준에 따라 판단한다. 사내 규정은 예컨대 '제품 회수 실시 기준'과 같이 기업이 내부적으로 정한 규범이므로, 해당 기준에 명백하게 해당하는 경우에는 그 기준에 따라 상당한 조치를 결정한다. 이 경우 제품의 특성에 따라 제조 · 유통 및 판매의 중지, 유통 및 판매 단계에서의 회수, 소비자가 보유하고 있는 제품의 교환 또는 점검, 수리, 부품 교환, 또는 환불 등의 판단을 한다.

기업이 사내 규정을 마련하고 있지 않은 경우, 1차 판단은 안전에 관한 관계 법령 · 강제 규격이나 기준 등에 따른다. 즉 관련 기준에 위반한 경우, 특히 중대한 결함에 해당하는 경우를 기준으로 판단한다. 또한 다양한 이해관계자들의 기대를 고려하여, 비록 해당 제품의 주요 기능 및 효능이 발휘되지 않는 경우라고 할지라도 리콜을 하는 것이 상당하다고 인정되는 경우도 기준으로 할 수 있다.

리콜 결정의 2차적 판단은 제품안전 리스크의 정량적 평가 결과를 기준으로 결정한다. 정량적 평가 방법에는 여러 가지 방법이 사용되고 있다. 먼저 일본 경제산업성이 제품안전과 관련한 인재 양성 교육 과정 중에 권장하고 있는 R-map 기법이 있다. 이 방법은 가로축에 예상 발생 위해의 정도를 5개 수준레벨 0에서 레벨 4까지으로 구분하고, 세로축은 예상 발생 빈도를 6개 수준레벨 0에서 레벨 5까지으로 구분하여, 리스크의 특성에 따라 상당한 조치를 취하도록 결정하는 기법이다. 사회적으로 허용할 수 없는 리스크 영역, 즉 안전하지 못한 상태나 합리적인 이유가 있으면 허용할 수 있는 리스크 영역과 사회적으로 허용할 수 있는 리스크 영역으로 구분하여 영역별로 상당한 조치를 취하도록 결정하게 된다.

〈그림 2-12〉에서

- A 영역(주황색)은 제품의 특성에 따라 제조 · 유통 및 판매 중지, 유통 및 판매 단계에서 회수 또는 소비자가 보유하고 있는 제품의 교환 · 점검 · 수리 · 부품 교환을 실시한다.
- A 영역에 근접한 B 영역 3(회색 3)인 경우에는 3차 판단에 맡긴다.
- A 영역과 C 영역(흰색)의 중간에 위치한 B 영역 2(회색 2)인 경우에는 3차 판단에 맡긴다.
- C 영역에 근접한 영역(흰색)인 경우 원칙으로서 제조 · 유통 및 판매 중지, 유통 및 판매 단계에서 회수 또는 소비자가 보유하고 있는 제품의 교환 · 점검 · 수리 · 부품 교환은 하지 않지만, 소비자에게 주의를 환기시킨다.
- C 영역은 원칙으로 적극적인 조치는 하지 않지만, 그 경과를 주시한다.

*〈그림 2-12〉 사례는 하나의 예시이다.

유럽에서는 〈그림 2-13〉과 같이 일본의 R-map과 유사한 방법을 사용하고 있는데, 이를 리스크 매트릭스Risk matrix라고 한다. 세로축에 사람

〈그림 2-12〉 일본의 리스크 평가 사례[70]

〈예상 발생 빈도〉						
레벨 5: 매우 높음 빈발한다/Frequent 10^{-4} 초과		3	1	2	3	A영역: **Red zone** 사회적으로 허용되지 않는 리스크영역
레벨 4: 높음 종종 발생한다/Probable 10^{-4} 이하 ~ 10^{-5} 초과		2	3	1	2	
레벨 3: 중간 가끔 발생한다/ Occasional 10^{-5} 이하 ~ 10^{-6} 초과		1	2	3	1	
레벨 2: 낮음 일어날 것 같지 않음/ Remote 10^{-6} 이하 ~ 10^{-7} 초과			1	2	3	B영역: **Yellow zone** 합리적 이유가 있으면 사회적으로 허용될 가능성이 있는 리스크 영역
레벨 1: 매우 낮음 거의 일어나지 않음/ improbable 10^{-7} 이하 ~ 10^{-8} 초과				1	2	
레벨 0: 고려하지 않음/ incredible 10^{-8} 이하						C영역: **White zone** 사회적으로 허용되는 리스크 영역
	레벨0	레벨 I	레벨 II	레벨 III	레벨IV	**〈예상 발생 위해 정도〉**
	이상없음	경미함	중간	중대	치명적	
	None	Negligible	Marginal	Critical	Catastrophic	
	없음	경상	통원치료	중상 · 입원 치료	사망	
	없음	제품발화	제품발화 · 소실	화재	인재 · 건물소실	

70 株式会社インターリスク総研, 위의 교재, 51면.

의 생명 · 신체상 위해 발생 가능성probability of health/safety damage을 표시하고, 가로축에 그 손해의 심각성severity of health/safety damage을 표시하여 총체적인 리스크의 수준을 평가하는 방법이다.

여기에서 살펴본 바와 같이 유럽의 정량적 리스크 평가 기법인 리스크 매트릭스와 일본의 리스크 맵R–map의 이론적 배경은 동일한 것이라고 할 수 있다. 리콜 결정의 최종적인 판단3차 판단은 경영 판단이다. 2차 판단에서 정량적 평가 기준에 비추어 검증한 결과를 근거로 담당 임원의 판단을 거쳐 변호사, 학계 전문가, 소비자단체 등 제3자 전문가의 견해를 청취한 후 최고경영자가 최종 판단을 내린다.

담당 임원은 리콜대책본부를 통하여 수행한 2차 판단리스크의 정량적 판단에

〈그림 2-13〉 유럽(EU)의 사례[71]

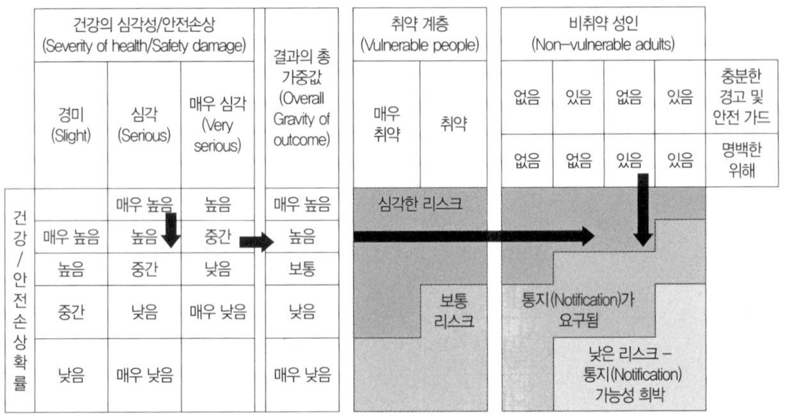

71 A Prosafe Project, BEST PRACTICE TECHNIQUES IN MARKET SURVEILLANCE, p.83.

대하여 '리콜에 관한 경영 판단 시 검토 요소'도 감안하여 추인하고, 경영회의에 상정한다. 제3자 전문가들을 통하여 자사의 '제품 회수 실시 기준', '제품 회수에 관한 정량적 평가 기준' 등의 내부 규정이 있는 경우 그 기준의 타당성, 해당 사례에 관한 평가의 타당성, 리콜의 시비 및 내용 판단의 타당성에 대하여 제3자 의견을 청취한다. 최고경영자는 제3자 전문가들의 의견을 참작하여 최종 의사결정을 한다. 이 때 다음과 같은 추가 요소를 검토하는 것이 좋다[72].

- 예상하는 사용자에 어린이, 고령자, 장애인 등이 포함된 경우
- 사고가 발생한 제품의 기능이 정지됨으로써 일상 생활에 큰 영향이 발생하는 경우
- 판매 시기 이후의 동종 업계 다른 회사의 리스크 저감 대책 추이(허용되는 리스크 레벨에 변화는 있는지)
- 현 시점에서 다른 회사 제품에 사용된 안전 대책과 비교 검토
- 유사 사례에 의한 타사의 리콜 시비
- 사고 발생 원인 중 오사용 · 이상 사용의 기여도
- 앞으로 같은 원인에 따른 사고의 예상 발생 빈도가 높아질 가능성
- 앞으로 같은 원인에 따른 사고의 예상 발생 위해 정도가 증대될 가능성
- 발생한 중대 사고의 사회적 영향
- 매스컴 보도 등 사회적 관심의 정도
- 브랜드 이미지의 영향

---

72 株式会社インターリスク総研, 위의 교재, 53면.

- 사회적 · 학술적 권위를 갖는 조직 및 전문가의 권고가 있는 경우
- 거래처의 요구가 있는 경우
- 행정기관에서 권고가 있는 경우

[참고] ISO 10393 5.6 제품 리콜 결정(Product recall decision)

리스크 평가을 완료한 후 공급자는 리스크 수준이 허용할 수 있는 리스크를 초과하는지를 결정하는 것이 좋다(가이던스로 ISO 10377 참조). 리스크 수준이 허용할 수 있는 리스크를 초과하는 경우 공급자는 제품 리콜의 필요성에 대한 결정을 하는 것이 좋다. 모든 가용한 정보를 사용하여 경우에 따라 결정이 내려지는 것처럼 특정된 리스크 수준과 제품 리콜 실시 사이의 자동적인 연관은 없다.
공급자는 위해 가능성, 잠재적 위해의 성질 및 잠재적 위해의 심각성에 영향을 끼치는 관련된 모든 사실과 정황을 고려하는 것이 좋다. 특히 다음 사항을 포함하여 리콜의 영향을 고려하는 것이 좋다.

- 제품 리콜에 의해 초래된 잠재적 리스크
- 제품 리콜 실시의 현실성
- 제품 리콜의 기대되는 성과
- 제품 리콜을 유지 또는 속행하는 능력
- 리콜 대상 제품을 적절하게 특정할 수 있는 소비자 및 공급망 능력
- 의도된 목적을 달성하기 위한 제품 리콜의 적절성
- 목적 달성을 위한 대체 수단이 있는지 여부

매우 심각한 상해나 상당한 재산상 손해가 발생할 수 있는 상황에 대하여 비록 리스크의 가능성이 정확하게 결정될 수 없다고 하더라도 제품 리콜의 실시를 고려하는 것이 좋다. 제품 리콜의 리스크, 현실성, 영향 및 효과를 결정하는 데 도움을 받기 위하여 전문가에게 조언을 구할 수도 있다. 새로운 정보를 입수할 수 있는 경우에는 결정 및 사용 프로세스의 검토를 위하여 사용하는 것도 좋다.
리콜 결정은 관계 규제 당국과 협의하여 시행하는 것이 좋다. 일부 국가에서는 규제 당국이 특정한 상황에서 제품 리콜을 요구할 권한을 가지고 있다.

리콜의 실시[73]

기업은 리콜대책본부의 리콜 검토 결과와 외부 전문가의 자문을 거쳐 경영진의 최종 판단에 따라 리콜이 결정된 경우 대상 제품에 대한 리콜을 실시하게 된다. 기업이 리콜을 실시할 때 일반적으로 고려하여야 할 사항기본 방침과 구체적인 리콜 실시 계획을 수립하여야 한다.

리콜 실시 계획에는 일반적으로 리콜 전략과 리콜 목적 및 리콜 프로세스, 그리고 리콜 실시에 소요되는 재원 등이 포함되어야 한다. 이러한 리콜 실시 계획은 대상 소비자, 유통체인, 관계 당국 등 이해관계자들에게 전달하는 연락communication 계획의 수립이 중요하다. 아무리 완벽한 리콜 실시 계획을 수립하였더라도 실제 리콜 대상인 이해관계자에게 제대로 전달되지 않는다면 리콜의 본래 목적을 달성할 수 없다. 따라서 이러한 연락은 해당 리콜의 효과적인 시행에 가장 중요한 요소라고 할 수 있다.

연락은 분명하고, 일관성이 있어야 하며, 정확하여야 한다. 또한 이해관계자들이 관련 리스크를 이해하고, 자신들이 그 리스크를 저감하기 위하여 취해야 할 행동이 무엇인지를 알 수 있도록 다양한 리콜 대상 이해관계자의 요구에 부응할 수 있도록 고안하여야 한다. 연락 계획은 리콜 대상 이해관계자들도 리콜 실시 기업과 연락할 수 있도록 하여야 한다.

기업은 대상 소비자가 주어진 지시를 수행할 수 있는 수단과 그들이 가지고 있는 의문 사항이나 걱정하는 바를 표명할 수 있는 수단을 제공하여

---

73 ISO 10393. 6. Implementing a product recall

야 한다. 특히 소비자 수준의 리콜인 경우 제품을 사용할 수 있는 모든 지역을 위한 적절한 연락 수단, 예컨대 전화번호와 자사 웹사이트 접속 방법 등과 같은 수단이 있는 상담센터call center를 설치하여야 할 것이다.

대규모 리콜인 경우 기업은 소비자로부터 그리고 잠재적으로 미디어를 통하여 대량의 요구를 받을 수도 있다. 따라서 이와 같은 대량의 요구에 대한 대응 방법과 이를 위하여 제3자 상담센터 및 연락 지원을 특정하는 것도 고려하여야 할 것이다. 리콜 결정이 내려진 후 연락은 가능한 한 신속하게 이루어져야 한다. 연락 계획이 발표되기 전에 적절한 처리가 이루어지는 것이 바람직하고, 이해관계자들이 해당 리콜 전략과 자신들이 리콜을 지원하기 위하여 취해야 할 행동을 완전히 알 수 있게 하여야 할 것이다. 이를 위하여 일부 국가에서는 연락 계획을 발표하기 전에 리콜의 내용, 대상자 및 연락 시기에 대하여 규제 당국과 협의하도록 하고 있다. 연락 계획에는 연락을 받아야 할 대상자, 가장 적절한 연락 수단 및 연락에 대하여 책임을 져야 할 사람들의 목록을 제공하여야 할 것이다.

리콜 실시에 대한 연락과 관련하여 리콜의 여러 단계에서 규제 당국에 알리고 요구되는 정보를 제공하도록 법률적으로 요구하는 국가가 많이 있다. 또한 기업은 리콜 대상 제품을 받을 공급망을 특정하는 것이 좋고, 접촉 시기에 대한 기록과 여전히 관리하고 있는 리콜 대상 제품의 수량에 대한 명세 및 리콜 대상 제품의 격리 또는 유통 확산을 예방하기 위한 다른 조치 등을 고려하여 프로세스를 설정하여야 할 것이다.

특히 소비자와의 연락과 관련하여 연락의 목적은 소비자가 리콜 대상 제품과 관련한 리스크를 이해하고 소비자가 취하여야 할 행동이 무엇인지에 관한 명확한 지침과 지시를 주기 위한 것이다. 소비자와 직접 접촉할 수 없는 경우 목표 대상자target audience를 위하여 가장 적절한 채널을 사용하여야 할 것이다. 리콜 통지의 전통적인 연락 수단이 신문이나 광고인 반면, 현재는 다수의 효과적인 채널이 있다. 고려할 수 있는 채널에는 소셜미디어, 블로그, 웹사이트 상의 발표, 전자 또는 인쇄 소식지, 광고 우편물direct mails, 단골 고객 우대 프로그램royalty programme, 전문 잡지, 라디오, TV 등이 있다.

리콜 연락 계획을 수립하는 경우, 특히 원격지에 거주하고 있는 소비자 또는 장애가 있는 소비자와 같이 특별한 요구가 있는 소비자를 배려하여야 할 것이다. 리콜 통지recall notification와 관련하여 포함시켜야 할 사항은 다음과 같다.

- 리콜 메시지에 대한 국제 고유 식별 번호
- 리콜 대상 제품의 명확한 기술記述
- 제품 번호 체계예컨대 모델 형식, 부품 번호예컨대 GTIN/UPC 코드, 일련 번호, 배치batch 또는 로트 코드에 대한 명확한 식별
- 해당 제품의 사진 또는 이미지
- 리콜 대상 제품의 판매 및 유통 장소와 시기
- 리콜 대상 제품과 관련한 문제 및 소비자에게 미치는 리스크에 대하여 소비자가 이해하기 쉬운 언어로 기술
- 소비자가 즉시 취하여야 할 행동예컨대 대상 제품 사용 중단 및 뒤이어 취하여야 할 행동에 관한 명확한 설명

– 모든 문의 사항 및 교환 또는 수리를 처리하기 위하여 필요한 기업의 연락처 정보

기업은 리콜 대상 제품 판매를 중단시키기 위하여 명확하게 지시하여야 하고, 회수될 때까지 리콜 대상 제품의 판매와 유통을 방지하도록 해당 제품을 안전하게 보관하여야 한다.

리콜 대상 제품의 회수는 내부 유통 시스템, 내부 판매 및 공급망을 이용하거나 외부의 회수 서비스를 통해서 할 수 있다. 이때 제품 교환을 위하여 추가 보관, 부품 및 다른 구성품들을 어떻게 처리할 것인지에 대해서도 고려하여야 한다. 또한 수정이나 수리가 필요한 경우 지정 설치업자 또는 소매업자들이 처리하도록 하여야 할 것이다. 특히 소비자가 구입 장소에 반품하는 것이 예상되는 경우 소매업자가 해당 제품을 수집하고 재판매를 방지하기 위하여 안전하게 보관하도록 조치하여야 한다. 소비자가 리콜 대상 제품을 우편 또는 택배로 반품하는 경우 기업은 선납 회수용 포장prepaid stamped self-addressed packaging으로 처리하도록 한다. 그리고 수집 및 처분, 교환 처리를 위한 시설을 설치하는 것이 바람직하다. 리콜 대상 제품의 수량에 따라 임시 창고가 필요할 수도 있다.

지정된 채널을 통하여 수리 · 재가공 및 재유통할 수 없는 리콜 대상 제품은 가능하면 더 나은 방법을 이용하여 파기하여야 할 것이다. 이러한 파기는 리콜된 제품이 부주의하게 재사용되거나 재판매 또는 다른 시장으로 유입될 리스크를 저감한다. 파괴 또는 재활용의 검증이나 증거가 적절할 수도 있다.

특히 리콜 제품을 파기하는 경우 모든 환경 규제에 적합한 방법으로 실시

하여야 한다. 검증이 필요한 경우 기업은 해당 제품의 처분 또는 파괴를 맡은 자에게서 그 처분 또는 파괴의 방법, 장소, 날짜 및 해당 제품의 수량을 기술한 서명된 문건을 받아 두어야 할 것이다. 또한 기업은 해당 제품 파괴로 초래되는 환경 영향을 고려하여야 하고 적절한 파괴 방법에 관한 조언을 들어야 할 것이다. 리콜된 제품은 그 제품이 리스크 평가를 통하여 어떤 위험원을 만들어 내지 않거나 수출 및 수입 국가 또는 시장에서 관계 당국에 의해 특별히 인정된 것이 아닌 한 다른 국가나 시장에 수출해서는 안 될 것이다.

[참고] ISO 10393 6. 리콜 실시(Implementing a product recall)

6.1 일반 사항

제품 리콜이 필요하다고 결정을 내린 경우, 공급자는 리콜에 책임이 있는 공급자를 결정하기 위하여 공급망과 연락하는 것이 좋다. 일부 국가에서는 제품 리콜에 책임이 있는 공급자는 법 규정에 의해서 정해질 수도 있다. 리콜 실시에 대한 결정은 5절에 요약된 프로세스에 기초하고 있다. 리콜 실시를 결정한 경우, 〈그림 2-14〉와 같이 6.2~6.7에 기술된 프로세스를 따르는 것이 좋다.

6.2 리콜 조치 개시(Initiate the recall action)

6.2.1 일반 사항

리콜 조치는 사용되는 프로세스에 관한 가이드(지침/guidance)와 효과적인 리콜을 달성하는 데 필요한 자원을 제공하는 것이 좋다. 그것은 접근방식 및 어떤 목적에 부합하는지와 언제 그것이 달성되는지에 대하여 그 리콜 시행에 관한 지침을 제공하는 것이 좋다. 그것은 리콜의 유효성(effectiveness)을 결정하는 기준을 제공하고 리콜 책임이 있는 공급자가 언제 적극적인 리콜 조치를 중단할 수 있는지를 결정하는 데 도움을 주는 것이 좋다.

리콜 조치 계획에 일반적으로 4가지 핵심 요소가 있다.

a) 리콜 전략(the recall strategy)

b) 리콜 목적(the recall objectives)

c) 리콜 프로세스(the recall process)

d) 리콜 실시에 요구되는 재정 자원의 특정(identification of the financial resources required to implement the recall)

〈그림 2-14〉 리콜 실시

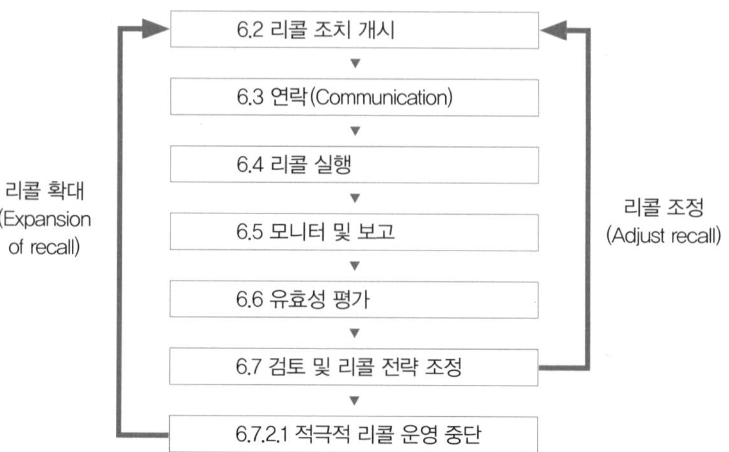

6.2.2 리콜 전략(recall strategy)

리콜 전략은 왜 리콜 조치를 취하는지, 그 조치를 통하여 달성되는 것이 무엇인지, 리콜 책임이 있는 공급자가 어떻게 대상 소비자들과 공급망 및 관련 규제 기관들과 연락할 것인지에 대한 명확한 개요를 제시하는 것이 좋다. 리콜 전략은 해당 제품과 관련된 리스크를 저감하기 위하여 수행하여야 할 활동을 요약하는 것이 좋다.

일부 국가에서, 활동을 하기 전에 규제 기관이 리콜 책임이 있는 공급자에게 제안된 리콜 전략에 대한 협의 및 공급자와의 연락을 요구하는 경우도 있다.

리콜 전략은 다음 사항에 대한 설명을 포함하는 것이 좋다.

- 기술적인 소양이 없는 사람이 쉽게 이해할 수 있는 용어로 표현된 위험원의 성질과 범위
- 리콜 대상 제품에 개한 예상 유통 상황 및 리콜 대상 제품이 어디에 얼마나 있는지에 대한 평가(assessment)
- 무엇이 위험원을 일으키는지와 공급자가 위험원에 대처하기 위하여 어떤 활동을 하고 있는지
- 위험원이 제품의 소비자에게 주는 리스크 및 의도된 소비자가 리스크를 저감할 수 있는 방법

- 영향을 받는 이해관계자의 특정 및 리콜 책임이 있는 공급자가 대상 이해관계자와 연락하는 방법
- 모든 법적 · 규제적 요구사항 및 리콜 책임이 있는 공급자의 법령 준수 방법

6.2.3 리콜 목적(recall objectives)

목표는 리콜 조치들에 의해서 무엇이 달성되는지, 언제까지 그것이 달성되는지에 대하여 요약하는 것이 좋다.

리콜 목표는 일반적으로 다음 사항을 포함하는 것이 좋다.

- 관련 공급자, 소비자 및 적절한 규제 기관에 위험원의 성질과 범위를 통보하고, 건강 또는 안전에 관련된 모든 리스크를 저감하기 위하여 어떠한 활동을 하여야 하는지에 대하여 명확한 지침을 제공한다.
- 리콜 대상 제품이 더 이상 유통 또는 판매되지 않도록 예방하기 위하여 해당 제품을 격리한다.
- 리콜 대상 제품의 수거 · 수리 또는 교환을 가능한 한 신속하게 처리한다.
- 리스크를 저감하기 위하여 리콜 대상 제품을 재가공한다.
- 리콜 대상 제품이 시장에 확실하게 재유입되지 않도록 해당 제품을 처분 또는 파괴한다.
- 리콜 대상이 아닌 제품 또는 교환 제품을 가능한 한 신속하게 시장으로 되돌린다.

6.2.4 리콜 프로세스(the recall process)

- 회수, 수리, 개량 또는 교환을 위한 프로세스는 공급자 및 소비자가 권장된 행동을 되도록이면 용이하게 할 수 있도록 설계하는 것이 좋다. 용이한 프로세스를 이용함으로써 대상 소비자가 요구되는 행동을 기꺼이 하도록 하고, 그렇게 하여 리콜이 보다 효과적으로 될 것이다.

사용될 수 있는 프로세스 종류는 다음 사항을 포함한다.

- 구매 장소로 반품: 대상 소비자는 리콜 대상 제품을 구입장소로 반품하고, 교환 또는 환불을 받는다.
- 수리 시설로 반품: 대상 소비자는 리콜 대상 제품을 개량 또는 수리하기 위하여 적절한 자격을 갖춘 수리 시설로 반품한다.
- 요금 지불 우편/송료: 대상 소비자는 리콜 대상 제품을 반품하기 위하여 선불된 반신용 포장을 받는다.
- 회수 서비스: 회수 서비스는 소비자의 리콜 대상 제품을 물리적으로 모으기 위하여 사용 된다.
- 수리: 자격을 갖춘 기술자가 리콜 대상 제품을 그 사용장소에서 수리한다.

리콜 프로세스는 리콜에 영향을 받는 모든 관계자가 리콜의 핵심 요소를 식별할 수 있도록 설계되는 것이 좋다. 핵심 요소는 다음 사항을 포함한다.

a) 리콜 통지(recall notification)
b) 리콜 대상 제품 및 리콜 대상 제품군
c) 리콜을 발표하는 자

각각의 제품 리콜 통지는 고유한 것으로 식별되는 것이 좋다. 이렇게 함으로써 해당 리콜이 시장에서 다른 제품 리콜과 구별될 수 있게 보장한다. 이것은 최초의 리콜 통지에 세계적으로 고유한 식별자를 지정함으로써 완성된다.
마찬가지로, 리콜 내용의 변경 또는 수정이 필요함에 따라 각각의 변경 역시 고유한 것으로 식별되는 것이 좋다. 갱신의 예로, 리콜에 포함된 제품의 범위에 대한 변경 또는 리콜 실시를 지원하는 문서[예: 미디어 릴리스(media release), 처분 또는 반품의 지시, 제품 명세서]의 제공을 포함한다. 리콜 내용의 갱신에 고유한 식별자를 할당함으로써 영향받는 관계자 모두가 리콜 기간 전반에 걸쳐 변경의 기록 또는 감사의 이력을 유지하는 것이 가능하다. 갱신된 제품 리콜 통지는 전회의 통지를 대체하는 것임을 명확하게 언급하는 것이 좋다. 리콜 프로세스 설계에서, 해당 리콜에 책임이 있는 공급자는 취약 소비자를 고려하는 것이 좋다.

6.2.5 재정 자원(financial resources)

리콜 계획은 리콜 비용을 어떻게 충당할 것인지를 특정하는 것이 좋다. 제품 리콜 비용은 때로 종합적인 제품 리콜 보험 정책에 의해 다루어질 수 있다. 리콜에 관련한 주된 비용은 다음 사항을 포함할 수 있다.

- 광고 및 통신 비용
- 리콜 대상 제품의 회수 · 수리 · 개량 · 설치 및 처분 비용
- 교환 제품의 생산 및 유통 비용
- 적용할 수 있는 경우 의료비를 포함하여 손해에 대한 소비자 보상 비용
- 영업 중단 및 모든 단기 대체 · 공급 · 생산 비용과 관련한 비용
- 중단 기간 수입 손실
- 컨설턴트 및 조언자 비용(자문 비용)
- 추가 콜센터 및 통신시설 비용
- 시장 점유율 손실
- 사고 원인 조사 비용
- 법률상 비용
- 리콜을 위한 추가 스태프 비용

제품 사고 발생 시 대응 ④ 리콜 감시 및 리뷰

기업은 리콜 실시 계획에 따라 해당 리콜을 실시하는 경우 리콜이 효과적으로 실시되는지를 지속적으로 감시하여야 한다. 본래의 리콜 목적을 달성할 수 있는지를 살펴서 필요에 따라 해당 리콜 계획을 조정하는 등 후속 조치를 취하여야 할 것이다. 이를 위해서는 내부 및 외부 보고를 위하여 사용될 수 있는 정확하고 최신의 정보를 수집하는 것이 중요하다.

리콜 감시recall monitor

기업은 리콜 목적이 달성되고 있는지를 확증하거나 고위 관리자에게 정기 보고서를 제공하기 위하여 혹은 필요한 경우 규제 기관에 보고하기 위하여, 리콜 진행 상황을 지속적으로 감시하는 프로세스를 설정하여야 할 것이다. 수집된 데이터는 이미 결정된 목적에 대하여 리콜의 진행 상황을 측정하는 데 충분하여야 할 것이다. 데이터에는 다음 사항이 포함될 수 있다.

- 연락을 위하여 이용한 시간, 날짜, 미디어
- 소비자와 연락하는 시간, 날짜, 방법
- 연락에 대한 응답률the response rate for communication. 예를 들면
  - 직접 접촉한 소비자의 응답
  - 수신한 통화 횟수the number of call received
  - 웹사이트 방문 횟수the number of website view

- 소비자 불만, 문의 또는 보상 요구 보고 횟수
- 특정된 리콜 대상 제품의 수량과 공급망의 각 단계에서 보유하고 있는 수량
- 공급망의 각 단계에서 반품 · 교환 · 수리 · 수정 또는 처분된 리콜 대상 제품의 수량
- 소비자로부터 반품 · 교환, 수리 · 수정 또는 처분된 리콜 대상 제품의 수량

관련 법규에 따른 의무 보고와 관련하여, 무엇보다도 해당 법규에서 요구하는 보고 횟수와 주기 및 시한 등에 주목하여야 한다. 일반 대중의 건강 또는 안전에 더 큰 리스크가 있는 경우 더 많은 보고를 요구할 수도 있다.

리콜의 유효성 recall effectiveness [74]

리콜의 목적이 달성되고 있는지를 확인하기 위해서는 리콜의 유효성을 지속적으로 평가하는 것이 매우 중요하다. 필요한 경우 리콜 유효성을 높이기 위하여 리콜 전략을 수정하는 것도 중요하다[75].

기업은 유효성을 측정하기 위하여 가장 먼저 모든 리콜 대상 제품이 어느 곳에 유통되었는지를 특정하고 확인할 수 있어야 할 것이다. 기업은 또한 리콜 통지가 소비자에게 전달되어 이해되었는지를 확인하여야 할 것이다.

74 ISO 10393 6.6 Evaluate effectiveness.
75 리콜의 유효성에 관한 자세한 정보는 ISO 10393 부록 D 참조.

리콜의 유효성을 가늠하는 데는 다양한 지표를 활용할 수 있다. 먼저 반품율return rate을 통하여 유효성을 확인 할 수 있다. 반품율이란 회수, 수리 또는 수정된 리콜 대상 제품의 수량을 나타내는 것이다. 반품율은 여러 가지 요소에 영향을 받을 수 있다. 따라서 유효하다는 실제 비율은 제품, 유통 및 사용자의 특성, 가격과 반품 용이성 등에 따라 달라질 수 있다. 그러므로 유사한 형식의 제품에 대한 과거 데이터가 적절한 반품율에 대한 지침으로 유용하게 사용될 수도 있다. 기업은 리콜 대상 제품이 창고 또는 소매업자와 같은 다양한 공급망으로부터 제거되는 상황을 감시하고 검증함으로써 유효성을 측정하여야 할 것이다.

다음으로 처분율disposal rate을 활용할 수 있다. 처분율은 적절하게 처분되거나 폐기된 대상 제품의 수량을 나타내는 것이다. 보다 높은 리스크가 있는 경우, 특히 일반 대중의 건강 또는 안전에 중대한 영향을 미치는 리스크 또는 처분이 환경에 위험 요인이 되는 경우에는 처분에 대한 별도의 인증 및 검증이 필요할 수도 있다. 상해율injury rate도 리콜의 유효성을 가늠하는 지표로 활용할 수 있다. 제품 사고로 상해가 발생하였다면, 상해 저감 및 최종적인 제거가 유효성의 핵심적인 척도가 된다. 조회율enquiry rate 역시, 리콜 유효성을 가늠할 수 있는 지표가 된다. 조회율은 리콜 초기 단계에서는 일반적으로 높게 나타난다. 조회율이 급격하게 낮아지는 것은 리콜의 유효성과 관련하여 중요한 척도로 사용될 수 있다.

연락communication의 유효성도 중요한 척도가 된다. 직접 연락과 표적 연락은 사람들에게 리콜을 알리는 데 가장 효과적인 수단으로 이는 리콜의 유효성을 개선할 것이다. 응답이 저조한 경우 보다 직접적 · 표적 연락이 응답을 개선하는 데 도움이 될 것이다.

기업은 리콜 관계자들이 리콜 사실을 알고 있는지, 리콜 대상 제품을 가지고 있는지, 그리고 자신들이 취하여야 할 행동이 무엇인지를 알고 있는지를 판단하기 위하여 표본으로 선정한 목표 집단을 통한 연락의 유효성을 측정할 수도 있다.

리콜 리뷰recall review [76]

기업은 리콜을 실시하면서 지속적으로 리콜 상황을 감시하여야 한다. 감시 결과, 리콜 목적에 부합하지 않는 경우 리콜의 유효성을 개선하기 위하여 리콜 전략을 조정할 필요가 있다. 리콜의 유효성을 개선하기 위하여 리콜 전략을 조정할 때 다음 사항을 포함할 수도 있다.

- 추가 미디어 포함 또는 기존 미디어 채널의 범위 확대
- 더 나은 표적 연락better targeting of communication
- 소비자가 리콜에 응하는 것이 어렵고 시간이 드는 일이라면 반응을 꺼리기 때문에 반응하기 쉽도록 개선
- 반응에 대한 인센티브 제공

전반적인 리콜 계획을 운용하는 경우 적극적인 리콜 운용을 중단하기

76 ISO 10393 6.7 Review and adjust recall strategy.

전에 다음 사항을 고려하여야 할 것이다.

- 리콜 목적이 달성되었는가?
- 대부분의 대상 소비자들이 리콜 통지를 받고 자신들이 취하여야 할 행동에 대하여 현명한 판단을 할 기회를 가졌다는 높은 수준의 확신이 있는가?
- 상해 또는 질병에 대한 보고가 더 이상 없는가?
- 반품, 주어진 제품 형식, 해당 리스크의 성질 등이 적절한 수준인가?
- 필요한 경우 기업이 소비자에게 알리기 위하여, 그리고 그들이 권장된 행동을 취할 기회를 제공하기 위하여, 합리적이고 적절한 조치를 취하였다고 규제 기관이 동의하는가?

리콜 목적이 달성된 때 적극적인 리콜 운용을 중단하는 결정을 할 수 있다. 정부 기관에 의한 감시 또는 법률상 요건으로 중단하도록 하는 국가에서는 중단 결정과 관련하여 규제 기관과의 협의가 필요할 수도 있다. 건강 또는 안전 리스크를 주는 리콜 대상 제품이 시장에 남아 있는 것이 명백한 경우 리콜 운용 중단 결정이 리콜 재개를 차단해서는 안 될 것이다. 또한 소비자는 언제든지 건강 또는 안전 리스크가 있는, 즉 결함 있는 제품을 계속 반품할 수 있도록 하여야 할 것이다. 따라서 기업은 비록 적극적인 리콜 운용이 중단되었더라도 리콜 대상 제품을 계속 받아야 할 것이다.

최초 리콜 통지 및 대상 제품에 어떠한 변경도 없는 경우 리콜 조정 결정을 하여야 할 것이다. 반면 대상 제품이 추가되어 최초 리콜의 범위를 확대할 필요가 있는 경우 새로운 리콜 통지가 필요하고 새로운 고유 통지

번호를 지정하여야 할 것이다. 이렇게 함으로써 해당 리콜을 쉽게 감시할 수 있을 것이다.

제품 사고 발생 시 대응 ⑤ 리콜 프로그램의 지속적 개선[77]

리콜을 실시한 기업은 앞으로의 재발 방지를 위한 지속적인 개선이 필요하다. 물론 지속적 개선은 비단 리콜에 한정된 것은 아니다. 모든 분야에서 지속적인 개선은 기업의 항구적인 목표이기도 하다.

리콜과 관련해서도 기업은 지속적으로 리콜절차를 개선하여야 한다. 이를 위하여 연락 계획 및 운용 그리고 다른 조치들, 리스크 평가 및 리콜 유효성 검토가 필요하다.

효과적이고 효율적인 개선의 핵심은 데이터 분석 및 학습한 교훈의 적용을 기초로 현명하게 판단하는 것이다. 지속적 개선이 이루어지고 그 변화가 갑자기 또 다른 안전 문제를 일으키지 않는다는 것을 확증하기 위하여 모든 지속적 개선 조치 및 그 결과는 규칙적으로 문서화하고 관리하고 검토하여야 할 것이다. 제품 리콜의 지속적 개선은 문제 특정 및 의사결정, 품질 보증 계획, 제품 및 공급망 프로세스 변경, 모든 공급망 구성원에 대한 모니터링 등의 과정을 통하여 이루어진다.

리콜 후에 기업은 관찰 사항 및 경험을 기록문서화하여야 하고, 개선을

77 ISO 10393 7 Continual improvement of recall programme.

위한 기회를 논의하기 위하여 회의를 소집하여야 할 것이다. 스태프는 개선을 위한 기회가 확실하게 시행되도록 책임을 져야 할 것이다.

마지막으로 기업은 사고 재발 확률을 낮추기 위하여 시정 조치를 취하여야 할 것이다. 잠재적 위해를 제거하기 위한 제품의 재설계, 제조 기간 중 재료의 종류 특정, 라벨 및 사용 매뉴얼의 재고안 등과 같은 조치가 시행될 수 있다. 기업은 주기적으로 시정 조치의 유효성을 검토하여야 한다. 시정 조치가 원하는 수준으로 사고 재발 확률을 낮추지 못하는 경우 추가 또는 새로운 시정 조치를 시행하는 것을 고려하여야 할 것이다. 기업은 제품안전 동향과 패턴을 식별하기 위한 모든 근본 원인들을 주기적으로 검토하여야 할 것이다. 추가 또는 새로운 시정 조치가 같은 제품 또는 유사한 제품에 시행되어야 할 것인지를 결정하기 위해서도 마찬가지다. 시정 조치에는 다음 사항이 포함된다.

- 재료
- 설계design
- 생산 프로세스
- 제품안전기준
- 포장
- 선적shipping
- 보관storage
- 제품 표시
- 지시instruction

[참고] 제품 리콜 체크리스트[78]

행동/단계(Action / step)	공급자 책임	소매업자 책임
결함 제품이 생산되거나 판매된 모든 시장에서 적용할 수 있는 모든 법률상 · 규제상 및 표준상 리콜 요구사항을 검토하였는가?	O	O
대상 제품의 범위를 결정하였는가?(예컨대 크기, 색, 맛 등)	O	
대상 제품을 고유하게 식별하였는가? 다음에 의해 식별될 수 있다. – 고유 제품 식별(예: UPC 코드) – 고유 제품 식별 및 생산 배치/로트 – 고유 제품 식별 및 일련 번호	O	
대상 소매업자와 소비자를 특정하였는가?	O	
리콜 통지에 다른 제품 리콜이 참고로 필요한지를 결정하였는가? 다른 제품 리콜을 참고하는 것은 현재 리콜에 초래된 일련의 사건들에 대한 가시성을 유지하는 데 필요하다.	O	
대상 제품의 판매 및 더 이상의 유통을 중단하였는가?	O	O
공급망으로부터 또는 직접 소비자로부터 대상 제품을 제거하라는 공급자의 지시에 따르고 있는가?		O
해당 제품 리콜이 최초 리콜 개시 이후 변경되었는가?(예: 추가 대상 제품, 새로운 제품 취급 지시, 미디어 공표의 복사본) 만일 그런 경우 갱신된 통지를 발표하고 새로운 고유 리콜 통지 식별자를 부여하였는가?	O	
최초 리콜 통지에 대하여 취해진 모든 변경의 감사 이력을 유지하고 있는가?	O	O

78 ISO 10393 Annex C Product recall checklist.

제 III 장

효과적인 제품안전 달성 방안

1

경영모델 활용

최고경영자를 포함한 구성원 모두가 안전하고 품질 좋은 제품을 사회에 공급하기 위한 기업의 사명을 인식하고 이를 실행하기 위해서는 방침과 조직 체계를 갖추어야 한다. 그런데 사회의 한 부분에서는 아직까지도 안전을 도외시하는 기업이 존재한다는 현실에 실망을 감출 수가 없다.

우리 회사는 어떠한 가치관을 가진 기업인가?

소비자가 사용하는 다양한 제품이 안전을 확보하고 성능과 품질을 갖추기 위해서는 상품 기획 및 연구 개발 단계부터 폐기에 이르는 전 과정에 걸쳐 해당 기업의 체계적인 노력이 필요하다. 세계적인 히든 챔피언으로 평가받고 있는 독일의 B사의 예를 살펴보자.

기업 발전 전략과 일체화

독일의 대표적인 가정용 기기 업체인 B사는 1919년 설립되어 90여 년 동안 기업명이 곧 혁신적인 제품과 동의어가 되었다. 독일 뮌헨 인근에 본사를 둔 B사는 전 세계 80개 이상의 국가에 제품을 공급하고 있다. 독일 본사와 헝가리의 생산 자회사 그리고 이탈리아, 영국, 프랑스, 미국, 홍콩 현지 법인을 중심으로 한 극동과 남아메리카 시장 등 전 세계로 영역을 확장하고 있다.

오랜 기간 동안 건강, 스포츠 등 라이프스타일 분야에서 높은 수준의 제품을 제공하고 있으며, 혁신적인 디자인과 쉬운 사용 방법으로 웰빙 분야의 대표적인 기업이 되었다. 생산 제품은 안마 쿠션을 비롯하여 발 또는 몸 마사지 기계, 지압 마사지 장치, 보온용 담요, 혈압 및 혈액 포도당 모니터 진단 키트, 혈압계, 심장 박동 모니터, 발열 온도계 등 가정용 의료 제품의 전체 범위를 포함하고 있다. 또한 분무기, 온도계, 유아용품, 가정용 및 요리용 저울, 가습기, 공기 청정기 등의 생활 기기도 있으며, 제품의 다양화를 위하여 화장용 및 육아용 등의 품목을 추가하고 있다. B사는 다양한 제품을 사회에 공급하면서 높은 신뢰를 구축하고 있으며, 이러한 제품은 정부 및 소비자 안전 그룹 등에서 최고의 제품으로 인정받고 있다.

B사는 〈그림 3-1〉과 같이 뛰어난 제품 개발력과 우수한 품질을 바탕으로 제조 중심의 경쟁력을 키워 온 대표적인 기업이다. 독일에서 1900년

대 초기, 패드를 판매하는 사업으로 시작하여 난방 제품을 다양하게 추가하면서 사업을 확장하였다. 1931년에 세계 최초로 온도제어 난방 패드를 소개하고, 1952년에 온도제어에 대한 새로운 기술 특허를 등록한 후 1978년에는 마이크로프로세서 제어 기술, 1986년에는 자동스위치차단 기능 등 혁신적인 기술을 끊임없이 개발하였다. 1987년에는 적외선 램프, 마사지 및 혈액 압력 모니터 등 의료 분야에 더 많은 신제품을 추가하였다. 2012년에는 매니큐어 기기, 초음파 얼굴 치료 기기 등 미용 제품을 추가하였다.

현재 B사의 제품 포트폴리오는 '리빙' · '의료' · '치료' · '미용' · '육아' ·

〈그림 3-1〉 B사의 사업 전략 분석(Ansoff Grid)

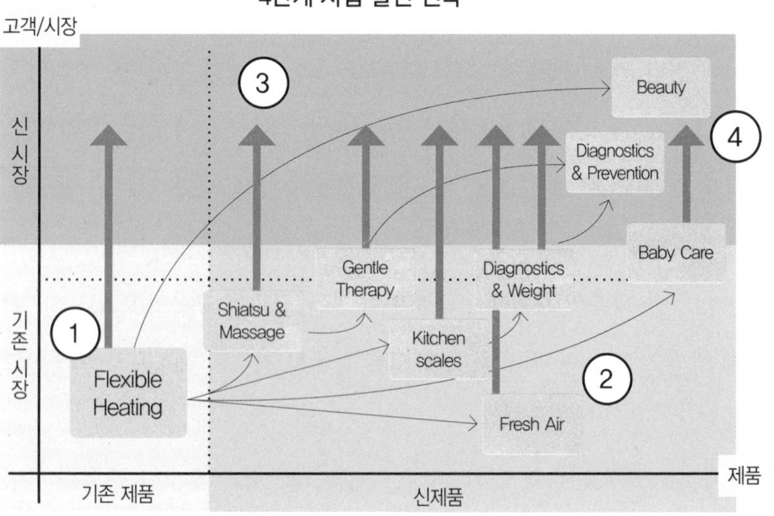

분석: 이황주, 2014

‘스포츠’ 등 6개 부문에 걸쳐 있다. 리빙 분야는 혁신적인 부엌용품, 공기 청정기, 난방 패드, 전기 담요를 포함한다. 의료 분야는 혈압 및 혈액 포도당 모니터 기기를 포함하여 온도계 등으로 구성된다. 치료 제품에는 적외선 및 일광 램프를 사용하는 소형 휴대용 마사지기를 포함하여 일상 생활에서 사용하는 지압 시트 커버와 베개 등을 포함한다. 미용 제품에는 매니큐어와 페디큐어 세트, 얼굴 세척제, 초음파 장치, 면도기, 화장품 거울 등 개인 몸단장에 필요한 다양한 제품을 제공한다. 육아 제품에는 아기 모니터 기기, 멸균기, 아기 식품 보온기, 저울 및 온도계 등 유아의 영양, 건강 및 위생 안전에 관한 제품을 공급한다. 스포츠 제품은 심장 박동 모니터와 맥박 시계, 스마트폰 기반 심장 박동 모니터와 같은 제품을 포함하고 있다.

B사는 제품별로 필요한 각종 안전 인증을 취득한 것은 물론, 소비자단체 등 많은 기관에서 품질 및 디자인의 우수성을 바탕으로 다수의 상을 받았다. 독일소비자협회 테스트에서 디자인이 우수한 제품에 수여하는 ‘레드닷 디자인 어워드’를 받았다. 또 독일약사협회에서 ‘올해의 혈압 모니터기’로 3년 연속(2011, 2012, 2013) 선정되었으며, 부엌 기기는 환경 친화성에 대하여 ‘엥겔’상을 받았다. 특히 안전이 중요시되는 난방 제품은 모두 안전 시스템을 장착하고 있으며, 전자 온도 제어 기능을 부착하고 보증 기간을 연장하여 신뢰도를 강조하고 있다.

다른 회사 제품과의 비교 평가에 의하면 B사는 전체 평가 항목에서 매우 안정적인 품질 수준을 보이고 있으며, 특히 소비 전력이 낮아 경제적이고 소음이 적어 쾌적한 사용이 가능한 것으로 평가되었다. 성능 이외에도 편의성 등 소비자의 감성 품질 측면에서도 고객의 평가가 매우 만족스럽게 나타났다.

품질, 가격, 시장 지도 분석

기업 전략과 품질의 관계를 〈그림 3-2〉와 같이 분석해 보자. 왼쪽의 C 기업은 경쟁 기업보다 낮은 가격에 제품을 만들 수 있는 원가 우위의 역량을 바탕으로 경쟁 우위를 확보하기 위한 노력을 기울이게 된다. 그러나 유감스럽게도 대부분의 한국 기업은 이미 인건비 상승 등의 요인으로 더 이상 세계 시장에서 원가 우위를 차지하기 어려운 상황에 처해 있는 것이 현실이다. 그렇다면 앞으로 한국 기업이 생존을 위하여 추구하여야 할 방향은 어느 곳인가?

많은 학자들은 위에서 소개한 독일의 B사와 같이 시장 내에서 확고한 지위를 갖는 기업이 한국 기업이 추구해야 하는 모습이라고 설명하고 있다. 안전과 품질을 바탕으로 경쟁자와 차별화된 제품을 사회에 제공하는 기업이 점차 축적된 신뢰를 바탕으로 〈그림 3-2〉의 A, B와 같은 기업으로 발전할 수 있을 것이다. 비가격, 즉 품질 경쟁에서 앞서는 우수한 기업은 스스로 외친다고 하여 달성되는 것이 아니라 사회와 고객이 인정해야 달성된다. 이를 위하여 기업은 경영 활동을 어떻게 추진해야 할 것인가?

〈그림 3-2〉 가격 · 품질로 분석한 시장 지도(이황주)[79]

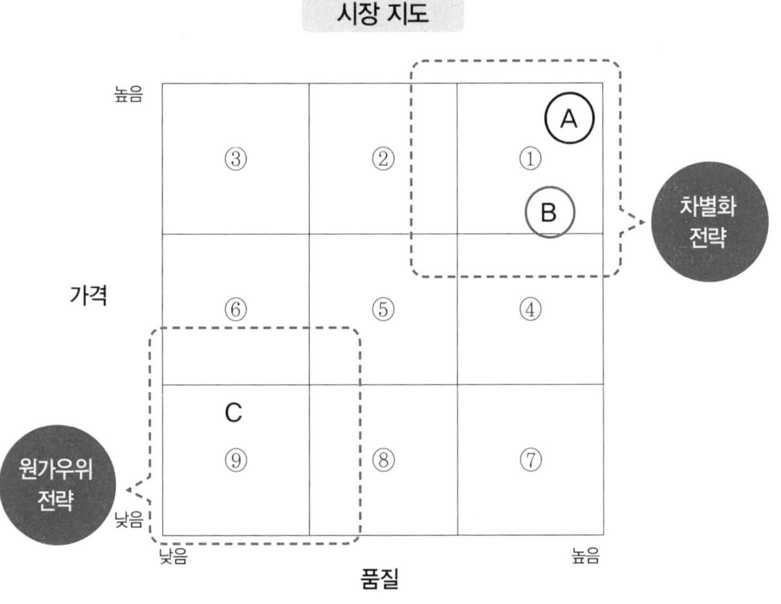

경영 체제의 확립과 TQM

경영 체제의 확립에 가장 많이 활용되는 방식은 TQM[Total Quality Management 전사적 품질경영]이다. TQM은 지엽적인 제도나 기법에만 매달려서는 진정한 효과를 얻기 어렵다. 품질 위주의 기업 문화를 창조하고 조직

---

79 David A. Garvin 교수의 가격 · 품질 분석과 Michael E. Porter 교수의 본원적 전략의 개념을 통합하여 도표화한 것임.

구성원의 의식을 개혁해야만 궁극적으로 기업의 국제 경쟁력을 높일 수 있다는 경영 기법이다. TQM의 핵심 개념 중 가장 중요한 것은 PDCA라고 하는 관리 사이클로 이는 품질경영의 기본 사고방식이다. 관리 활동이란 일반적으로 관리 사이클인 P-D-C-A를 반복 실시함으로써 보다 나은 수준으로 발전하는 것이다.

Plan(계획) 목표 수립과 달성을 위하여 계획 수립 및 기준을 설정한다.

Do(실시) 설정된 계획을 실행한다.

Check(확인) 실시한 결과를 측정하여 계획과 비교 검토한다.

Act(조치) 확인한 결과에 따라 조치를 취한다.

〈그림 3-3〉 지속적 품질 개선과 PDCA

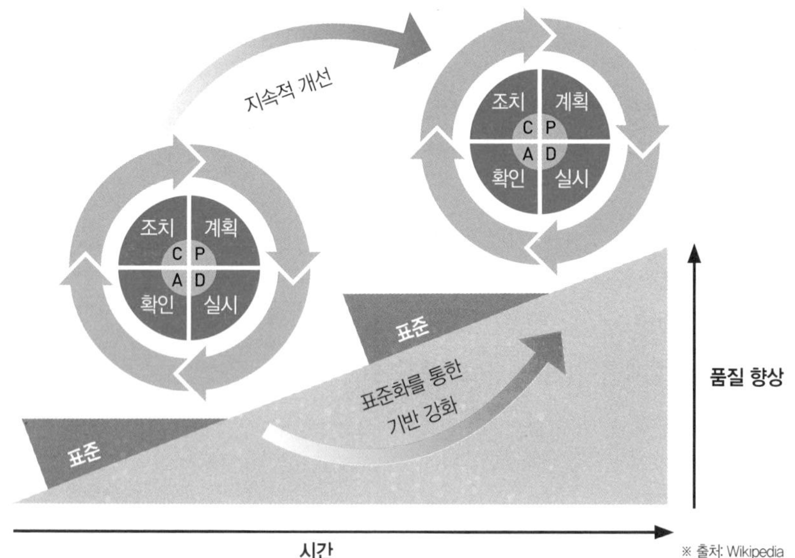

※ 출처: Wikipedia

지속적 품질 개선을 위해서는 PDCA를 〈그림 3-3〉과 같이 지속적으로 발전하는 기본 개념으로 이해하여야 한다.

GEM의 활용[80]

1987년부터 전 세계적으로 GEM Global Excellence Model, 초우량 경영 모델의 대표적인 모형인 미국의 말콤 볼드리지 국가품질상 Malcolm Baldrige National Quality Award: MBNQA 모델이 전 세계에 전파되어 널리 활용되고 있다.

말콤 볼드리지 모델은 〈그림 3-4〉와 같이 7개의 범주로 구성된 경영시스템이다. 리더십, 전략, 고객, 측정 분석 및 지식 경영, 인재(직원), 운영, 성과 범주로 이루어진다. 조직은 핵심 가치와 개념을 바탕으로 조직의 개요 profile에서 정리된 조직의 전략적 상황 속에서 효과적인 경영 활동을 통하여 지속 가능한 조직으로 발전하게 된다.

7개 범주는 리더십의 3요소와 성과의 3요소, 그리고 이를 지원하는 지식 정보 관리 활동으로 나눌 수 있다. 리더십 3요소는 리더십 · 전략 · 고객이 이에 속하며, 조직이 나아갈 방향을 정하고, 인재와 운영 활동을 통하여 성과를 낳게 된다.

80 GEM에 대한 설명은 필자가 한국표준협회에서 발간한 국가품질상 가이드북(2017) 참조. 말콤 볼드리지상 설명은 미국 NIST의 홈페이지 참조(www.nist.gov).

〈그림 3-4〉 7개 범주의 구분과 핵심 가치

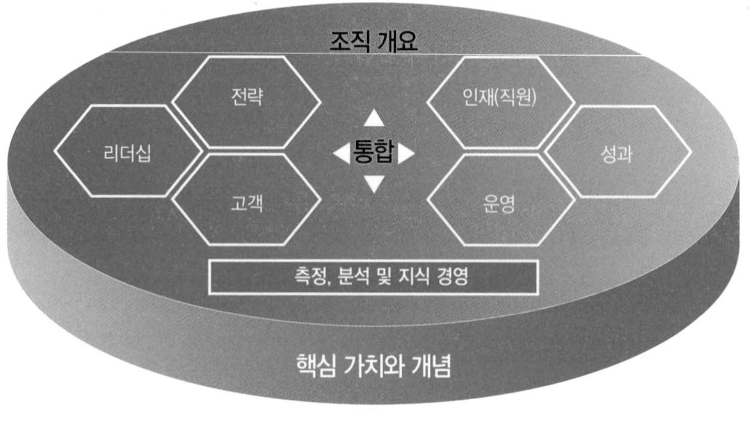

제품안전은 품질경영 체제와 일체화되어 추진되어야 하며, 품질경영 활동은 GEM을 활용하여 전사적인 체계를 갖추는 것이 매우 중요하다. 제품안전의 체계를 구축하고자 하는 기업은 전체 조직의 체계화를 위하여 초기부터 GEM을 고려한 추진 체계를 갖출 것을 권장한다. 이를 위해 핵심 가치와 개념을 조직 내부에 체화하는 근본적인 노력이 필요하다.

1) 핵심 가치와 개념의 중요성

지속 가능한 조직은 성과만으로 평가되는 것은 아니며, 지속적인 개선 활동과 경영 혁신을 바탕으로 꾸준히 발전하여야 한다. 지속적 활동의 바탕이 되는 핵심 가치와 개념은 다음과 같다.

- 시스템 관점 Systems perspective
- 비전을 가진 리더십 Visionary leadership

- 고객 중시의 우수성Customer–focused excellence
- 가치를 추구하는 인재Valuing people
- 조직 학습 및 민첩성Organizational learning and agility
- 성공에 집중Focus on success
- 혁신을 위한 관리Managing for innovation
- 사실에 의한 관리Management by fact
- 사회적 책임Societal responsibility
- 윤리와 투명성Ethics and transparency
- 가치와 성과 창출Delivering value and results

1.1) 시스템 관점

시스템 관점은 조직의 모든 구성 요소를 통합적으로 관리하고, 지속적인 성장 및 경영의 우수성을 달성하기 위하여 전체 조직 상호 간에 시스템적인 경영 활동이 있어야 한다. 이는 조직이 전략적으로 통합Integrity되고 정렬Alignment되어야 한다는 것을 의미한다. 이러한 개념 하에 시장을 선도하고 변화를 이끌어 가는 경영층의 리더십과 전략의 방향이 결정된다. 또한 그에 따라 상황 변화에 대응하는 조직의 체계적인 개선과 혁신 활동이 가능하게 된다.

모든 경영 활동은 일시적인 대응책이 아니라 조직의 역량을 지속적으로 발전시킬 수 있는 시각이 필요하다. 이를 위해서는 프로세스의 지속적인 개선과 혁신을 통하여 역량을 조직 내에 축적하고 발전시킬 수 있도록 업무를 체계적으로 이해하고 PDCA를 모든 업무에 활용하는 것이 필수적이다.

1.2) 비전을 가진 리더십

경영층은 조직이 지향하는 방향을 제시하여 구성원을 효과적으로 이끌어 가야 한다. 리더는 조직의 사명과 비전을 정립하고 그를 실현하기 위한 장단기 전략을 수립하는 과정에서 구성원, 나아가 다양한 이해관계자를 미래 지향적으로 이끌어 갈 수 있는 역량을 갖추어야 한다. 비전은 단순한 조직의 사업 목표만이 아니라 조직의 사명과 사회적 가치, 구성원 삶의 가치를 포함하는 넓은 의미의 가치관으로 이해하여야 한다.

1.3) 고객 중시의 우수성

조직의 성과는 고객의 선택 여하에 따라 달성 여부가 결정된다. 그러므로 조직의 모든 활동은 기본적으로 시장과 고객에게 초점을 맞추어 이루어져야 한다. 시장과 고객을 이해하고, 고객의 요구를 소중히 들으며, 고객과의 관계를 충실히 하고, 고객불만에 정성을 다하여 대응하는 자세를 갖추어야 우수한 조직의 기반을 마련할 수 있다. 나아가 고객 중시의 우수성은 조직의 전략적인 활동 기반이 되는 것으로 이해하여야 한다. 그것은 고객의 발굴, 유지, 고객의 소리 관리, 지속적인 관계 형성, 강력한 브랜드 인지도 확보, 시장 점유율 증가 및 성장 등을 포괄하는 개념이다.

1.4) 가치를 추구하는 인재

성공적인 조직은 구성원, 주주, 고객, 지역 사회 등 다양한 이해관계자를 포괄하는 가치를 추구한다. 조직의 성공은 우수한 인재들이 명확한 조직의 지향점을 향해 미래지향적인 일을 수행하고, 꾸준히 성장하며, 성과에 대한 책임 있는 활동을 함으로써 달성된다. 이를 위하여 경영자의 솔선수범과 동기 부여, 인정과 보상, 지식의 공유, 도전 의식, 성과 평가 방법 개선 등이 실천되어야 한다. 또한 구성원의 학습은 미래에 조직의 핵심 역량에 대한 준비이므로 OJT[On the Job Training] 등 다양한 방법으로 조직에서 필요한 역량을 향상시키기 위한 노력을 기울여야 한다. 내부 구성원뿐 아니라 외부의 파트너 등도 조직의 성공을 가져오는 중요한 인재로 파악하여야 한다.

1.5) 조직 학습 및 민첩성

급변하는 글로벌 경쟁 환경 속에서 조직은 보다 새로운 제품 및 서비스, 그리고 사회적 기여를 제공하도록 요구받고 있다. 조직은 지속적인 학습을 통해 운영 활동을 유연하게 할 수 있는 민첩성을 갖추어야 한다. 조직이 직면하는 다양한 경영상의 리스크가 급박하게 다가올 수 있으므로 그에 대응하여 경영 활동도 신속하게 변화할 수 있어야 한다. 새로운 시스템 구축이나 업무 프로세스 간소화나 변화를 위하여 조직 구성원의 학습과 교류는 필수적이다.

1.6) 성공에 집중

조직의 성공을 위해서는 현재와 미래에 조직과 시장에 영향을 주는 단기 및 중장기 요인에 대한 이해가 필요하다. 또 지속적인 성공을 위해서는 이해관계자의 단기적 요구와 장기적 성공을 위한 투자를 균형 있게 조정하여야 한다. 지속적인 성장을 위한 효과적인 리더십을 발휘하려면 고객, 구성원, 공급자, 사업 파트너, 주주, 사회 등 주요 이해관계자와 미래 지향적인 유대 관계를 형성하여야 한다.

1.7) 혁신을 위한 관리

혁신이란 이해관계자에게 새로운 가치를 창출하기 위하여 제품, 서비스, 프로세스, 운영 활동, 비즈니스 모델의 개선을 위한 의미 있는 변화를 만드는 것이다. 혁신은 조직의 성과를 새로운 차원으로 발전시키고, 전략적 기회와 리스크에 대한 이해를 필요로 한다. 혁신은 지속적인 개선과 서로 다른 것이지만 상호 보완적인 것이다. 성공적인 조직은 성과 향상을 위하여 두 가지 방법을 모두 사용한다.

혁신은 연구 개발 부서의 전유물이 아니며 모든 부서, 운영 활동의 모든 시스템과 프로세스에서 이루어져야 한다. 또한 일상적인 업무 속에서 항상 이루어져야 하고, 성과 향상 시스템의 지원을 받아야 한다. 혁신은 다른 산업이나 경쟁자의 활동 사례를 참고하거나 조직 내의 서로 다른 업무에 종사하는 사람들의 협동 활동을 통하여 발전한다. 따라서 정보와 축적된 지식을 빠르게 공유하고 활용하는 능력은 조직의 혁신을 위하여 매우 중요하다.

1.8) 사실에 의한 관리

사실에 의한 관리는 조직과 경쟁 환경에 대한 성과 측정과 분석에 필수적이다. 핵심 프로세스, 다양한 형태의 파악되는 성과, 경쟁자, 산업 동향은 반드시 측정되고 분석되어야 한다. 조직은 성과를 관리하기 위하여 사내외에서 다양한 경로와 형태로 입수된 많은 데이터와 정보를 필요로 한다. 조직은 많은 종류의 데이터와 정보를 효과적으로 그들의 성과 관리에 활용하여야 한다. 측정 대상과 지표의 선택은 고객, 운영 활동, 재무 및 사회적 성과를 향상시키는 요인을 가장 잘 나타내야 한다. 잘 선정된 측정 대상과 지표는 조직이 목표를 달성할 수 있도록 효과적으로 정렬된 활동을 수행하는데 중요한 지침을 제공한다.

1.9) 사회적 책임

경영층은 사회적 책임과 복지에 책임을 가져야 하며, 조직의 전반적인 운영 활동과 제품의 라이프사이클의 전 과정에서 조직 구성원과 사회의 보건과 안전, 그리고 환경을 위한 활동에 앞장서야 한다.

조직은 모든 법률 및 사회적 요구사항을 충족하고, 사회를 위하여 경제 · 환경 · 사회적인 모든 측면에서 보다 높은 수준에서 이를 준수하여야 한다. 여기에는 소속된 사회에서 교육을 증진시키고, 건강과 기타 서비스를 제공하며, 환경과 자원을 보호하고, 사회에 공헌하는 활동이 포함되어야 한다. 이를 위하여 경영층이 앞장서야 하며 그 성과를 확인하여야 한다.

1.10) 윤리와 투명성

조직은 모든 이해관계자와의 거래 및 관계에서 윤리적인 행동을 강조하여야 한다. 이사회 등은 조직의 높은 윤리적 행위를 요구하고, 그를 모니터링하며, 경영층은 구성원을 이끌 수 있도록 윤리적인 행동에 앞장서야 한다. 윤리 규범은 조직 문화와 가치의 기본이며, 조직을 올바른 방향으로 이끌어 가는 기본이 된다.

투명성은 경영층의 솔직하고 개방적인 커뮤니케이션에 의해 이루어지며 명백하고 정확한 정보 공유를 바탕으로 한다. 투명성은 다양한 활동의 바탕이 되는 것으로 구성원의 헌신을 이끌어 내고, 고객 및 다양한 이해관계자 관계의 기반이 된다.

1.11) 가치와 성과 창출

핵심 이해관계자에게 균형 있는 가치를 제공함으로써 경제 발전과 사회에 공헌하게 된다. 이해관계가 서로 어긋나더라도 지속적인 대화를 통하여 이를 전략에 반영하여야 한다. 조직의 핵심 성과에 대한 척도는 고객, 구성원, 주주, 공급자, 사업 파트너, 사회 등 핵심 이해관계자의 가치를 균형 있게 반영하여야 한다. 또 재무 성과뿐 아니라 제품과 프로세스 성과, 고객과 구성원의 만족 및 헌신의 성과, 리더십과 전략 및 사회적 성과를 포함하여야 한다.

2) GEM의 평가 방법

GEM 모형은 경영시스템과 경영 성과를 함께 평가하는 독특한 평가 개념을 적용하고 있으며, 그 효과가 널리 인정되어 세계적인 평가 모델로 활용되고 있다. 자가 진단의 편의성과 평가의 객관성을 위하여 응용된 평가표를 활용한다. 시스템 평가의 개념은 PDCA를 시스템과 프로세스에 적용한 것으로 ADLI를 기본으로 한다(〈표 3-1〉 참조). 또한 경영 성과 평가 개념은 LeTCI를 사용한다(〈표 3-2〉 참조). 앞서 소개한 GEM 모형은 초우량 기업이 경영 활동을 체계화하기 위하여 활용하는 세계적인 모델이다. 제품안전경영활동에도 이러한 사고를 바탕으로 경영시스템을 구축하는 것이 반드시 필요하다.

〈표 3-1〉 시스템(Ⅰ~Ⅳ 범주) 평가의 개념: ADLI

• **A**(Approach: 접근 방식)	조직이 일을 수행하는 방식, 즉 시스템과 프로세스를 말하며 그것이 효과적인지를 평가한다.
• **D**(Deployment: 전개)	시스템과 프로세스가 조직 내에 얼마나 폭넓게 활용되는지를 평가한다.
• **L**(Learning: 학습/성장)	시스템과 프로세스가 어떻게 평가되고, 발전되고, 공유되고, 새로운 혁신을 이끌어 내는지 평가한다.
• **I**(Integration: 통합)	시스템과 프로세스가 전략적으로 정렬되고 측정 및 개선 활동이 전사 목표를 달성하기 위하여 다른 시스템이나 업무와 조화를 이루는지를 평가한다.

〈표 3-2〉 경영 성과(Ⅶ 범주) 평가의 개념: LeTCI

• **Le**(Level: 수준)	전체 산업과 비교하여 시스템과 업무의 성과는 어느 수준인지 평가한다.
• **T**(Trend: 경향)	성과가 지속적으로 개선되고 있는지 평가한다.
• **C**(Comparison: 비교)	경쟁자, 산업 선도자 기타 비교 대상 조직과 비교하여 평가한다.
• **I**(Integration: 통합)	경영 성과가 조직이나 이해관계자의 주요한 기대와 요구를 충족하는지 확인하고 주요 의사결정에 활용하는지 평가한다.

2

리스크 관리

제품안전경영을 통하여 안전한 제품을 만드는 과정에서 가장 중요한 것은 모든 프로세스에서 리스크를 효과적으로 관리하는 것이다. 이를 위하여 대부분의 국가에서는 리스크 관리 표준이나 규범을 만들어 사용하고 있다.

리스크 관리는 제품안전 분야만이 아니라 모든 조직의 운영 전반에 걸쳐 중요한 기능을 수행하고 있다. 이러한 상황에서 국제표준화기구ISO는 2009년에 산업계를 비롯하여 모든 조직에서 사용할 수 있는 리스크 관리 표준인 ISO 31000을 제정하였다[81].

81 ISO 31000: 2009 Risk management – Principles and guidelines.

이 표준은 리스크 관리의 원칙과 기본적인 가이드라인을 규정하고 있는데, 특정 산업 또는 특정 분야에 한정되는 것은 아니다. 조직의 생존 기간 동안 전략, 의사결정, 운용, 프로세스, 프로젝트, 제품, 서비스 및 자산 등을 포함하여 광범위한 활동에 적용할 수 있는 국제표준이다.

ISO 31000의 개발 목적은 리스크 관리 프로세스의 개념을 명확하게 하고, 리스크를 관리하고 대처하기 위하여 실질적인 지침을 조직에 제공하는 것이다. 사회적 안정을 향상시켜 사회에 대한 불필요한 부담 저감, 이해관계자의 신뢰 제고, 조직 통치력 개선 및 조직과 이해관계자 간의 의사소통과 협의를 의한 도구 제공을 그 목적으로 하고 있다.

조직은 ISO 31000을 시행함으로써 다음과 같은 효과를 기대할 수 있다[82].

- 목표 달성 가능성 증가
- 사전 관리 촉진
- 조직을 통하여 리스크를 특정하고 대처하여야 할 필요성 인식
- 기회와 위기의 식별 개선
- 관련 법규상 요구사항과 국제 규범 준수
- 의무적 보고 및 자발적 보고 개선
- 통제[governance] 개선
- 이해관계자 신뢰 및 신용 향상
- 의사결정 및 기획을 위한 신뢰할 수 있는 토대 마련

82 ISO 31000 Risk management-Pronciples and guidelines, ppv, vi.

- 관리control 개선
- 리스크 대응을 위한 자원의 효과적 배분 및 사용
- 운용 효과성 및 효율성 제고
- 환경 보호뿐 아니라 보건 및 안전 성능 향상
- 손실 예방 및 사고 관리 개선
- 손실 최소화
- 조직 학습 향상
- 조직 회복력resilience 향상

리스크 관리는 리스크를 효과적으로 관리하기 위한 구조, 즉 원칙principles과 틀framework 및 프로세스를 말한다. ISO 31000을 중심으로 리스크 관리에 대한 원칙과 절차 등을 살펴보기로 한다.

리스크 관리(원칙, 틀, 프로세스)

리스크 관리risk management란 리스크에 대하여 조직을 총괄하고 통제하기 위한 조정된 활동을 말한다[83]. 리스크란 이미 살펴본 바와 같이 위험원

83 ISO 31000 Risk management-Proncipless and guidelines 2.2 coordinated activities to direct and control an organization with regard to risk (2.1).

과 관련된 사건의 발생 가능성probability, 발생 빈도과 위해harm의 심각성위해의 크기, severity이 결합된 개념이다.

ISO 31000은 리스크를 '목적에 대한 불확실성의 영향'으로 정의하고 있다. 여기에서 영향effect이란 '긍정적이든 부정적이든 기대에서 벗어남'을 의미한다. 불확정성uncertainty이란 '사건 및 그 결과 또는 가능성에 관한 정보와 이해 또는 지식이 심지어 부분적이고 결핍된 상태'라고 설명하고 있다. ISO 31000은 리스크 관리의 구조를 〈그림 3-5〉와 같이 제시하고 있다.

〈그림 3-5〉 리스크 관리의 구조(architecture)

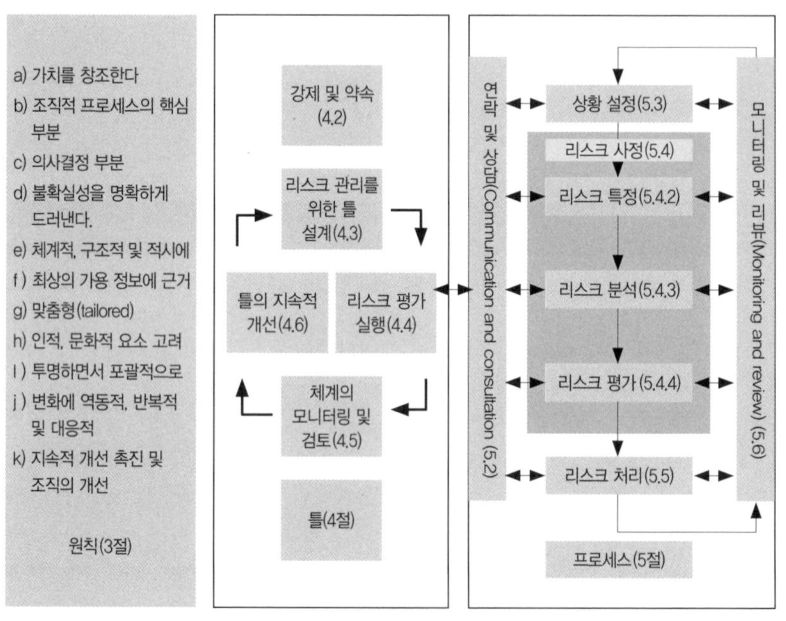

리스크 관리의 원칙[84]

리스크 관리를 효과적으로 수행하기 위하여 조직은 모든 계층level에서 다음의 원칙을 준수하는 것이 바람직하다.

– 리스크 관리는 가치를 창출하고 보호한다.

리스크 관리는 사람의 건강과 안전, 보안, 법률 및 규제의 준수, 사회적 수용, 환경 보호, 제품 품질, 통치, 평판 등 목적의 명확한 달성 및 성능 개선에 기여한다.

– 리스크 관리는 모든 조직 프로세스의 필수불가결한 부분이다.

리스크 관리는 조직의 주요 활동 및 프로세스에서 분리된 단독 활동이 아니다. 리스크 관리는 관리 책임의 부분이며, 전략 기획 및 모든 프로젝트와 변화 관리 프로세스를 포함한 조직의 모든 프로세스의 필수 부분이다.

– 리스크 관리는 의사결정의 부분이다.

리스크 관리는 의사결정자가 현명한 판단을 하는 데, 행동의 우선순위를 정하는 데, 그리고 대안적 행동 과정을 구별하는 데 도움을 준다.

– 리스크 관리는 불확실성을 명확하게 다룬다.

리스크 관리는 불확실성의 원인, 불확실성의 성질 및 어떻게 대처할 수 있는지를 명확하게 한다.

– 리스크 관리는 체계적이고, 구조적이며, 시의적timely이다.

---

84 ISO 31000 Risk management-Proncíples and guidelines 3 Principles.

리스크 관리의 체계적 · 시의적 · 구조적 접근은 효율성 및 일관되고 비교 가능하며 신뢰할 수 있는 결과에 기여한다.

– 리스크 관리는 최상의 이용 가능한 정보에 근거한 것이다.

리스크를 관리하는 프로세스의 입력input은 역사적 데이터, 경험, 이해관계자 피드백, 관측, 예보 및 전문가 판단과 같은 정보 자원에 기초하고 있다. 그러나 의사결정자는 이용하는 데이터 또는 모델링의 모든 한계 및 전문가 사이의 견해 차이 가능성에 대하여 스스로 인식하고 그러한 것들을 고려하여야 할 것이다.

– 리스크 관리는 조직에 맞게 만들어진다.

리스크 관리는 조직의 외부 및 내부의 상황과 리스크 특징profile에 맞추어진다.

– 리스크 관리는 인간과 문화 요소를 고려한다.

리스크 관리는 조직의 목적 달성을 촉진 또는 방해하는 외부 및 내부 사람들의 능력, 인지 및 의도를 인식한다.

– 리스크 관리는 투명하고 포괄적이다.

이해관계자 및 특히 조직의 모든 계층에서 의사결정자의 시의적절한 포함은 리스크 관리가 현황에 입각하여 최신의 것으로 유지되는 것을 보장한다. 또한 그들의 포함은 이해관계자의 입장을 적절하게 반영하고 리스크 기준을 결정하는 경우에 이해관계자의 견해를 배려할 수 있게 한다.

– 리스크 관리는 동적 · 반복적이고 변화에 대응한다.

리스크 관리는 지속적으로 변화를 감지하고 대응한다. 외부 및 내부의 사건이 발생함에 따라 상황과 지식이 변화하고, 발생하는 리스크를 모니터링하고 검토하며, 새로운 리스크가 출현하고, 일부는 변화하고 다른 것은 사라진다.

– 리스크 관리는 조직의 지속적인 개선을 촉진한다.

조직은 그들 조직의 모든 다른 측면을 따라 리스크 관리의 성숙도를 개선하기 위하여 전략을 개발하고 실시하여야 할 것이다.

리스크 관리를 위한 틀[85]

리스크 관리의 성공은 리스크 관리를 조직 전체의 모든 계층에 정착시키기 위한 토대 및 약정을 제공하는 관리 틀의 유효성에 달려 있다. 이 틀은 조직의 다양한 계층 및 특수 상황 내에서 리스크 관리 프로세스를 적용하여 리스크를 효과적으로 관리하는 데 도움을 준다. 또한 리스크 관리 프로세스에서 도출되는 리스크에 관한 정보가 관련 모든 조직 계층에서 적절히 보고되고 의사결정 및 책임의 기초로 사용되는 것을 보장한다.

리스크를 관리하기 위한 틀의 필요 구성 요소는 〈그림 3-6〉과 같다. 이 틀은 경영시스템을 기술記述하기 위한 것은 아니지만 조직이 리스크 관리를 경영시스템 전반에 결합시키는 데 도움을 준다. 따라서 조직은 그들의 구체적인 요구에 틀의 구성 요소를 채택하여야 할 것이다.

조직의 기존 관리 관행과 프로세스가 리스크 관리를 포함하고 있는 경

85 ISO 31000 Risk management-ProncipIes and guidelines 4 Framework.

〈그림 3-6〉 리스크 관리를 위한 틀의 구성 요소

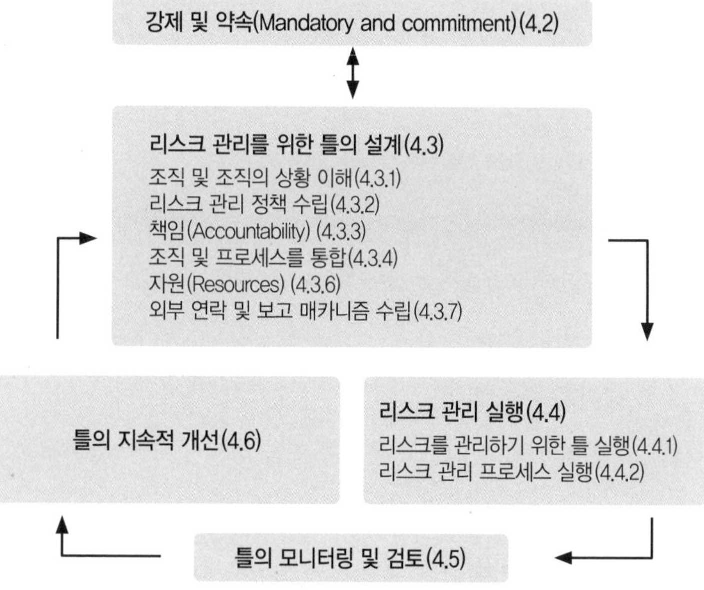

우 조직이 이미 특별한 형식의 리스크, 또는 상황에 대한 공식적인 리스크 관리 프로세스를 채택하고 있는 경우에는 주된 속성을 특별히 검토하여야 할 것이다. 주된 속성이란 지속적 개선, 리스크에 대한 전적인 책임, 모든 의사결정에 리스크 관리 적용, 지속적 연락, 조직 통제 구조에 완전한 결합 등 ISO 31000 부록 A에 제시되어 있는 것을 포함한다.

리스크 관리 프로세스[86]

리스크 관리 프로세스는 경영의 필수불가결한 부분이어야 하고, 조직의 문화 및 실무 속에 편입되어 있어야 하며, 조직의 사업 프로세스에 맞추어져 있어야 할 것이다. ISO 31000은 리스크 관리 프로세스를 〈그림 3-7〉과 같이 제시하고 있다.

외부 및 내부의 이해관계자와의 연락 및 상담communication and consultation 은 리스크관리 프로세스의 모든 단계에서 이루어져야 한다. 따라서 연락 및 상담 계획은 초기 단계에서 개발하여야 할 것이다. 계획은 리스크 자체, 그 원인알고 있는 경우, 그 결과 및 리스크에 대응하기 위하여 선택할 대책에 관한 사항을 다루어야 한다. 리스크 관리 프로세스 실행에 책임이 있는 사람 및 이해관계자가 의사결정의 근거 및 특정 조치가 필요한 이유를 확

〈그림 3-7〉 리스크 관리 프로세스

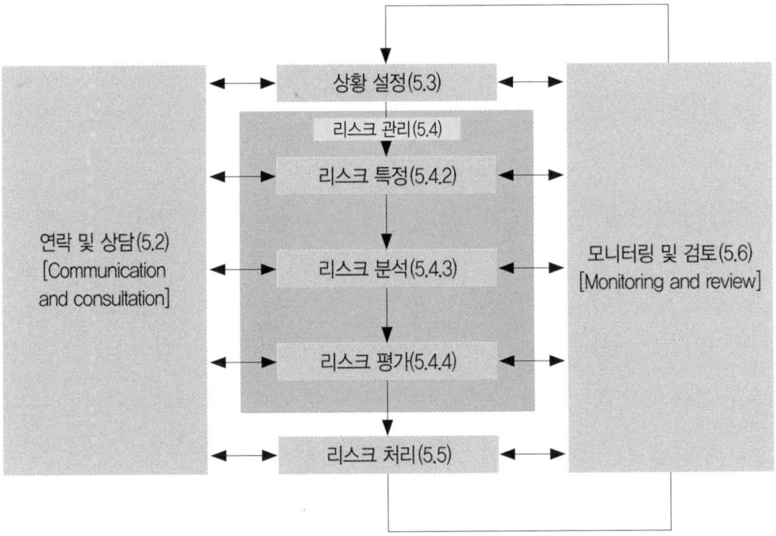

86 ISO 31000 Risk management-Proncipples and guidelines 5 Process.

실히 이해할 수 있도록 하기 위하여 효과적인 외부 및 내부의 연락과 상담을 실시하여야 할 것이다.

상담팀 대응은 다음 사항을 포함하는 것이 좋다.

- 조직의 상황을 적절히 지원한다.
- 이해관계자의 관심을 이해하고 고려하는 것을 보장한다.
- 리스크를 적절히 특정하는 것을 보장하도록 지원한다.
- 리스크 분석을 위하여 다른 분야의 전문가를 초빙한다.
- 리스크 기준을 정하고 리스크를 평가하는 경우에는 다른 견해에 대하여 적절히 고려하도록 보장한다.
- 대응 계획에 대한 지지와 지원을 확보한다.
- 리스크 관리 프로세스 실행 중에 적절한 변경 관리를 강화한다.
- 적절한 외부 및 내부의 연락과 협의 계획을 책정한다.

이해관계자는 리스크에 대한 자신들의 인지perception에 근거하여 리스크에 관한 판단을 하기 때문에 이해관계자와의 연락 및 협의는 중요하다. 그러한 인지는 이해관계자의 가치관, 필요, 전제, 개념 및 관심사의 차이에 따라 다를 수 있다. 이해관계자의 견해는 의사결정에 뚜렷한 영향을 주기 때문에 이해관계자의 인지를 명확하게 특정해서 기록하고, 의사결정 프로세스 중에 고려해 두어야 할 것이다. 연락 및 상담에서는 기밀 유지 및 개인의 성실성 측면을 고려하여 성의 있고 현황에 맞는 정확하고 이해할 수 있는 정보의 교환을 촉진하여야 할 것이다.

조직 상황을 확정함establishing context으로써 조직은 목적을 명확히 표현하고, 리스크를 관리하는 데 고려하여야 할 외부 및 내부 요인을 규정하고, 이후 프로세스에 관한 적용 범위와 리스크 기준을 설정한다. 이러한 요인에는 리스크 관리 틀의 설계에서 검토한 요인과 유사한 것도 많다. 그렇지만 리스크 관리 프로세스에 대하여 조직 상황을 확정하는 경우에는 요인을 더욱 상세하게 고려할 필요가 있다. 특히 어떤 특성의 리스크 관리 프로세스의 적용 범위와 어떻게 관계되는지에 대해 고려할 필요가 있다.

조직의 상황은 크게 외부 상황과 내부 상황으로 구분할 수 있다. 외부 상황이란 조직이 목적을 달성하기 위하여 추구하는 외부 환경을 말한다. 리스크 기준을 개발할 때 목적과 외부 이해관계자의 관심사를 확실하게 고려하기 위해서는 이 외부 상황을 이해하는 것이 중요하다. 외부 상황은 조직 전반의 상황에 기초한 것이지만 법률 및 규제상의 특별한 요구사항, 이해관계자의 인지, 리스크 관리 프로세스의 적용 범위에 특별한 다른 리스크 측면에서 특유한 세부 사정을 포함하는 것이다.

반면, 내부 상황이란 조직이 목적을 달성하기 위하여 추구하는 내부 환경을 말한다. 리스크 관리 프로세스는 조직의 문화, 프로세스, 구조 및 전략에 맞추어져야 할 것이다. 내부 상황은 조직이 리스크를 관리하는 방법에 영향을 줄 수 있는 조직 내에 있는 모든 것이다. 따라서 내부 상황을 이해하는 것이 필요하다.

이러한 조직의 외부 및 내부 상황을 확정함으로써 리스크 관리 프로세스의 상황을 확정할 수 있다. 조직의 목적 · 전략 · 활동 범위 및 요인들 또는 리스크 관리 프로세스가 적용될 때 조직의 그러한 부분들이 확정되어야 할 것이다. 리스크의 관리 프로세스는 리스크 관리를 수행하는 데 사용된 자원을 정당화하기 위한 필요성을 충분히 고려하여야 할 것이다. 필요한 자원, 책임과 권한, 그리고 기록 유지 역시 규정해야 할 것이다.

조직 상황을 확정한 다음에는 리스크의 중대성significance을 평가하기 위하여 리스크 기준risk criteria을 결정해야 할 것이다. 그 기준은 조직의 가치, 목적 및 자원을 반영하여야 할 것이다. 일부 기준은 법률 및 규제상 요구사항과 조직이 신청하는 다른 요구사항에 의해서 부과되거나 도출되는 것이 있다. 리스크 기준은 조직의 리스크 관리 정책에 따라야 하고, 모든 리스크 관리 프로세스의 처음 단계에서 결정되어야 하며, 지속적으로 검토되어야 한다. 리스크 기준을 결정할 때 고려하여야 할 요소는 다음과 같다.

- 원인, 발생할 수 있는 결과의 성질 및 종류, 그리고 측정 방법
- 발생 가능성을 어떻게 규정할 것인가
- 발생 가능성 또는 결과를 고려하는 시간틀timeframe
- 리스크 수준level을 어떻게 규정할 것인가
- 이해관계자의 견해
- 수용(허용) 가능한 리스크의 수준
- 복수의 리스크 조합을 고려하여야 할 경우와 그런 경우에는 어떤 조합을 어떻게 고려할 것인가

리스크 평가

리스크 평가risk assessment는 〈그림 3-7〉과 같이 리스크 특정identification, 리스크 분석analysis, 리스크 평가evaluation의 전체 프로세스를 말한다[87].

리스크 특정

조직은 리스크의 근원sources, 영향을 받는 영역, 주변 상황의 변화를 포함한 사건 및 이런 것들의 원인과 잠재적 결과를 특정하여야 할 것이다. 리스크 특정의 목적은 조직의 목적 실현, 촉진, 방해, 저해, 가속 또는 지연하는 경우가 있는 사건에 기초해서 리스크의 포괄적인 일람을 작성하는데 있다. 어떤 기회를 추구하지 않는 것에 따른 리스크를 특정하는 것이 중요하다. 이 단계에서 특정하지 않은 리스크는 그 후의 분석 대상에서는 제외되기 때문에 포괄적 특정은 매우 중요하다.

리스크 근원이 조직의 관리 하에 있는지 여부와 관계 없이 심지어 리스크 근원 또는 원인이 명확하지 않더라도 리스크는 특정에 포함되어야 할 것이다. 리스크 특정에는 파급 효과 및 누적 효과와 특별한 결과의 연쇄반응에 대한 주의 깊은 검토를 포함하여야 할 것이다. 또한 리스크의 근원

---

87 assessment와 evaluation은 평가라는 동일한 단어로 번역하고 있으나, 의미상으로는 구분하여야 한다. 예컨대 assessment의 목적은 품질을 향상(increase)시키기 위한 것인 반면, evaluation은 품질을 판단(judge)하기 위한 것이다. assessment는 평가보다는 사정(査定)이 더 본의에 가깝다. 그러나 일반적으로 평가로 번역하여 사용하고 있으므로 동일하게 사용하기로 하되, 사용된 상황을 고려하여 이해하여야 한다.

또는 원인이 명확하지 않은 경우라고 하더라도 광범위한 결과에 대하여 고려하여야 할 것이다. 무엇이 일어날 수 있는지를 특정하는 것뿐 아니라 가능한 원인과 어떤 일이 일어날 수 있는지를 보여 주는 시나리오를 고려할 필요가 있다. 모든 중대한 원인 및 결과를 고려하여야 할 것이다.

조직은 그 목적과 능력 및 조직이 직면한 리스크에 적합한 리스크 특정 도구 및 기법을 적용하여야 할 것이다. 리스크를 특정하는 데는 현황에 맞는 최신의 정보가 중요하다. 가능한 경우에는 적절한 배경 정보를 포함하여야 할 것이다. 리스크 특정에는 적절한 지식을 보유한 사람을 포함하여야 할 것이다.

리스크 분석

리스크 분석은 리스크의 이해를 깊게 하는 것을 포함한다. 리스크 분석은 리스크 평가 및 대응이 필요한 리스크, 최적 리스크 대응 전략 및 방법에 관한 의사결정에 정보[input]를 제공한다. 또한 선택이 필요하고 다른 종류와 수준의 리스크를 포함하는 경우의 의사결정에도 리스크 분석은 정보를 제공할 수 있다.

리스크 분석은 리스크의 원인 및 근원, 긍정적 · 부정적 결과 그리고 그런 결과가 일어날 수 있는 가능성에 대한 고려를 포함한다. 결과 및 가능성에 영향을 미치는 요인들을 특정하여야 할 것이다. 리스크는 결과 및 발생 가능성, 그리고 리스크의 다른 속성들을 결정함으로써 분석된다. 한 사건이 복수의 결과를 낳을 수 있고, 복수의 목적에 영향을 미칠 수 있다. 기존의 관리 및 그 유효성과 효율성도 고려하여야 할 것이다.

결과 및 발생 가능성을 나타내는 방법과 리스크 수준을 결정하기 위하여 이것들을 결합하는 방법에는 리스크 종류, 이용할 수 있는 정보 및 리스크 평가 결과를 사용하는 목적을 반영하여야 할 것이다. 이러한 것들은 모두 리스크 기준과 일치해야 한다. 다른 리스크와 근원의 상호 의존성을 고려하는 것도 중요하다.

리스크 수준의 결정에 대한 확신, 전제 조건과 가정에 대한 민감성은 리스크 분석에서 고려하고, 의사결정자 및 적절한 경우에는 다른 이해관계자에게 효과적으로 전달되어야 할 것이다. 전문가들 사이의 의견 차이, 정보의 불확실성, 이용 가능성, 품질, 수량, 정보의 적시성 또는 모델링의 제한 등과 같은 요소를 명기하여야 할 것이다.

리스크 분석이 어느 정도까지 상세하게 실행되는지는 리스크 자체, 분석 목적 및 이용 가능한 정보, 데이터 및 자원에 따라 다양하다. 분석은 주변 상황에 따라 정성적 · 반정량적 · 정량적 또는 그러한 것들을 조합한 형태로 실행할 수 있다.

결과 및 발생 가능성은 사건의 결과outcome, 사건의 집합을 모델링함으로써 또는 실험 연구, 이용할 수 있는 데이터로부터 추정함으로써 결정될 수 있다. 결과는 유형 및 무형의 영향으로 나타낼 수 있다. 경우에 따라 다른 시간 · 장소 · 집단과 상황에 대한 결과 발생 가능성을 나타내기 위하여 복수의 수치 또는 서술어descriptor가 필요하다.

리스크 평가

리스크 평가의 목적은 리스크 분석 결과에 근거해서 어떤 리스크에 대한 대응이 필요한지와 대응 실행의 우선순위에 대한 의사결정에 도움을 주는 데 있다. 리스크 평가는 조직의 상황을 고려해서 확정된 리스크 기준과 리스크 분석 프로세스에서 발견된 리스크 수준과의 비교가 포함된다. 이 비교에 근거해서 대응의 필요성을 고려할 수 있다.

의사결정에서는 해당 리스크의 보다 넓은 범위의 상황을 고려해야 할 것이다. 그리고 그 리스크로부터 편익을 얻는 조직 이외의 이해관계자가 부담하는 리스크의 허용한계도 고려하여야 할 것이다. 의사결정은 법률, 규제 및 다른 요구사항에 따라야 할 것이다.

주변 상황에 따라 리스크 평가는 다른 분석을 실행하도록 하는 결정을 할 수 있다. 또한 그 리스크 평가는 기존 관리를 유지하는 것 이외의 어떤 대응도 하지 않도록 결정할 수도 있다. 이 의사결정은 조직의 리스크 대응 태도 및 확정된 리스크 기준에 의해 영향을 받게 될 수 있다.

리스크 처리

리스크 처리에는 리스크를 변경하기 위한 하나 이상의 옵션을 선택하는 것과 선택한 옵션을 실시하는 것이 포함된다. 한번 옵션이 실시되면 리스크 처리는 새로운 관리 방안을 제공하거나 기존의 관리 방안을 변경하게 된다. 리스크 처리에는 다음과 같은 순환 프로세스가 포함된다.

- 리스크 처리 평가
- 잔존 리스크 수준이 허용 가능한지에 대한 판단
- 허용할 수 없는 경우 새로운 리스크 처리 책정
- 책정한 리스크 처리의 유효성에 대한 평가

리스크 처리 옵션은 반드시 상호 배타적일 필요가 없고, 모든 주변 상황에 적절한 것일 필요는 없다. 옵션에는 다음 사항이 포함될 수 있다.

a) 리스크가 발생하는 활동을 시작 또는 계속하지 않는다고 결정함으로써 리스크를 회피하기
b) 어떤 기회를 추구하기 위하여 그 리스크를 취하거나 증가시키기
c) 리스크 근원을 제거하기
d) 리스크의 발생 가능성 변경하기
e) 결과를 변경하기
f) 하나 이상의 다른 관계자와 그 리스크를 공유하기(계약 및 리스크 금융 포함)
g) 정보에 근거한 판단으로 그 리스크를 유지하기

리스크 처리 옵션의 선택

가장 적절한 리스크 처리 옵션selection of risk treatment options의 선택에는 법률, 규제 및 사회적 책임과 자연 환경 보호와 같은 다른 요구사항에 대하여 도출된 편익, 실시에 필요한 비용과 노력 사이의 균형을 이루는 것이

포함된다. 의사결정을 할 때에는 경제적 측면에서는 정당화될 수 없는 리스크 처리, 즉 심각높은 부정적 결과 하지만 자주 일어나지 않는발생 가능성이 낮은 리스크를 보증할 수 있는 리스크도 고려하여야 할 것이다.

많은 처리 옵션은 개별적으로 또는 조합해서 고려되고 적용될 수 있다. 조직은 통상 처리 옵션들의 조합을 채택함으로써 유익을 얻을 수 있다. 리스크 처리 옵션을 선택하는 경우에는 이해관리자의 가치와 인지 그리고 이해관계자와의 가장 적절한 연락 방법을 고려하여야 할 것이다. 리스크 처리 옵션이 조직 내부 또는 이해관계자의 리스크에 영향을 줄 수 있는 경우 그러한 것들도 의사결정에 포함하여야 할 것이다. 유효성이 같다고 할지라도 어떤 리스크에 대한 처리는 이해관계자에 따라 더 잘 수용될 수도 있을 것이다.

리스크 처리 계획은 개별적 리스크 처리가 시행되어야 할 우선순위를 명확하게 특정하여야 할 것이다. 리스크 처리 자체가 리스크를 끌어들일 수도 있다. 중대한 리스크는 리스크 처리 수단의 실패 또는 무효성이 될 수 있다. 그러한 수단의 유효성을 보장하기 위하여 모니터링은 리스크 처리 계획에서 필수불가결한 부분이 될 필요가 있다. 또한 리스크 처리는 평가되고, 처리되고, 모니터링되고, 검토되어야 할 2차 리스크를 가져올 수 있다. 이러한 2차 리스크는 새로운 리스크로 처리되는 것이 아니라 원래의 리스크와 동일한 리스크 처리 계획에 결합되어야 할 것이다. 이런 두 개의 리스크 사이의 연결은 특정되고 유지 관리되어야 할 것이다.

리스크 처리 계획 준비 및 실행

리스크 처리 계획 준비 및 실행preparing and risk treatment plans의 목적은 선택한 처리 옵션을 어떻게 실행할 것인지를 문서화하는 것이다. 새로운 리스크 처리 계획에서 제공하는 정보는 다음 사항을 포함하여야 할 것이다.

- 얻을 수 있는 기대 편익을 포함하여 처리 옵션의 선택 이유
- 처리 계획 승인 책임자 및 그 계획의 실행 책임자
- 제안된 활동
- 비상 대책을 포함한 자원에 대한 요구사항
- 성능(성과)의 척도 및 제약 요인
- 보고 및 모니터링에 관한 요구사항
- 시기 및 일정

처리 계획은 조직의 경영 프로세스에 결합되어야 할 것이며, 적절한 이해관계자와 논의되어야 한다. 의사결정자 및 다른 이해관계자는 리스크 처리 후의 잔존 리스크의 성질 및 정도를 인식하여야 할 것이다. 그 잔존 리스크는 문서화되어야 하고 모니터링, 검토 그리고 필요하다면 다른 처리를 해야 할 것이다.

리스크 모니터링 및 리뷰

모니터링 및 리뷰risk monitoring and review 모두 리스크 관리 프로세스 중의 한 부분으로 규칙적인 점검 또는 감시를 포함하여야 한다. 모니터링 및 리뷰는 정기적 또는 임의로 실시할 수 있으며, 그 책임을 명확하게 규정하여야 할 것이다. 조직의 모니터링 및 리뷰 프로세스는 다음과 같은 목적을 위한 모든 측면을 망라하여야 할 것이다.

- 관리는 설계 및 운용 모두에 효과적이고 효율적이도록 보장하기
- 리스크 평가를 개선하기 위한 더 많은 정보 획득하기
- 사건니어미스near misses 포함, 변화, 트렌드, 성공과 실패로부터의 교훈을 분석하고 학습하기
- 리스크 기준, 리스크 처리 및 우선순위의 개정을 필요로 할 수 있는 리스크 자체의 변화를 포함하여 외부 및 내부 상황의 변화를 검출하기
- 새롭게 출현하고 있는 리스크 특정하기

리스크 처리 계획 실시의 진행과정은 성과 척도를 제공한다. 그 결과는 조직의 전체적인 성과 관리, 측정, 외부 및 내부 보고 활동에 결합될 수 있다. 모니터링과 리뷰의 결과는 기록되어야 하고 외부 및 내부에 적절하게 보고되어야 한다. 또한 리스크 관리 틀의 리뷰에 기록하여 이용하여야 할 것이다.

리스크 관리 프로세스 기록

리스크 관리 활동은 추적할 수 있어야 한다. 리스크 관리 프로세스에서 기록recording risk management process은 프로세스 전반에서뿐 아니라 방법 및 수단의 개선을 위한 기초를 제공한다. 기록 작성에 관한 의사결정에서 다음 사항을 고려하여야 할 것이다.

- 계속적 학습에 관한 조직의 요구
- 경영의 목적을 위한 정보 재이용의 편익
- 기록 작성 및 유지 관리에 포함된 비용 및 노력
- 기록에 관한 법률상 · 규제상 및 운영상 요구
- 열람 방법, 검색 용이성 및 저장 매체
- 보존 기간
- 정보의 민감성

3

리스크 평가 기법
(Risk assessment techniques)

리스크 관리 프로세스에서 가장 중요한 요소는 리스크 평가라고 할 수 있다. 다양한 기법들이 리스크 평가에 사용된다. 이미 살펴본 바와 같이 리스크 관리 목적, 평가 대상 리스크 성질, 특성, 사용 환경 등 여러 가지 요소를 고려하여 가장 적절한 방법을 선택하게 된다.

리스크 관리와 관련하여 국제표준화기구[ISO]는 두 가지 표준을 제정하여 운용하고 있다. 하나는 리스크 관리의 일반적 원칙과 가이드라인을 규정하고 있는 ISO 31000이고, 다른 하나는 다양한 리스크 평가 기법을 규정하고 있는 ISO 31010이다.

ISO 31010 개요

ISO 31010은 ISO 31000을 지원하는 표준으로, 리스크 평가를 위한 체계적인 기법의 선택 및 적용에 대한 지침guidance을 규정하고 있다. 이 표준에 따라 실행되는 리스크 평가는 다른 리스크 관리 활동에 기여한다.

이 표준은 인증, 규제 또는 계약을 위한 표준은 아니다. 또한 리스크 분석의 필요성을 특정하기 위한 구체적인 기준을 규정하거나 특별한 적용을 위하여 요구되는 리스크 분석 방법의 종류를 규정하는 것도 아니다.

이 표준은 모든 기법을 기술하고 있지 않다. 그리고 이 표준에서 누락된 기법이 유효하지 않은 것도 아니다. 또한 이 표준에서 제시하는 어떤 방법이 특별한 상황에 적용할 수 있다는 사실이 그 방법을 반드시 적용하라는 의미는 아니다.

ISO 31010은 안전을 특별하게 다루지는 않는다. 이 표준은 일반적인 리스크 관리 표준으로, 안전에 관한 사항은 참고로 기술하고 있다. 안전에 대해서는 ISO/IEC Guide 51에 규정하고 있다[88].

---

88 ISO/IEC Guide 51은 표준에 안전 측면을 포함시키기 위한 국제표준으로, 적용 범위, 인용 표준, 용어 및 정의, 'safety'와 'safe' 용어의 사용, 리스크의 요소, 허용할 수 있는 리스크의 달성, 표준에서의 안전 측면 등에 대하여 규정하고 있다. ISO/IEC Guide 51 Safety aspects–Guidelines for their inclusion in standards.

리스크 평가 개념risk assessment concepts

리스크 평가의 목적은 어떻게 특별한 리스크를 처리하여야 하는지와 많은 옵션 중 어떻게 선택할 것인지를 현명하게 판단하기 위하여 증거에 기초한 정보와 분석을 제공하는 것이다.

리스크 평가를 실행함으로써 얻을 수 있는 주된 편익은 다음과 같다.

- 목적에 대한 리스크 및 잠재적 영향의 이해
- 의사결정자를 위한 정보 제공
- 실행 옵션의 선택을 지원하기 위한 리스크 이해 촉진
- 시스템 및 조직에 연결된 리스크 및 약점, 중요한 기여 요인의 특정
- 대체 시스템, 기술 또는 접근 방법상 리스크 비교
- 리스크 및 불확실성 정보 제공
- 우선순위를 결정하기 위한 지원
- 사고 후 조사에 근거한 사고 예방에 기여
- 다른 리스크 처리 형태의 선정
- 규제상 요구사항에 대한 적합
- 사전 결정 기준과 비교해서 리스크를 수용할 수 있는지에 대한 평가에 유용한 정보 제공
- 수명 종료 시 폐기에 관한 리스크 평가

이 표준은 리스크 평가를 ISO 31000에 기술된 리스크 관리의 프로세스와 틀 내에서 실행하는 것을 전제하고 있다. 리스크 관리 틀의 한 부분으로서 조직은 언제, 어떻게 리스크를 평가하여야 하는지를 결정하기 위한 정책 또는 전략을 수립하여야 할 것이다. 특히 그러한 리스크를 평가할 때에는 다음 사항에 대하여 명확히 하여야 할 것이다.

- 조직의 상황과 목적
- 허용할 수 있는 리스크 정도 및 종류, 그리고 수용할 수 없는 리스크 대처 방법
- 조직의 프로세스에 리스크 평가를 통합하는 방법
- 리스크 평가에 사용되는 방법 및 기법, 리스크 관리 프로세스에서 그 리스크 평가의 기여
- 리스크 평가를 수행하기 위한 의무, 책임 및 권한
- 리스크 평가 실행에 이용할 수 있는 자원
- 리스크 평가의 보고 및 검토 방법

리스크 평가 기법risk assessment techniques

ISO 31010은 리스크를 평가하는 데 사용할 수 있는 여러 가지 기법을 소개하고 있다. 31가지의 리스크 평가 기법의 적용 가능성 및 선택 방법에 대하여 기술하고 있다.

리스크 평가 기법의 선택 Selection of risk assessment techniques

리스크 평가는 단순한 것에서부터 복잡한 것까지 다양한 하나 이상의 방법을 이용해서 다양한 정도의 깊이와 상세도로 실시될 수 있다. 평가 및 결과물output의 형식은 상황 확정의 일부로서 개발된 리스크 기준에 일치해야 할 것이다.

ISO 31010 부속서 A에서는 리스크 평가 기법의 폭넓은 분류법과 정해진 리스크 상황에 존재하는 요인과의 개념적 관계에 대하여 설명하고 있다. 또한 조직이 어떻게 하면 특정 상황에 합치되는 리스크 평가 기법을 선택할 수 있는지에 대하여 각 기법의 적용 가능성을 소개하고 있다(〈표 3-3〉 참조)[89].

일반적으로 적절한 기법은 다음의 특징을 나타내는 것이 바람직하다.

- 정당한 이유가 있고, 대상이 되는 상황 또는 조직에 적용할 수 있어야 한다.
- 리스크의 성질에 대한 이해를 높이고 대처할 수 있는 형식의 결과를 제공하여야 한다.
- 추적 가능하고, 반복성이 있고, 검증 가능한 방식으로 이용할 수 있어야 한다.

기법의 선택 이유에 관련성과 적합성에 대하여 명시하여야 한다. 다른 조사 결과를 통합할 때는 사용된 기법들과 결과물output들을 비교할 수 있

89 ISO 31010 Risk management- Risk assessment techniques Annex A Comparison of risk assessment techniques.

어야 한다. 리스크 평가를 실시하는 것, 목적 및 적용 범위가 결정되면 기법은 다음과 같은 적용 인자factors에 기초해서 선정해야 할 것이다.

- **조사 목적** 리스크 평가 목적은 사용하는 기법에 직접 영향을 받는다. 예컨대 다른 옵션의 비교 조사를 실시하는 경우 그 차이에 따라 영향을 받지 않는 시스템의 부분은 덜 상세한 결과를 채용할 수도 있다.
- **의사결정자의 요구**needs 때로는 올바른 결정을 내리기 위하여 높은 수준의 상세도가 필요하고, 다른 경우 좀더 포괄적인 이해로 충분하다.
- **분석 대상이 되는 리스크의 종류 및 범위**
- **결과의 잠재적 규모** 리스크 평가를 실시하는 깊이에 관한 결정은 결과에 관한 최초의 인식을 반영하여야 할 것이다그러나 그것은 예비 평가가 완료된 시점에서 수정될 수도 있다.
- **필요한 전문 지식, 인적 자원 및 그 밖의 자원** 잘 실행한 단순한 방법은 평가 목적 및 적용 범위를 만족하는 한 보다 정교한 절차를 불완전하게 실시한 때보다 더 좋은 결과로 나타나기도 한다. 일반적으로 평가에 들인 노력은 분석 대상이 되는 리스크의 잠재적 수준에 일치해야 할 것이다.
- **정보 및 데이터의 가용성**availability 기법에 따라 다른 것보다 다량의 정보 및 데이터를 필요로 하는 것이 있다.
- **리스크 평가의 수정 · 갱신의 필요성** 평가는 장래에 수정 · 갱신이 필요한 것이 있고, 기법 중에는 이 점에서 대응이 용이한 것이 있다.
- **규제 및 계약상의 요구사항**

자원의 가용성, 이용할 수 있는 데이터 및 정보의 불확실성의 성질과 정도, 적용의 복잡성(〈표 3-3〉 참조) 등 리스크 평가의 접근 방법 선택에는 다양한 요인이 영향을 미친다.

〈표 3-3〉 리스크 평가를 위한 이용 도구의 적용 가능성

도구 및 기법	리스크 관리 프로세스					부록 참조
	리스크 특정	리스크 분석			리스크 평가	
		결과	발생 확률	리스크 수준		
브레인스토밍	SA	NA	NA	NA	NA	B 01
구조적 또는 반(semi)구조적 인터뷰	SA	NA	NA	NA	NA	B 02
델파이(Delphi)	SA	NA	NA	NA	NA	B 03
체크리스트	SA	NA	NA	NA	NA	B 04
예비 위험원 분석(PHA)	SA	NA	NA	NA	NA	B 05
위험원 및 운용성 연구(HAZOP)	SA	SA	A	A	A	B 06
위험원 분석 및 중점 관리(HACCP)	SA	SA	NA	NA	SA	B 07
환경 리스크 평가	SA	SA	SA	SA	SA	B 08
구조(What if, SWIFT)	SA	SA	SA	SA	SA	B 09
시나리오 분석	SA	SA	A	A	A	B 010
비즈니스 영향 분석	A	SA	A	A	A	B 011
근본 원인(root cause) 분석	NA	SA	SA	SA	SA	B 012
고장 유형 효과 분석(FMEA)	SA	SA	SA	SA	SA	B 013
고장 나무 분석(FTA)	A		SA	A	A	B 014
사상 나무 분석(ETA)	A	SA	A	A	NA	B 015
원인 및 결과 분석(CCA)	A	SA	SA	A	A	B 016

원인 및 효과 분석	SA	SA	NA	NA	NA	B 017
층(layer) 보호 분석(LOPA)	A	SA	A	A	NA	B 018
결정 나무(decision tree)	NA	SA	SA	A	A	B 019
인간 신뢰 분석	SA	SA	SA	SA	A	B 020
Bow tie analysis	NA		SA	SA	A	B 021
신뢰성 중심 보전	SA	SA	SA	SA	SA	B 022
Sneak circuit analysis	A	NA	NA	NA	NA	B 023
Markov analysis	A	SA	NA	NA	NA	B 024
Monte Carlo simulation	NA	NA	NA	NA	SA	B 025
Bayesian statistics and Bayes Nets	NA	SA	NA	NA	SA	B 026
FN curves	A	SA	SA	A	SA	B 027
Risk indices	A	SA	SA	A	SA	B 028
Consequence/probability matrix	SA	SA	SA	SA	A	B 029
Cost/benefit analysis	A	SA	A	A	A	B 030
Multi-criteria decision analysis(MCDA)	A	SA	A	SA	A	B 031

SA(Strongly applicable): 매우 적용 가능 / NA(Not applicable): 적용 불가 / A(Applicable): 적용 가능

리스크 평가 기법의 개요 overview of risk assessment

앞에서 살펴본 바와 같이 리스크를 평가하는 데 사용하는 기법은 다양한 종류가 있다. 개별 평가 기법은 리스크 관리 프로세스의 부분별로 적용 가능성이 다르기 때문에 어떤 기법을 사용할 것인지는 전적으로 기업의 상황에 달려 있다. 즉 리스크 관리 프로세스 전 과정에 모두 적용할 수 있는

기법이 있는가 하면 특정 부분, 예컨대 리스크 특정, 리스크 분석 또는 리스크 평가 등 어느 한 부분, 또는 하나 이상의 과정에 사용할 수 있는 기법도 있다.

통상 리스크 평가는 신제품을 개발할 때, 기존 제품의 품질을 개선할 때, 그리고 제품 사고가 발생하여 시정 조치를 취하고자 할 때 실시하게 된다. 그러므로 각 경우마다 고려하여야 할 요소들이 다를 수 있다.

리스크 평가를 법적으로 요구하는 경우도 있기 때문에 앞으로 기업은 이 점을 주의하여야 한다. 제품 사고가 발생하여 제조물책임 소송으로 이어질 경우 제품의 결함을 판단하는 데 결정적인 역할을 할 수도 있다.

신제품을 개발하는 경우에는 무엇보다 본질적인 안전 설계에 중점을 두고 리스크 평가를 하게 된다. 이 경우에 위험원을 특정하는 데 특별히 주의를 기울여야 한다. 제품의 특성과 사용 환경, 사용자 특성 등을 세밀하게 고려하여 예상할 수 있는 위험원을 특정하여야 할 것이다. 또한 이 경우 위해의 발생 빈도에 대해서는 사용할 수 있는 데이터가 없기 때문에 발생 가능성을 추정하는 것이 쉽지 않다. 그러나 본질적 안전 설계를 위해서는 최대한 정확하게 추산할 필요가 있다.

기존 제품의 특정 성능을 보완하기 위하여 리스크 평가를 하는 경우에는 보완이 필요한 성능에 대한 상황 파악이 중요하다. 성능 보완의 필요성에 대한 검토를 토대로 그 동안 현장에서 축적된 데이터를 분석하고, 성능 보완 시 발생할 수 있는 새로운 위험원과 리스크를 파악해서 분석해야 한다. 또한 기존 제품과 비교하여 새롭게 발생할 수 있는 리스크의 발생 가능성 및 위해의 심각성 등을 종합적으로 고려하여야 할 것이다.

특히 제품 사고가 발생하여 시정 조치를 하기 위하여 리스크 평가를 하는 경우에는 제품의 결함 여부를 판단하는 데 중점을 두고 리스크 평가를 실시해야 할 것이다. 이때 충분히 예상할 수 있는 사용 조건에서 발생한 사고인지, 합리적으로 예견할 수 있는 사용 방법으로 발생한 사고인지를 판단하는 데 중점을 두고, 이러한 상황을 전제로 하여 리스크 평가를 실시하여야 할 것이다.

요컨대 리스크 평가 기법은 리스크 관리 프로세스의 부분별로, 리스크 평가를 실시하는 목적에 따라 최적의 방법을 선정하여야 한다. 리스크 평가 기법의 선정은 전적으로 해당 기업의 상황에 일치하도록 하여야 할 것이다. [부록 8, 288p 참조] 리스크 평가 기법 선정의 속성에는 각 기법에 대한 개요와 영향 요인의 관여도 및 정량적 출력의 가능 여부를 요약하여 제시하고 있다.

마치면서

기업이 추진하는 제품안전경영 활동은 실패할 경우 기업의 운명을 좌우하는 중대한 리스크로 작용하게 된다. 이제 제품안전 · 소비자 안전이 소비자의 신뢰에 가장 큰 영향을 주는 요소로, 기업이 추구하는 근본적인 가치와 관련이 있다.

수많은 기업들이 가치관의 혼란으로 인한 고의적인 행동과 우선순위를 망각한 시행착오로 수많은 제품안전 사고를 저지르고 있다. 1억 개가 넘는 에어백을 리콜하는 사고를 저지른 일본의 F사는 급기야 부채를 감당하지 못하여 파산했다. 이는 에어백에 사용된 폭발 물질인 질산암모늄이 습기를 흡수하여 과도한 폭발이 발생하면서 금속 조각이 마치 총알처럼 튀어나와 운전자를 비롯한 탑승자에게 치명적인 사고를 일으키면서 촉발된 것이었다. 고도의 전문 부품인 에어백 분야 세계 2위의 경쟁력을 자랑하던 기업이 화학물질의 특성이 주는 영향을 간과하였다가 전례 없는 사고를 저지른 것을 이해할 수 있을까?

다른 경쟁사의 경우 물질의 특성을 이해하고 제습 장치를 탑재하는 등 위험을 예방하는 조치를 하였다고 한다. 이는 경쟁사에 대한 벤치마킹, 사내의 다양한 전공자로부터의 지식도 활용하지 못한 파산 기업의 과오를 되새겨 보게 한다.

제품안전은 제품의 본질을 이해하는 기술적인 요소와 함께 소비자와 사회에 주는 영향을 이해하는 법률적인 요소를 함께 필요로 하는 복합적인 영역으로 통상 법공학 분야의 대표적인 대상이 된다. 이는 사내외의 다양한 전문 지식을 가진 사람들이 공동의 노력을 통하여 달성해야 한다는 점을 시사하는 것이다.

최고경영자부터 경영 간부, 일반 직원에 이르기까지 곳곳에 제품안전 리스크를 발생시키는 요인을 안고 있으므로 기업은 열린 사고를 바탕으로 체계적이고 조직적인 제품안전경영 활동을 전개하여야 한다. 이를 위하여 추진 조직을 정비하고, 시스템과 프로세스를 갖추고, 구성원에 대한 체계적이고, 전문적인 교육을 실시해야 한다. 또한 실행 활동을 실질적으로 관리하며 꾸준한 발전을 위한 지속적인 개선을 실시하고, 이를 기업의 조직문화로 구축하는 경영 활동이 필요하다.

제품안전은 어느 한때의 과제가 아니라 끊임없이 발전하고 변화하는 과제이므로 이를 위한 기업의 노력 또한 끊임없이 발전하여야 한다. 이 책이 기업의 그러한 노력을 지원하는 데 도움이 되기를 기대하며, 필자들과 한국품질경영학회 제품안전연구회는 지속적인 연구와 실무 적용을 통하여 제품안전경영 활동과 소비자 안전의 발전에 이바지할 것을 다짐해 본다.

·부록·

APPENDIX

리콜과 개정 제조물책임법 시행에 따른 대응

부록

1. 제조물책임법〈법률 제14764호, 2017.4.18. 개정, 2018.4.19 시행〉

제1조(목적) 이 법은 제조물의 결함으로 발생한 손해에 대한 제조업자 등의 손해배상 책임을 규정함으로써 피해자 보호를 도모하고 국민생활의 안전 향상과 국민경제의 건전한 발전에 이바지함을 목적으로 한다.

제2조(정의) 이 법에서 사용하는 용어의 뜻은 다음과 같다

1. "제조물"이란 제조되거나 가공된 동산(다른 동산이나 부동산의 일부를 구성하는 경우를 포함한다)을 말한다.
2. "결함"이란 해당 제조물에 다음 각 목의 어느 하나에 해당하는 제조상·설계상 또는 표시상의 결함이 있거나 그 밖에 통상적으로 기대할 수 있는 안전성이 결여되어 있는 것을 말한다.
   가. "제조상의 결함"이란 제조업자가 제조물에 대하여 제조상·가공상의 주의 의무를 이행하였는지에 관계없이 제조물이 원래 의도한 설계와 다르게 제조·가공됨으로써 안전하지 못하게 된 경우를 말한다.
   나. "설계상의 결함"이란 제조업자가 합리적인 대체설계를 채용하였더라면 피해나 위험을 줄이거나 피할 수 있었음에도 대체설계를 채용하지 아니하여 해당 제조물이 안전하지 못하게 된 경우를 말한다.
   다. "표시상의 결함"이란 제조업자가 합리적인 설명·지시·경고 또는 그 밖의 표시를 하였더라면 해당 제조물에 의하여 발생할 수 있는 피해나 위험을 줄이거나 피할 수 있었음에도 이를 하지 아니한 경우를 말한다.
3. "제조업자"란 다음 각 목의 자를 말한다.

가. 제조물의 제조 · 가공 또는 수입을 업으로 하는 자

나. 제조물의 성명 · 상호 · 상표 또는 그 밖에 식별 가능한 기호 등을 사용하여 자신을 가목의 자로 표시한 자 또는 가목의 자로 오인하게 할 수 있는 표시를 한자

제3조(제조물책임) ① 제조업자는 제조물의 결함으로 생명 · 신체 또는 재산에 손해(그 제조물에 대하여만 발생한 손해를 제외한다)를 입은 자에게 그 손해를 배상하여야 한다.

② 제1항에도 불구하고 제조업자가 제조물의 결함을 알면서도 그 결함에 대하여 필요한 조치를 취하지 아니한 결과로 생명 또는 신체에 중대한 손해를 입은 자가 있는 경우에는 그 자에게 발생한 손해의 3배를 넘지 아니하는 범위에서 배상책임을 진다. 이 경우 법원은 배상액을 정할 때 다음 각 호의 사항을 고려하여야 한다. 〈신설 2017.4.18.〉

1. 고의성의 정도
2. 해당 제조물의 결함으로 인하여 발생한 손해의 정도
3. 해당 제조물의 공급으로 인하여 제조업자가 취득한 경제적 이익
4. 해당 제조물의 결함으로 인하여 제조업자가 형사처벌 또는 행정처분을 받은 경우 그 형사처벌 또는 행정처분의 정도
5. 해당 제조물의 공급이 지속된 기간 및 공급 규모
6. 제조업자의 재산상태
7. 제조업자가 피해구제를 위하여 노력한 정도

③ 피해자가 제조물의 제조업자를 알 수 없는 경우에 그 제조물을 영리 목적으로 판매 · 대여 등의 방법으로 공급한 자는 제1항에 따른 손해를 배상하여야 한다.

다만, 피해자 또는 법정대리인의 요청을 받고 상당한 기간 내에 그 제조업자 또는 공급한 자를 그 피해자 또는 법정대리인에게 고지(告知)한 때에는 그러하지 아니하다. 〈개정 2017.4.18.〉

제3조의2(결함 등의 추정) 피해자가 다음 각 호의 사실을 증명한 경우에는 제조물을 공급할 당시 해당 제조물에 결함이 있었고 그 제조물의 결함으로 인하여 손해가 발생한 것으로 추정한다. 다만, 제조업자가 제조물의 결함이 아닌 다른 원인으로 인하여 그 손해가 발생한 사실을 증명한 경우에는 그러하지 아니하다.

1. 해당 제조물이 정상적으로 사용되는 상태에서 피해자의 손해가 발생하였다는 사실
2. 제1호의 손해가 제조업자의 실질적인 지배영역에 속한 원인으로부터 초래되었다는 사실
3. 제1호의 손해가 해당 제조물의 결함 없이는 통상적으로 발생하지 아니한다는 사실

[본조신설 2017.4.18.]

제4조(면책사유) ① 제3조에 따라 손해배상책임을 지는 자가 다음 각 호의 어느 하나에 해당하는 사실을 입증한 경우에는 이 법에 따른 손해배상책임을 면한다.

1. 제조업자가 해당 제조물을 공급하지 아니하였다는 사실
2. 제조업자가 해당 제조물을 공급한 당시의 과학·기술 수준으로는 결함의 존재를 발견할 수 없었다는 사실
3. 제조물의 결함이 제조업자가 해당 제조물을 공급한 당시의 법령에서 정하는 기준을 준수함으로써 발생하였다는 사실

4. 원재료나 부품의 경우에는 그 원재료나 부품을 사용한 제조물 제조업자의 설계 또는 제작에 관한 지시로 인하여 결함이 발생하였다는 사실

② 제3조에 따라 손해배상책임을 지는 자가 제조물을 공급한 후에 그 제조물에 결함이 존재한다는 사실을 알거나 알 수 있었음에도 그 결함으로 인한 손해의 발생을 방지하기 위한 적절한 조치를 하지 아니한 경우에는 제1항 제2호부터 제4호까지의 규정에 따른 면책을 주장할 수 없다.

제5조(연대책임) 동일한 손해에 대하여 배상할 책임이 있는 자가 2인 이상인 경우에는 연대하여 그 손해를 배상할 책임이 있다.

제6조(면책특약의 제한) 이 법에 따른 손해배상책임을 배제하거나 제한하는 특약은 무효로 한다. 다만 자신의 영업에 이용하기 위하여 제조물을 공급받은 자가 자신의 영업용 재산에 발생한 손해에 관하여 그와 같은 특약을 체결한 경우에는 그러하지 아니한다.

제7조(소멸시효 등) ① 이 법에 따른 손해배상의 청구권은 피해자 또는 그 법정대리인이 다음 각 호의 사항을 모두 알게 된 날부터 3년간 행사하지 아니하면 시효의 완성으로 소멸한다.

1. 손해
2. 제3조에 따라 손해배상책임을 지는 자

② 이 법에 따른 손해배상의 청구권은 제조업자가 손해를 발생시킨 제조물을 공급한 날부터 10년 이내에 행사하여야 한다. 다만, 신체에 누적되어 사람의 건강을 해치는 물질에 의하여 발생한 손해 또는 일정한 잠복기간이 지난 후에 증상이

나타나는 손해에 대하여는 그 손해가 발생한 날로부터 기산한다.

제8조(민법의 적용) 제조물의 결함으로 인한 손해배상책임에 관하여 이 법에 규정된 것을 제외하고는 「민법」에 따른다.

부칙 〈제14764호, 2017.4.18.〉

제1조(시행일) 이 법은 공포 후 1년이 경과한 날부터 시행한다.

제2조(적용례) 제3조 제2항 · 제3항 및 제3조의2의 개정규정은 이 법 시행 후 최초로 공급하는 제조물부터 적용한다

2. ISO 10377: 2013 소비자제품 안전에 관한 공급자 가이드라인 목록

서문	
소개	
1. 적용 범위	
2. 용어 및 정의	
3. 소비자제품 안전의 기본 원칙	3.1 일반 사항
	3.2 조직 내 제품안전문화 진흥
	3.3 조직외 제품안전문화 진흥
	3.4 안전한 제품 공급을 위한 약속
	3.5 지속적 개선
	3.6 예방적 접근
	3.7 정보 공유

4. 일반적 요구 사항	4.1 일반사항	
	4.2 안전한 소비자 제품 공급을 위한 약속	4.2.1 역량과 교육 · 훈련
		4.2.2 적절한 자원 배분
		4.2.3 기록 관리 및 문서 관리
	4.3 지속적 개선	4.3.1 조직 문화로서의 지속적 개선
		4.3.2 지속적 개선을 위한 구조적 접근
	4.4 적용된 법률, 규칙 및 규격	
	4.5 소비자제품 식별 및 추적성	4.5.1 일반사항
		4.5.2 공급망 횡단적 추적성
		4.5.3 소비자제품 식별
	4.6 소비자 역할에 대한 이해	4.6.1 일반사항
		4.6.2 공급 전 또는 사용 전
		4.6.3 사용
		4.6.4 사용 후
		4.6.5 제품으로부터 위해를 입기 쉬운 소비자
5. 제품 설계에서 제품안전 확보 방안	5.1 일반사항	
	5.2 설계	5.2.1 설계 시방의 항목
		5.2.2 제품 수명 주기
		5.2.3 설계 시 제품안전 고려 사항
		5.2.4 시장 정보 수집
	5.3 제품 설계 시 제품안전 고려 사항	5.3.1 예측 가능한 사용
		5.3.2 예측 가능한 오사용
		5.3.3 예측 불가능한 오사용

5. 제품 설계에서 제품안전 확보 방안	5.3 제품 설계 시 제품안전 고려 사항	5.3.4 리스크 평가	5.3.4.1 일반사항
			5.3.4.2 결함의 특정
			5.3.4.3 노출 분석
			5.3.4.4 사용 상태에 대한 고려 사항
			5.3.4.5 잠재적 위해 시나리오에 대한 설명
			5.3.4.6 부상 정도의 평가
			5.3.4.7 확률 평가
			5.3.4.8 리스크 평가
		5.3.5 리스크 저감	
	5.4 설계 시방 작성 프로세스 문서화		
6. 생산의 제품 안전 확보 방안	6.1 생산의 기본 원칙	6.1.1 일반사항	
		6.1.2 생산 시설의 제품안전문화 추진	
		6.1.3 제품 결함의 저감 및 제거	
		6.1.4 소비자제품안전의 약속	
		6.1.5 최적 제조 조건	
	6.2 생산 계획	6.2.1 일반사항	
		6.2.2 생산 준비	6.2.2.1 시방서
			6.2.2.2 자재 조달
			6.2.2.3 기계 설비 등
		6.2.3 프로세스 관리 및 대책	6.2.3.1 일반
			6.2.3.2 교육 훈련
			6.2.3.3 생산 전 운전 확인
			6.2.3.4 소비자제품 검증

6. 생산의 제품 안전 확보 방안	6.3 양산	6.3.1 일반사항	
		6.3.2 원재료, 구성품 및 조립 부품	
		6.3.3 생산	6.3.3.1 생산 일정
			6.3.3.2 생산의 일관성
			6.3.3.3 생산 품질의 감시
			6.3.3.4 완성품 시험
	6.4 생산 후		
	6.5 생산 지원	6.5.1 일반사항	
		6.5.2 감사	
		6.5.3 법률, 규칙 및 규격	
		6.5.4 리스크에 근거하는 시험	
		6.5.5 문서화	
7. 시장에서의 제품 안전	7.1 일반사항		
	7.2 구입 전 평가	7.2.1 요구사항 확인	
		7.2.2 요구사항 확인의 계약과 합의	
		7.2.3 적합성 확인 수단	
	7.3 사전 데이터 수집과 분석		
	7.4 소비자제품 적합성에 관한 계속적 평가		
	7.5 보증 서비스		
	7.6 제품 사고 조사		
부속서 A (참고) 유용한 국제표준			
부속서 B (참고) 소규모 사업자를 위한 정보 및 가이던스			
부속서 C (참고) 위험/리스크 평가			
부속서 D (참고) 제품안전경영 계획			

3. ISO 10377 Annex A: 유용한 국제표준 및 가이드

이 부속서에 열거된 국제표준 및 지침서는 이 국제표준의 다른 곳에서도 언급되며, 소비자의 요구, 경고 및 지침 개발 및 소비자제품과 관련된 위험 평가 등 특정 제품안전성 문제를 다루는 방법에 대한 조언을 제공한다.

- KS A ISO/IEC Guide 14 소비자를 위한 상품 및 서비스의 구매 정보에 대한 지침은 장래의 구매자(제품이나 서비스)가 요구하고 기대하는 정보를 명시한다.
- KS A ISO/IEC Guide 37 소비자제품의 사용 설명서에 대한 지침은 소비자 제품과 서비스의 최종 사용자에게 도움이 되도록 지침의 설계와 공식화에 대한 자문을 제공한다.
- KS A ISO/IEC Guide 41 포장에 대한 권고 사항은 소비자에게 판매 시점에서 가장 적합한 포장 유형을 결정할 때 고려하여야 할 일반적인 권고 사항을 제공한다.
- KS A ISO/IEC Guide 50 안전 측면 – 어린이 안전을 위한 지침은 아이들이 사용하는 제품과 서비스의 위험을 예방할 수 있는 틀을 제공한다.
- KS A ISO/IEC Guide 51 안전 측면 – 규격에 안전 측면을 포함시키기 위한 지침은 인명, 재산 또는 환경과 관련된 안전 측면 또는 이들 중 하나 이상의 조합에 적용 가능하며, 위험감소 접근 방식을 채택한다.
- KS A ISO/IEC Guide 71 고령자와 장애인의 요구를 반영하기 위한 규격 개발자 지침은 제품의 안전과 관련된 고령화 및 장애 문제를 해결하기 위한 체계적인 접근법을 제공한다.
- KS A ISO Guide 73 리스크 관리 – 용어 – 규격에 사용하기 위한 지침은 위해 관리 활동에 대한 일관된 설명과 위해 관리 용어의 사용을 장려한다.
- KS A ISO/IEC Guide 74 그래픽 심볼 – 소비자의 요구를 반영하기 위한 기

술 지침은 대중을 돕는 것을 목적으로 하는 그래픽 기호를 개발하는 방법을 설명하고(예: 지시 또는 경고) 기호 및 다른 중요한 자원을 데이터베이스에 지시하여 해당 작업을 돕는다.

- KS Q ISO 9000 품질경영시스템 – 기본 사항 및 용어는 품질경영시스템의 기본 사항을 설명하고 관련 용어를 정의한다.
- KS Q ISO 10002 품질경영 –고객만족 –조직의 불만 처리에 대한 지침은 계획 · 설계 · 운영 · 유지 보수 및 개선을 포함하여 조직 내의 제품과 관련된 불만 처리 프로세스에 대한 지침을 제공한다.
- ISO 10393은 제품이 제조 시설을 떠난 후 소비자제품 회수 및 기타 시정 조치에 대한 우수 사례의 국제적 모델을 제공한다.
- KS B ISO 12100 기계 안전 – 설계 일반 원칙 – 위험성 평가와 위험성 감소는 소비자를 위한 기계를 포함하여 기계 설계 시 안전을 달성하기 위한 기본 용어, 원리 및 방법을 규정한다.
- KS A ISO 26000 사회적 책임에 대한 지침은 규모나 위치에 관계 없이 사회적 책임과 관련된 개념, 용어 및 정의에 관한 모든 유형의 조직에 지침을 제공한다.
- ISO 31000은 리스크 관리에 관한 원칙 및 일반 지침을 제공한다.

4. ISO 10377 Annex B: 중소기업을 위한 정보 및 지침

B.1 일반 사항

이 국제표준은 모든 규모의 조직을 대상으로 한다. 그러나 많은 중소 규모 조직에서는 다음 작업을 수행하는 데 제한된 경험이나 자원이 필요할 수 있다.

- 소비자제품의 리스크 요소와 리스크 요인을 확인한다.
- 리스크를 평가하기 위하여;
- 안전한 소비자제품을 공급하기 위한 필수 법적 요건 및 모범 사례를 충족시키는 데 도움이 될 절차 및 정책 수립

이 부속서의 목적은 공급자가 이 국제표준에 요약된 지침을 이행할 수 있도록 그러한 정보와 사례를 제공하는 것이다.

B.2 공급자가 소비자제품을 설계, 생산 또는 공급할 때 고려하여야 할 질문

B.2.1 일반 사항

이 절은 공급업체가 고려할 수 있는 많은 질문을 나열한다. 이 질문은 공급업체가 물을 수있는 유형의 질문의 예일 뿐이며 해를 끼치지 않는 제품을 공급하는 모든 측면을 다루지는 않는다.

B.2.2 일반적인 질문

- 내부 직원 또는 외부 계약자가 소비자제품안전과 관련된 책임을 수행하는 데 필요한 교육, 훈련, 기술 지식 및 경험을 갖추고 있는가?(4.2.1 참조)
- 안전한 소비재 제품을 설계, 생산 또는 공급하기에 충분한 재정 및 인적 자원을 할당하였는가?(4.2.2 참조)
- 회사는 사건, 불만 사항, 서비스 기록 및 테스트 보고서, 불만 사항 및 사건으로부터 받은 정보를 보유 · 검색 및 분석하는 시스템을 갖추고 있는가?(4.2.3 참조)
- 회사는 제품을 제조 또는 판매할 국가에서 제품을 필요로 하는 법률 · 규정

및 표준을 알고 있고 이해하고 있는가?(4.4 참조)

- 회사는 제품이 유통되는 국가의 추적 가능성 규정 또는 표준을 알고 있는가?(4.5 참조)
- 회사는 제품과 관련된 공급망의 다른 구성원의 추적성 요구사항을 알고 있는가?(4.5 참조)
- 공급자가 배포한 모든 제품 구성 요소 또는 제품은 추적하여야 하며, 고유한 식별 및 설명으로 식별되는가?(4.5 참조)

B.2.3 설계 관련 질문

- 내부 직원 또는 외부 계약자가 소비자제품 설계의 잠재적 위험을 식별하고 잠재적 위험을 평가하고 설계 변경을 위하여 필요한 변경 사항을 결정하기 위하여 필요한 교육, 훈련, 기술 지식 및 경험을 보유하고 있는가?(4.2.1 참조)
- 소비자제품의 가능한 사용자는 누구인가? 의도된 사용자, 잠재적인 사용자, 의도하지 않은 사용자 및 취약한 사용자 등 누구와 접촉할 수 있는가?(5.3.2 참조)
- 사용자의 신체적 능력 및 심리적 특성은 무엇인가? 예로서 힘, 운동 기술, 경험 및 신체 크기 등(5.3.2 참조)
- 소비자제품과 관련하여 잠재적인 리스크 요소는 무엇인가?(즉 최종 사용자에게 잘못되거나 위험할 수 있는 제품에 대한 모든 것을 예상하기 위하여 노력하시오)(부록 C 참조)
- 사용자가 실제로 리스크에 노출되는가?(예: 제품의 날카로운 모서리가 사용자에게 불편할 수 있음)(5.3.4 참조)
- 사용자는 제품과 관련된 리스크 요소에 얼마나 오래 접촉하는가?(5.3.4 참조)

- 식별된 각각의 리스크 요소로 인해 발생할 수 있는 부상 가능성은 무엇인가?(부록 C 참조)
- 식별된 위해에 대하여 부상이나 상해가 얼마나 심각할 수 있는가?(부록 C 참조)
- 각 소비자제품 리스크로 인한 사고가 실제로 발생할 가능성은 얼마나 되는가?(5.3.4 참조)
- 리스크가 용납될 수 없는 경우 리스크 요인을 제거하기 위하여 소비자제품의 설계를 변경하여 리스크를 줄일 수 있는가?(5.3.5 참조)
- 리스크를 줄이기 위하여 설계를 변경할 수 없는 경우 보호 장치를 추가하여 리스크를 줄일 수 있는가?(예: 파워 톱의 가드)(5.3.5 참조)
- 소비자 또는 사용자에게 정보 또는 경고를 통하여 해결될 수 있는 리스크가 있는가?(5.3.5 참조)
- 조립에 대한 명확한 지시 사항이 있는가?(5.3.5 참조)

B.2.4 생산과 관련된 질문

- 소비자제품 설계 시방에 결함이 있으며 안전하지 않거나 불법적인 제품이 있는가?(6.2.2 참조)
- 제품 설계자가 리스크 평가의 사본을 작성하여 제공하였는가?(6.2.2 참조)
- 생산 설비가 설계된 대로 소비자제품을 대량 생산할 수 있는가?(6.2.2 참조)
- 공급자의 시설에는 제품을 생산하는 데 필요한 도구, 프로세스 및 숙련된 직원이 있는가?(6.2.3 참조)
- 생산 설비를 유지 · 관리하고 교정할 수 있는 도구와 훈련된 직원이 공급자의 시설에 있는가?(6.2.3 참조)

- 화학물질이나 생물학적 물질에 의한 제품의 오염을 막기 위한 프로세스를 갖추고 있는가?(6.1.3 참조)
- 안전한 제품을 생산하는 데 중요한 단계가 확인되었는가?(6.2 참조)
- 공급자는 제품을 생산하는 데 필요한 원료, 구성 요소 또는 서브 어셈블리를 일관되게 공급할 수 있는가?(6.3.2 참조)
- 원재료, 부품 및 서브 어셈블리가 규격을 충족하는지 확인하기 위한 절차가 있는가?(6.3.2 참조)
- 생산 과정에서 소비자제품을 테스트할 계획이 수립되어 실행되었는가?(6.3.3 참조)
- 생산 중에 테스트를 통하여 발생하는 시정 조치가 실행되는가?(6.3.3 참조)

B.2.5 시장 관련 질문

- 주문한 소비자제품이 안전 · 품질 · 규제를 준수하고, 유통 또는 제품을 판매하려는 시장에 대한 적합성에 대한 회사 요구사항을 충족하는가?(7.2 참조)
- 회사가 지속적으로 준수 제품을 공급할 것이라는 확신이 있는가?(7.2 참조)
- 회사는 소비자제품이 안전 요구사항을 충족하는지 확인할 권리가 있는가?(7.2 절과 7.4 절 참조)
- 회사는 시장에서 불만, 반품, 서비스 기록 및 모니터링 제품의 데이터를 수집하는 프로세스를 수립하였는가?(7.6 참조)
- 회사에서 수집한 데이터를 분석할 수 있는가?(7.6 참조)
- 회사에서 제품을 배포할 장소에 존재하는 결함을 수정하기 위하여 사고 및 조치 보고 요구사항을 알고 있고 이해하고 있는가?(B.3절 참조)

B.3 소비자제품 사고 조사

소비자제품과 관련된 사고 및 결함 보고서를 문서화하고 조사하는 프로세스가 수립되어야 한다. 다음 지침을 제공하는 ISO 10393을 참조하여야 한다.

- 조직의 사용자는 제품 사고 보고서를 제출하여야 한다.
- 제품 사고 또는 결함 세부 사항, 조사, 발견 및 취해진 조치를 문서화한다.
- 사고 또는 결함을 조사하고 추세를 확인하기 위하여 유능한 직원을 지정한다. 사고 또는 결함 보고서가 유효한지 판단하고 가능한 경우 검토를 위하여 실제 사건과 관련된 제품을 취득한다.

주: 제품이 의도한 대로 작동하지 않으면 유해물이 직접 또는 간접적으로 생성될 수 있다. 예) 연기를 감지하지 못하는 연기 경보기

- 규제 기관 또는 권한 있는 당국, 인증 기관 및 기타 이해관계자에게 제품 사고 및 결함 보고서, 조사 결과 및 법률 및 계약 요구사항에 따라 요구되는 세부 수준의 빈도 및 세부 수준에서 취해진 조치를 제공한다.
- 평가가 위해 또는 잠재적 위해를 나타낼 경우 위해성 평가를 수행한다.
- 리스크 평가에서 시정조치가 필요하다고 결론을 내린 경우, 잠재적인 위해를 줄이기 위한 방법을 식별한다. 시정 조치에는 제품 수리 또는 재조립, 시장에서 제품 제거, 제품 폐기 또는 제품 회수 수행이 포함된다.
- 잠재적인 위해를 일으킨 결함의 근본 원인을 확인한다.
- 결함의 재발을 제거하거나 줄이기 위한 시정 조치를 식별하고 구현한다. 위험의 정도에 따라 잠재적인 위해를 제거하거나 방지하거나 사용자에게 알려줌으로써 제품을 재설계하여 이를 수행할 수 있다.
- 결함이 다른 제품에 공통적인지 결정하고, 그렇다면 유사한 수정 조치가 구현되도록 요구한다.

- 결함이 다시 발생할 가능성을 줄이기 위하여 수정 조치가 원하는 목표를 달성하는지 확인한다.

가능한 한 제품의 유해 가능성을 결정하고 시정 조치를 취할 수 있는 결정을 내리는 데 필요한 시간을 줄이기 위하여 프로세스의 단계를 순차적으로가 아니라 병렬로 수행하여야 한다.

B.4 포커스 그룹 계획 및 수행

간단히 말하자면 포커스 그룹은 미리 정의된 문제에 대하여 의견을 나누기 위하여 소수의 사람들(6명에서 10명)로 구성된다. 일반적으로 이러한 그룹의 목적은 문제에 대한 해결책을 찾거나 특정 주제에 대한 정보를 제공하는 것이다. 포커스 그룹을 계획할 때 고려하여야 할 주요 고려 사항은 다음과 같다.

포커스 그룹은 다음과 같은 경우에 매우 유용할 수 있다.

- 새로운 제품이나 서비스에 대한 아이디어를 창출하거나 기존 제품을 개선하기 위한 아이디어
- 태도, 동기 또는 신념에 대한 조사 탐구
- 소비자의 관심과 언어를 배우고, 경고 라벨, 지침 또는 광고 메시지에 통합
- 포장 및 제품 정보 평가

이 기술의 성공은 여러 가지 중요한 측면에 크게 의존한다. 즉

a) 회의에 참여할 의지와 동기

b) 참가자가 문제의 주제에 대하여 진실을 말하고 진행자가 주요 질문을 하여 참가자의 의견에 영향을 미치지 않도록 참가자와 중재자 간의 합의

c) 포커스 그룹을 유지하기 위한 명확하게 정의된 목표

d) 분석 주제에 대한 충분한 경험이 있고 서로를 알지 못하게 하는 참가자의 선정

e) 조직 외부에 있는 사회자의 공평성

5. ISO 10377 Annex D: 제품안전경영 계획

D.1 일반 사항

이 부록은 제품안전경영 계획을 수립하는 데 사용될 수 있는 두 가지 접근 방법의 예를 제시한다. D.2절은 품질경영시스템의 제품안전경영 계획과 품질 보증 매뉴얼 개발을 통한 접근 방법을 기술한다. D.3절은 공급자가 그러한 계획을 수립할 때 도움이 될 수 있는 체크리스트를 개략적으로 설명한다.

D.2 품질 보증 매뉴얼에 기초한 제품안전경영 계획

〈그림 D.1〉은 품질 보증 매뉴얼에 기초한 제품안전경영 계획의 개략도이다.

이 접근법에서 〈그림 D.1〉에서 설명한 것처럼 품질 보증 매뉴얼에는 제품안전 계획의 다음과 같은 주요 요소가 포함될 것으로 예상된다.

〈그림 D.1〉 품질 보증 매뉴얼에 기초한 제품안전경영 계획 개략도

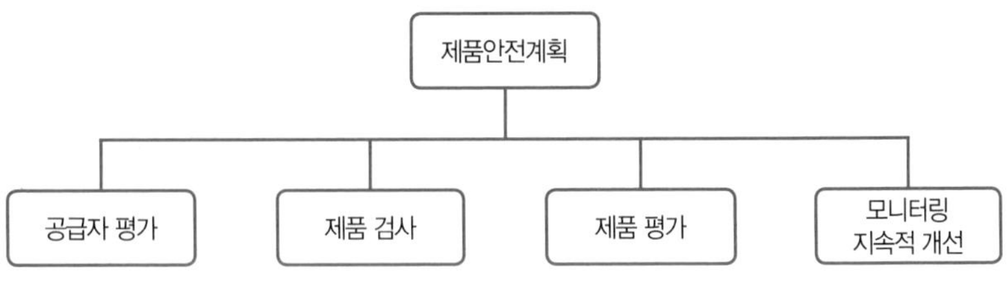

a) 소개

b) 목적물

- 1) 조직의 책임
  - i) 조직의 제품안전 구조(정책, 책임, 거버넌스)
  - ii) 표준 및 규제 요구사항 준수
  - iii) 문서화
- 2) 공급자 책임
  - i) 제품 수준 위험 평가 · 관리 및 위험 완화 계획
  - ii) 표준 및 규제 요구사항 준수
  - iii) 설계 및 위험분석

c) 공급자 평가

d) 공장 감사

e) 사회적 책임

f) 제품 검사

- 1) 공정 중 검사
- 2) 사전 선적 검사
- 3) 검사 보고서

g) 제품 평가

h) 샘플 제출

- 1) 시험 프로토콜
- 2) 시험 보고서
- 3) 표본 처분 · 반환
- 4) 통보 대기

i) 모니터링 및 지속적인 개선

1) 시장 감시

2) 리콜 관리

j) 형태

1) 서비스 요청 양식

2) 공급업체(공급자) 서신

D.3 제품안전경영 계획의 개발을 위한 점검표

D.3.1 제품안전에 대한 경영진의 의지

a) 사명 선언문

b) 기업 문화

D.3.2 회사가 허용하는 리스크에 상응하는 제품안전 정책 개발

a) 프로세스 및 시스템의 지속적인 개선

D.3.3 안전 책임자의 임무를 부여하고 권한을 부여

a) 안전 및 품질 프로세스의 전략적 계획

b) 기존 문제의 전술적 해결

c) 기술 · 재정 및 인적 자원의 적절한 배분

D.3.4 안전 절차 이행 및 문서화

a) 설계

1) 리스크 분석

i) 법률 · 규정 및 표준 준수 보장

ii) 유해성 또는 노출에 영향을 줄 수 있는 제품 특성, 특징 및 기능 식별

iii) 위해성 인식을 위한 사고 데이터 및 리콜 분석 수행

iv) 합리적으로 예측 가능한 제품 사용 예측

v) 위해 요인 유형 및 심각성을 요약하기 위하여 인적 요소 분석 적용

2) 리스크 관리

i) 리스크 수준과 조직의 리스크 허용 범위 비교

ii) 리스크 처리(필요하다면);

3) 이해관계자와 소비자에 대한 잔여 리스크에 대한 리스크 커뮤니케이션

b) 생산

1) 공급망 내 및 공급망 전반에 걸쳐 품질 방침 수립

2) 사전 예방적인 품질 보증 프로세스 개발

i) 모든 주요프로세스 및 절차의 문서화

ii) 지표는 다음과 같은 프로세스를 모니터링하도록 정의

- 추적성을 포함한 조달 관리
- 샘플링
- 측정
- 분석(통계 분석/공정 제어)
- 보고

iii) 프로세스가 수용 가능한 허용 오차 밖에 있는 것으로 판단되는 경우 수정 절차 구현

3) 원료 개발부터 최종 제품 완성 · 조립 · 포장에 이르기까지 제품 개발 주기

전반에 걸쳐 품질 보증 시스템 구현

c) 시장

1) 사후 시장 감시 시스템 수립

2) 주요 안전 지표 확인

3) 새로운 사안의 조기 발견을 위한 역방향 분석

4) 정보에 근거한 의사결정(예: 제품 철회/회수)에 대한 리스크 분석

D.3.5 정보제공 시스템/안전 매뉴얼 개발

a) 다음을 반영하는 안전 매뉴얼

1) 제품안전에 관한 경영 설명서

2) 조직의 정책 및 해당 정책의 지원

3) 표준 운영 절차

4) 관련 인원의 책임

5) 조직 내에서 실행 중인 프로세스와 공급망 전반에 대한 세부 절차

6) 절차상의 편차가 감지되면 개입하기 위한 메커니즘

7) 문서 데이터베이스(안전 매뉴얼 및 보고서 포함) 역할을 하는 정보 기술 인프라

b) 이해관계자 및 소비자와의 커뮤니케이션

6. ISO 10393: 2013 소비자제품 리콜에 대한 공급자 가이드라인 목록

서문		
소개		
1. 적용 범위		
2. 용어 및 정의		
3. 목적 및 원칙		
4. 일반 요구사항	4.1 일반사항	
	4.2 방침	
	4.3 문서화 및 기록 유지	
	4.4 규제상의 요구사항	
	4.5 리콜 운영 관리에 요구되는 전문 지식	
	4.6 중요한 결정 권한	
	4.7 훈련과 리콜 시뮬레이션	
5. 제품 리콜 필요성 평가	5.1 일반사항	
	5.2 정책	
	5.3 문서화 및 기록 유지	
	5.4 리스크 평가	
	5.5 추적성	5.5.1 일반사항
		5.5.2 리콜 대상 제품
	5.6 제품 리콜 결정	
6. 제품 리콜 실시	6.1 일반사항	
	6.2 리콜 활동 개시	6.2.1 일반사항
		6.2.2 리콜 전략
		6.2.3 리콜 목표
		6.2.4 리콜 프로세스
		6.2.5 재정 자원

6. 제품 리콜 실시	6.3 커뮤니케이션	6.3.1 일반사항	
		6.3.2 커뮤니케이션 계획의 수립	
		6.3.3 규제 당국과 커뮤니케이션	
		6.3.4 공급망과 커뮤니케이션	
		6.3.5 소비자와 커뮤니케이션	
		6.3.6 리콜 통지	
	6.4 리콜 실시	6.4.1 일반사항	
		6.4.2 리콜 대상 제품의 회수, 교환 및 수리	
		6.4.3 리콜 대상 제품의 폐기	
	6.5 모니터링 및 보고	6.5.1 일반사항	
		6.5.2 정보 순서 운영	
		6.5.3 보고 요구사항의 설정	
	6.6 유효성 평가	6.6.1 일반사항	
		6.6.2 리콜 대상 제품의 소재 확인	
		6.6.3 반품율	
		6.6.4 폐기율	
		6.6.5 부상률	
		6.6.6 문의율	
		6.6.7 커뮤니케이션	
	6.7 리콜 전략의 평가와 수정	6.7.1 일반사항	
		6.7.2 리콜 운영	6.7.2.1 적극적인 리콜 운영의 정지
			6.7.2.2 리콜의 조정
			6.7.2.3 리콜의 확대
7. 리콜 프로그램의 지속적 개선	7.1 일반사항		
	7.2 리콜 검토		
	7.3 재발 방지와 시정 조치		

부속서 A (참고) 위험원(hazard)과 리스크 평가
부속서 B (참고) 제품 리콜 포스터와 언론 보도 자료
부속서 C (참고) 제품 리콜 체크리스트
부속서 D (참고) 리콜 유효성 향상-예

7. 리콜 공통 가이드라인

(국무조정실, 공정거래위원회)

제1장 총 칙

제1조(가이드라인의 목적) 리콜 공통 가이드라인(이하 '가이드라인'이라고 한다)은 물품 또는 용역(이하 '물품 등'이라고 한다)의 결함으로 인하여 소비자의 생명 · 신체 또는 재산에 위해를 끼치거나 끼칠 우려가 있다고 인정되는 경우에 리콜 정보의 효과적 제공에 관한 기본적인 원칙과 절차 등을 제시함으로써 위해 확산을 방지하고 소비자의 안전과 권익을 보호하는 것을 목적으로 한다.

제2조(정의) 이 가이드라인에서 사용하고 있는 용어의 뜻은 다음과 같다.

1. '리콜'이란 다음 각 목의 관계 법령에 따라 소비자에게 제공한 물품 등에 소비자의 생명 · 신체 또는 재산에 위해를 끼치거나 끼칠 우려가 있는 제조 · 설계 또는 표시 등의 결함이 보고되어 수거 · 회수 · 파기 · 폐기 · 수리 · 모니터링 · 교환 · 환급 · 결함 시정 또는 제조 · 생산 · 수입 · 판매 · 제공의 금지 등(이하 '수거 · 회수 등'이라고 한다)을 하게 되는 경우를 말한다.
   가. 소비자기본법 제48조, 제49조, 제50조, 제52조
   나. 식품안전기본법 제19조
   다. 식품위생법 제45조, 제72조
   라. 건강 기능 식품에 관한 법률 제30조
   마. 축산물위생관리법 제31조의2, 제36조
   바. 약사법 제39조, 제71조

사. 의료기기법 제31조, 제34조

아. 제품안전기본법 제10조, 제11조, 제13조

자. 전기용품 및 생활용품 안전관리법 제32조

차. 어린이제품안전특별법 제9조, 제10조, 제12조

카. 환경보건법 제24조

타. 자동차관리법 제31조

파. 대기환경보전법 제51조, 제52조

하. 먹는물관리법 제47조

거. 화장품법 제5조의2, 제23조

너. 화학물질의 등록 및 평가에 관한 법률 제37조

2. '사업자'란 물품 등을 제조 · 생산 · 수입 · 판매 · 제공하는 자를 말한다. 다만 관계 법령에서 사업자(영업자 등 다른 용어로 정의하는 경우를 포함한다)를 정의하고 있는 경우에는 해당 법령의 규정에 따른다.
3. '유통 사업자'란 농산물 · 임산물 · 축산물 · 수산물(가공물 및 조리물을 포함한다) 및 공산품의 도매 · 소매 및 이를 경영하기 위한 보관 · 배송 · 포장과 이와 관련된 정보 · 용역의 제공 등을 목적으로 하는 사업을 영위하는 자를 말한다. 다만 관계 법령에서 유통 사업자(영업자 등 다른 용어로 정의하는 경우를 포함한다)를 정의하고 있는 경우에는 해당 법령의 규정에 따른다.
4. '수거 · 회수'란 물품 등의 결함으로 인하여 소비자의 생명 · 신체 또는 재산에 위해를 끼치거나 끼칠 우려가 있다고 인정되는 경우에 해당 물품 등이 더 이상 판매 · 유통 · 사용되지 않도록 거두어들이는 것을 말한다.
5. '파기 · 폐기'란 결함이 있는 물품 등으로 인한 위해 또는 위해 우려를 제거하거나 보관 비용으로 인해 발생하는 손실을 줄이기 위하여 해당 물품 등을 제

거하는 것을 말한다.

6. '수리 · 결함 시정'이란 부품 교환 등의 방법으로 물품 등의 결함을 완전히 바로잡는 것을 말한다.
7. '모니터링'이란 회수 대상 의료 기기가 인체 삽입 등으로 인수 또는 개수가 불가능(불필요)한 경우에 사용(시술)자의 소재를 파악하여 위해 정보를 제공하고 사용자 상태 등을 지속적으로 관찰하는 것을 말한다.
8. '교환'이란 결함이 있는 물품 등을 결함이 없는 동종의 물품 등으로 바꾸어 주거나, 동종의 물품 등으로 바꾸어 주는 것이 불가능한 경우에는 동등한 가치의 물품 등으로 바꾸어 주는 것을 말한다.
9. '환급'이란 결함이 있는 물품 등을 구매한 소비자에게 해당 물품 등의 구입 가격을 되돌려 주는 것을 말한다.
10. '위해'란 소비자의 신체적 상해, 건강에 대한 피해 또는 재산에 대한 손실을 말한다.
11. '위험성'이란 소비자에게 위해를 끼칠 가능성이 있는 물품 등의 잠재적 결함 원인을 말한다.
12. '위해성 등급'이란 리콜 대상 물품 등을 위험성, 위해 강도, 위해 대상 집단의 취약성 등의 요소를 종합적으로 고려하여 분류한 등급을 말한다.

제3조(기본 원칙) ① 중앙행정기관, 지방자치단체, 사업자 및 유통 사업자는 결함이 있는 물품 등에 대한 리콜이 결정된 즉시 소비자에게 리콜 정보를 알기 쉽게 제공하여야 한다.

② 중앙행정기관, 지방자치단체, 사업자 및 유통 사업자는 결함이 있는 물품 등에 대한 리콜 조치를 성실하게 이행하여야 하며, 소비자의 피해가 적절하게

보상될 수 있도록 하여야 한다.

제2장 중앙행정기관 · 지방자치단체 · 사업자 및 유통 사업자의 책무

제4조(중앙행정기관의 책무) ① 중앙행정기관은 물품 등의 위해를 감시하고 위해 정보를 수집하며 리콜 제도를 관리하여야 한다.

② 중앙행정기관은 결함이 있는 물품 등에 대한 리콜을 하는 때에는 소비자가 리콜 내용을 쉽게 인지하고 필요한 조치를 받을 수 있도록 가이드라인에 따라 표준화된 리콜 정보를 제공하여야 한다.

③ 중앙행정기관은 결함이 있는 물품 등에 대한 리콜을 하는 때에는 사업자가 위해성 등급을 고려하여 적절한 매체를 선정하여 소비자에게 리콜 정보를 제공할 수 있도록 관리 · 감독하여야 한다.

④ 중앙행정기관은 결함이 있는 물품 등의 수거 · 회수 등 리콜에 따른 업무 처리 과정에서 유통 사업자와의 협력을 위한 방안을 강구하여야 한다.

⑤ 중앙행정기관은 결함이 있는 물품 등의 리콜 이행 여부 및 회수율 등을 파악하여야 한다.

⑥ 중앙행정기관은 국무조정실장 또는 공정거래위원장의 요청이 있는 경우 직전 연도의 리콜 건수, 결함이 있는 물품 등의 회수율 등 소관 법령에 근거한 리콜 제도 운영 실적을 국무조정실장 또는 공정거래위원장에게 제출하여야 한다.

⑦ 중앙행정기관은 리콜 제도의 실효성을 제고하기 위하여 가이드라인에 반영할 사항이 있는 경우에는 그 내용을 국무조정실장 및 공정거래위원장에게 통보하여야 한다.

제5조(지방자치단체의 책무) ① 지방자치단체는 결함이 있는 물품 등에 대한 리콜을 하는 때에는 위해성 등급이 높은 물품 등의 리콜 정보를 지방자치단체 홈페이지, 주민센터 및 관할 기관 등 소비자의 출입이 많은 공공 장소에 게시하여야 한다.

② 지방자치단체는 노인 · 장애인 등 취약 계층에게 리콜 정보를 효과적으로 전달하기 위한 방안을 강구하여야 한다.

③ 지방자치단체는 유통 사업자가 부족한 산간 지역 및 도서 지역에서 리콜 조치가 효과적으로 시행될 수 있는 방안을 강구하여야 한다.

④ 지방자치단체는 국무조정실장 또는 공정거래위원장의 요청이 있는 경우 직전 연도의 리콜 건수, 결함이 있는 물품 등의 회수율 등 소관 법령에 근거한 리콜 제도 운영 실적을 국무조정실장 또는 공정거래위원장에게 제출하여야 한다.

제6조(사업자의 책무) ① 사업자는 상시 자신이 제조 · 생산 · 수입 · 판매 · 제공한 물품 등의 안전성을 면밀하게 점검 · 확인하여야 한다.

② 사업자는 결함이 있는 물품 등에 대한 리콜을 하는 때에는 소비자가 리콜 내용을 쉽게 인지하고 필요한 조치를 받을 수 있도록 가이드라인에 따라 표준화된 리콜 정보를 생산하여야 한다.

③ 사업자는 결함이 있는 물품 등에 대한 리콜을 하는 때에는 위해성 등급을 고려하여 효과적인 매체를 선정하여 소비자에게 리콜 정보를 제공하여야 한다.

④ 사업자는 결함이 있는 물품 등이 시장에서 신속하고 안전하게 제거될 수 있도록 리콜을 위한 수신자 부담 상담 전화의 설치, 수리 기사의 파견, 수리

센터의 운영 및 유통 사업자와의 협력 조치 등을 취하여야 한다.

제7조(유통 사업자의 책무) ① 유통 사업자는 자신이 유통하는 물품 등에 대한 리콜이 결정된 경우에는 판매 장소에 리콜 정보를 게시하는 등 결함이 있는 물품 등을 구매한 소비자에게 리콜 정보를 제공하기 위하여 노력하여야 한다.

② 유통 사업자는 결함이 있는 물품 등을 수거 · 회수 · 환급하는 등 중앙행정기관, 지방자치단체 및 사업자의 리콜 조치에 협조하여야 한다.

제3장 위해성 등급의 결정

제8조(위해성 등급) ① 중앙행정기관은 물품 등의 위험성, 위해 강도, 위해 대상 집단의 취약성 등의 요소를 종합적으로 고려하여 소관 품목에 대한 위해성 등급 분류 기준을 마련하여야 한다.

② 중앙행정기관 및 지방자치단체는 결함이 있는 물품 등에 대한 리콜을 하는 때에는 위해성 등급 분류 기준에 따라 위해성 등급을 부여하여야 한다.

③ 사업자는 결함이 있는 물품 등에 대한 자진 리콜 계획을 소관 중앙행정기관 또는 지방자치단체에 보고하는 때에는 위해성 등급 분류 기준에 따라 위해성 등급을 부여하여야 하며, 사업자의 자진 리콜 계획을 보고받은 중앙행정기관 또는 지방자치단체는 사업자가 부여한 위해성 등급의 적정성을 검토하여야 한다.

〈표〉 품목별 위해성 등급 분류 기준

품목	위해성 등급별 내용	
식품	1등급	식품 섭취, 사용으로 인해 인체의 건강에 미치는 위해 영향이 매우 크거나 중대한 위반 행위의 경우 – 식품 사용 금지 원료, 병원성 대장균 등 심각한 식중독균 등
	2등급	식품 섭취, 사용으로 인해 인체의 건강에 미치는 위해 영향이 크거나 일시적인 경우 – 중금속, 황색포도상구균 등 식중독균 등
	3등급	식품 섭취, 사용으로 인해 인체의 건강에 미치는 위해 영향이 비교적 작은 경우 –대장균, 식품 첨가물 사용 기준 위반 등
건강 기능 식품	1등급	식품 섭취, 사용으로 인해 인체의 건강에 미치는 위해 영향이 매우 크거나 중대한 위반 행위의 경우 – 식품 사용 금지 원료, 병원성 대장균 등 심각한 식중독균 등
	2등급	식품 섭취, 사용으로 인해 인체의 건강에 미치는 위해 영향이 크거나 일시적인 경우 – 중금속, 황색포도상구균 등 식중독균 등
	3등급	식품 섭취, 사용으로 인해 인체의 건강에 미치는 위해 영향이 비교적 작은 경우 – 대장균, 식품 첨가물 사용 기준 위반 등
의약품	1등급	가. 의약품 등의 사용으로 인하여 완치 불가능한 중대한 부작용을 초래하거나 사망에 이르게 하는 경우 나. 치명적 성분이 섞여 있는 경우 다. 의약품등에 표시 기재가 잘못되어 생명에 영향을 미칠 수 있는 경우
	2등급	가. 의약품 등의 사용으로 인하여 일시적 또는 의학적으로 완치 가능한 부작용을 일으키는 경우 나. 주성분의 함량이 초과되는 등 식품의약품안전처장이 정하여 고시하는 품질기준에 맞지 아니하거나 치명적이지 아니한 경우

의약품	3등급	가. 의약품 등의 사용으로 인하여 부작용을 거의 초래하지 아니하나 유효성이 입증되지 못하는 경우 나. 의약품 등의 사용으로 인하여 부작용을 거의 초래하지 아니하나 색깔이나 맛의 변질, 포장재의 변형 등이 발생하여 안전성 · 유효성에 문제가 있는 경우
의료 기기	1등급	의료 기기의 사용으로 완치될 수 없는 중대한 부작용을 일으키거나 사망에 이르게 하거나, 그러한 부작용 또는 사망을 가져올 우려가 있는 의료 기기
	2등급	의료 기기의 사용으로 완치될 수 있는 일시적 또는 의학적인 부작용을 일으키거나, 그러한 부작용을 가져올 수 있는 의료 기기
	3등급	의료 기기의 사용으로 부작용은 거의 일어나지 아니하나 의료기기법 제19조에 따른 기준 규격에 부적합하여 안전성 및 유효성에 문제가 있는 의료 기기
자동차	1등급	자동차 또는 자동차 부품이 자동차 안전기준 또는 부품 안전기준에 적합하지 아니하거나 안전 운행에 지장을 주는 등의 결함이 있는 경우
자동차 배출 가스	1등급	배출 가스 보증 기간 내에 운행 중인 자동차에서 나오는 배출 가스로 인해 호흡기 질환 등 인체 건강에 악영향을 미치고, 환경 오염이 우려되는 경우
축산물	분류 예정(소관: 식품의약품안전처)	
공산품	분류 예정(소관: 산업통상자원부)	
먹는 물	분류 예정(소관: 환경부)	
화장품	분류 예정(소관: 식품의약품안전처)	
생활 화학 제품	분류 예정(소관: 환경부)	

제4장 리콜 정보 제공

제9조(리콜 정보 제공 원칙) ① 중앙행정기관, 지방자치단체 및 사업자는 결함이 있는 물품 등에 대한 리콜 정보를 제공하는 때에는 소비자가 리콜 정보를 쉽게 이해할 수 있도록 다음 각 호의 사항을 고려하여야 한다.

1. 글자 크기, 배색, 제공되는 리콜 정보의 배치 순서 등의 시각적 요소를 고려할 것
2. 전문적인 용어의 사용을 자제할 것
3. 사고 내용, 사고 발생일 및 사고 발생 장소 등 파악된 위해 사례의 이력을 포함할 것

② 중앙행정기관은 소관 품목별 특성을 고려하여 리콜 정보의 제공 내용 및 위해성 등급별 리콜 정보 제공 매체를 정하여야 한다.

제10조(리콜 정보의 표준화) 중앙행정기관, 지방자치단체 및 사업자는 결함이 있는 물품 등에 대한 리콜을 하는 때에는 다음 각 호의 정보가 소비자에게 전달될 수 있도록 조치하여야 한다. 다만 결함이 있는 물품 등의 특성을 고려하여 필요하다고 판단되는 경우에는 소비자에게 제공되는 리콜 정보의 내용을 조정할 수 있다.

1. 리콜 대상 물품 등의 정보
   가. 물품명, 제조사, 제조 연월일, 모델명, 제조 번호 등 리콜 대상 물품임을 식별할 수 있는 정보
   나. 주요 판매처
   다. 해상도가 높은 물품 이미지(전면, 측면, 후면)

2. 리콜을 하는 이유

가. 결함의 내용

나. 위해 원인 및 위해 결과

다. 위해 강도 및 취약 대상자

라. 사고 내용, 사고 발생일 및 사고 발생 장소

3. 소비자 유의 사항

가. 소비자가 즉시 취하여야 하는 행동 방법

나. 물품 등 취급 시 주의 사항

4. 리콜 방법

가. 리콜 기간, 리콜 장소 및 구체적인 리콜 절차

나. 문의처 및 추가 정보(사업자 주소 및 연락처, 그 밖에 리콜에 필요한 사항 등)

제11조(리콜 정보 제공 매체) ① 중앙행정기관, 지방자치단체 및 사업자는 결함이 있는 물품 등에 대한 리콜을 하는 때에는 공정거래위원회가 운영하는 소비자종합 지원 시스템에 리콜 정보를 게재하여야 한다.

② 사업자는 결함이 있는 물품 등에 대한 리콜이 결정된 즉시 위해성 등급을 고려하여 선정된 매체를 활용하여 소비자에게 리콜 정보를 제공하여야 한다.

③ 중앙행정기관, 지방자치단체 및 사업자는 리콜 정보 제공 매체를 선정하는 때에는 다음 각 호의 기준을 준수하여야 한다. 다만 관계 법령에서 별도의 리콜 정보 제공 매체 선정 기준을 두고 있는 경우에는 해당 법령의 규정에 따른다.

1. 위해성 1등급에 해당하는 물품 등은 리콜 정보 도달률과 소비자 이용도가

높은 다음 각 목의 방법을 활용하여 의무적으로 리콜 정보를 제공하여야 한다.

가. 소비자의 주소나 연락처를 확인할 수 있는 경우: 우편 발송, 유선 통화, 휴대전화를 이용한 문자 메시지 전송 등에 의한 방법

나. 소비자의 주소나 연락처를 확인하기 어려운 경우: 전국 규모의 일간지, TV광고, 대형 마트 등 물품 등의 판매 장소 내 안내문 게시, SNS 등에 의한 방법

2. 위해성 2등급 및 위해성 3등급에 해당하는 물품 등은 중앙행정기관 홈페이지, 사업자 홈페이지, 소비자 잡지, 전문지 등에 의한 방법을 활용하여 리콜 정보를 제공하여야 한다. 다만 리콜 대상 물품 등의 시급성 및 리콜 규모 등에 따라 위해성 1등급의 리콜 정보 제공 매체를 활용할 수 있다.

제5장 보 칙

제12조(시행일) 가이드라인은 2017년 10월 11일부터 적용한다.

8. ISO 31010: 2009 Annex A: 표A.2 리스크 평가 기법 선택의 속성

리스크 평가 기법의 종류	설명	영향요인의 관여도			정량적 출력의 가부
		자원 및 능력	성질 및 불확실성의 정도	복잡성	
파악 방법(LOOK-UP METHODS)					
체크리스트 (Check-lists)	리스크 특정의 간단한 형태. 검토해야 할 전형적인 불확실성의 리스크를 작성하는 기법. 사용자는 전에 개발된 리스트, 코드 또는 표준을 참조.	낮음 (Low)	낮음 (Low)	낮음 (Low)	불가 (No)
예비 위험원 분석 (Primary hazard analysis)	그 목적이 위험원 및 위험한 상태, 및 소정의 활동, 시설 또는 시스템에 위해를 일으킬 가능성이 있는 사건을 특정하기 위한 간단한 귀납적 방법	낮음 (Low)	높음 (High)	중간 (Medium)	불가 (No)
지원 방법(SUPPORTING METHODS)					
구조화 인터뷰 및 브레인스토밍	대량의 아이디어를 모아 팀에 의해 그것들의 순위를 매기는 수단. 브레인스토밍은 조언 또는 일대일 또는 일대다의 인터뷰 기법으로 촉진시킬 수도 있다.	낮음 (Low)	낮음 (Low)	낮음 (Low)	불가 (No)
델파이 기법	원인 및 영향의 규명, 발생 확률 및 결과의 추정을 지원할 수 있는 전문가 의견과 리스크 평가를 결합하는 수단. 전문가들 중 공감대를 형성하기 위한 협력 기법. 독립적 분석 및 전문가에 의한 투표 포함.	중간 (Medium)	중간 (Medium)	중간 (Medium)	불가 (No)
SWIFT 구조화 "What-if"	리스크를 특정하는 팀의 활동을 촉진하는 시스템. 통상 조언자가 있는 워크숍에서 사용. 통상 리스크 분석 및 평가(evaluation) 기법에 연결됨.	중간 (Medium)	중간 (Medium)	모두 (Any)	불가 (No)
인간신뢰성분석 (HRA)	인간신뢰성 분석(HRA)은 시스템성능에 미치는 인간의 영향을 다루고, 그 시스템에 미치는 인간에러를 평가하기 위해 사용될 수 있음.	중간 (Medium)	중간 (Medium)	중간 (Medium)	가능 (Yes)

시나리오 분석(SCENARIO ANALYSIS)					
근본원인분석 (단일손실분석, Root cause analysis(single loss analysis))	발생한 단일 손실은 유발원인을 이해하고 어떻게 하면 시스템 또는 프로세스를 개선하고 같은 손실이 장래에 발생하지 않도록 할 수 있을까를 이해하기 위해서 분석한다. 분석에는 손실이 발생한 시점에서 어떤 관리가 필요하고 어떻게 관리를 개선해야 할 것인지를 고려해야 한다.	중간 (Medium)	낮음 (Low)	중간 (Medium)	불가 (No)
시나리오 분석 (Scenario analysis)	가능한 미래 시나리오는 현재 있는 리스크 및 다른 리스크를 검토하고 유추 또는 추정을 통해서 특정된다. 이것은 공식적으로 또는 비공식적으로, 정성적으로 또는 정량적으로 실행될 수 있다.	중간 (Medium)	높음 (High)	중간 (Medium)	불가 (No)
독성리스크 분석 (Toxicological risk assessment)	위험원이 특정되고, 분석되고, 위험원에 노출될 수도 있는 지정 목표에 의한 가능한 경로가 특정된다. 노출수준에 관한 정보 및 주어진 노출수준에 의해 야기된 위해의 성질은 특정 위해가 발생할 가능성의 척도를 주기위해서 결합된다.	높음 (High)	높음 (High)	중간 (Medium)	가능 (Yes)
비즈니스 영향 분석 (Business impact analysis)	핵심 중단(disruption)리스크가 어떻게 조직의 운영에 영향을 미칠 수 있는지에 대한 분석을 제공하고, 그것을 관리하는 데 요구되는 능력을 특정하고 계량화한다.	중간 (Medium)	중간 (Medium)	중간 (Medium)	불가 (No)
실패 나무 분석 (FTA, Fault tree analysis)	원하지 않은 사건(undesired event)에서 시작하여 그것이 발생할 수 있는 모든 방도를 결정하는 기법. 그 방도는 논리적인 나무형상 그림에 도표로 제시된다. 고장나무(fault tree)가 작성되면 잠재적 원인/발생원의 삭감 또는 제거방법을 고려해야 할 것이다.	높음 (High)	높음 (High)	중간 (Medium)	가능 (Yes)
사건 나무 분석 (ETA, Event tree analysis)	다른 기인 사건(initiating event)의 발생 확률을 발생 가능한 결과로 바꾸기 위해서 귀납적 추론을 사용.	중간 (Medium)	중간 (Medium)	중간 (Medium)	가능 (Yes)
원인/결과 분석 (Cause/consequence analysis)	시간 지연(time delays)을 포함하도록 하는 FTA와 ETA의 조합. 기인 사건의 원인과 결과 모두가 고려된다.	높음 (High)	중간 (Medium)	높음 (High)	가능 (Yes)
원인 및 효과 분석 (Cause-ana-effect analysis)	효과는 다양한 범주로 구분될 수 있는 여러 개의 기여 요인들(contributory factors)을 가질 수 있다. 기여 요인들은 브레인스토밍을 통해서 종종 특정되고, 나무 구조 또는 특성요인도(fishbone diagram)로 제시된다.	낮음 (Low)	낮음 (Low)	중간 (Medium)	불가 (No)

기능 분석(FUNCTION ANALYSIS)					
FMEA 및 FMECA	FMEA(Failure Mode and Effect Analysis)는 고장모드와 메커니즘 및 그 효과를 특정하는 기법이다. FMEA에는 여러 가지 형태가 있다: 부품 및 제품에 사용되는 설계(Design) 또는 제품 FMEA, 시스템에 사용되는 시스템FMEA, 제조 및 조립 공정에 사용되는 공정(process)FMEA, 서비스FMEA 및 소프트웨어FMEA. FMEA에 이어서 각 고장모드의 중대성을 정성적, 반정량적 또는 정량적으로 정의하는 치명도 해석(FMECA: Failure Modes, Effects and Criticality Analysis)을 행하는 것이 있다. 치명도 해석은 고장모드가 시스템 고장에 이르는 발생 확률 또는 고장모드에 관련한 리스크 수준, 또는 리스크 우선순위 번호를 기초로 사용해도 좋다.	중간 (Medium)	중간 (Medium)	중간 (Medium)	가능 (Yes)
신뢰성 중심 보전(Reliability –centered maintenance)	모든 종류의 장비에 대하여 요구되는 운전의 안전성, 유용성 및 경제성을 효율적이고 효과적으로 달성하도록 고장을 관리하기 위해 실시되어야 할 방침을 특정하기 위한 방법.	중간 (Medium)	중간 (Medium)	중간 (Medium)	가능 (Yes)
스니크 분석 (Sneak analysis) **스니크회로분석** (Sneak circuit analysis)	설계 실수를 특정하기 위한 방법론. 스니크 상태는 하드웨어, 소프트웨어 또는 그 조합이 부품 고장에서는 발견되지 않고, 원하지 않은 사건이 발생하거나 원하는 사건의 발생을 저해하는 잠재적인 것이다. 이러한 상태들은 그 우발성 및 가장 엄격한 표준 시스템 시험에서의 검출의 어려움에 의해서 특징지어진다. 스니크 상태는 부적절한 동작, 시스템 유용성의 손실, 프로그램의 지연 또는 작업원의 죽음 또는 상해를 일으킬 수 있다.	중간 (Medium)	중간 (Medium)	중간 (Medium)	불가 (No)
HAZOP (Hazard and operability studies)	예상된 또는 의도된 성능으로부터 발생할 수 있는 일탈을 정의하기 위한 리스크 특정의 일반적인 프로세스. 색인어(guideword)에 기초한 시스템을 사용한다. 일탈의 중대성을 평가한다.	중간 (Medium)	높음 (High)	높음 (High)	불가 (No)
HACCP (Hazard analysis and critical control points)	규정된 한계 내에 있도록 요구되는 특정 특성을 계측하고 모니터링 함으로써 제품의 품질, 신뢰성 및 프로세스의 안전성을 보증하기 위한 체계적, 적극적, 예방적 시스템.	중간 (Medium)	중간 (Medium)	중간 (Medium)	불가 (No)

관리 평가(CONTROLS ASSESSMENT)					
LOPA(Layers of protection analysis) 방호층 분석	배리어(barrier) 분석이라고도 부름. 관리 및 그 유효성 평가를 가능하게 함.	중간 (Medium)	중간 (Medium)	중간 (Medium)	가능 (Yes)
Bow tie analysis	위험원에서 결과까지의 리스크 경로를 기술하고, 분석하여 관리를 검토하는 단순한 도식적 방법. 사건의 원인을 분석하는 사건의 원인을 분석하는 고장 나무 그림과 결과를 분석하는 사건 나무 그림의 논리를 결합시킨 것으로 간주될 수도 있다.	중간 (Medium)	높음 (High)	중간 (Medium)	가능 (Yes)
통계적 방법(STATISTICAL METHODS)					
Markov analysis	마르코프 분석은 때로는 상태-공간 분석이라고도 부르는데, 일반적으로 다양한 열화상태(degraded states)를 포함하여 복수의 상태에 존재할 수 있는 수리할 수 있는 복잡한 시스템의 분석에 사용된다.	높음 (High)	낮음 (Low)	높음 (High)	가능 (Yes)
Monte-Carlo analysis	몬테 카를로 시뮬레이션은 특정의 확률 분포에 따르는 복수의 입력(input)이 있고, 그 입력이 출력(output)과 특정의 함수가 있는 경우, 시스템 내의 입력의 변화에 의한 시스템 내의 전체적인 변화를 설정하기 위해서 사용한다. 이 분석은 다양한 입력의 상호작용을 수학적으로 정의할 수 있는 특별한 모델에 사용할 수 있다. 입력은 불확실성의 성질에 따라 그것을 표현하기 위한 다양한 분포의 형태에 준거될 수도 있는 리스크 평가에서는 일반적으로 삼각형 분포(triangular distribution) 또는 베타 분포(beta distribution)가 사용된다.	높음 (High)	낮음 (Low)	높음 (High)	가능 (Yes)
베이즈 분석 Bayesian analysis	사전분포 데이터를 이용해서 결과의 발생 확률을 추산하는 통계적 절차. 베이즈 분석은 정확한 결과를 추론하기 위한 전제가 되는 분포의 정확도에 의존한다. 베이즈 확신 네트워크는 결과를 도출하는 가변 입력의 확률론적 관계를 파악함으로써 다양한 영역에서 원인 및 효과를 모델화한다.	높음 (High)	낮음 (Low)	높음 (High)	가능 (Yes)

참고 문헌

단행본

1) 김민주, 하인리히 법칙, 토네이도미디어그룹(주), 2008.

2) 서창적 외, 경영 품질의 이해, 박영사, 2016.

3) 신완선, 말콤볼드리지 MB모델 워크북, 고즈윈, 2009.

4) 이황주 편저, 제조물책임(PL) 실무 가이드북, 한국표준협회, 2002.

5) 이황주, MB Expert 교재, 한국표준협회, 2017.

6) 한동일, 라틴어 수업, 흐름출판, 2017.

7) David G. Owen, Products Liability Law, 2nd ed., Thomson West, 2008.

8) 株式会社インターリスク総研, 製品事故発生時・リコール実施時の対応のポイント, 製品安全に係る人材育成研修教材, 2017.

논문

1) 권영준, '제조물책임에 있어서의 결함', 안동대학논문집 제6집, 안동대학교, 1984.

2) 김제완, '제조물책임법에 있어서 설계상의 결함의 판단 기준–합리적 대체설계(Reasonable Alternative Design)의 입증 책임 문제를 중심으로–, 법조 vol. 583, 법조협회, 2005. 4.

3) 김진현, 박달재, '리스크의 개념에 대한 고찰', 한국안전학회지, 제28권 제6호, 2013.

4) Chan Jin Kim, Korean Product Liability Act, 33 Korean J. Int'l & Comp. L. 47 2005.

5) 이상정, '제조물책임법 제정의 의의와 향후 과제', 저스티스 제68호(한국법학원, 2002),

6) 이진용, '제조물책임의 비교법적 고찰', 영남대학교 대학원 박사 학위 논문, 1995.

7) 이황주, 'ISO 9000s: 2000 규격 이행과 PL(제조물책임) 대책의 시스템적 통합', 2000.

8) 정용수, '제조물책임법상 결함 및 면책 사유에 관한 연구', 홍익대학교 박사 학위 논문, 2012.

9) 현완순, '제조물책임 대응 방안에 관한 연구', 인하대학교 박사 학위 논문.

10) 홍천룡, '제조물책임의 가치 기준으로서의 결함의 개념', 연람 배경숙 교수 화갑 기념 논문집, 한국 민사법학의 현대적 전개, 박영사, 1991.

11) Edward J. Heiden, Recall Effectiveness: A Review and Analysis of Current Issues(August 18, 2009, (http://www.productsafetyletter.com/news/5649-1.html).

12) 身崎成紀, '製品の安全性確保に向けたリコール法制度, 情報開示・報告制度のあり方に關する調査研究, 社會技術研究論文集 vol.2, 2004.

보고서 등

1) 국가기술표준원 간행물, Safety Korea.

2) 한국소비자원 위해 정보 및 결함 정보 업무 처리 규정.

3) A Prosafe Project, BEST PRACTICE TECHNIQUES IN MARKET SURVEILLANCE,

4) CPSC, RECALL HANDBOOK, May 1999.

5) Directive 2001/95/EC of the European Parliament and of the Council of 3 December 2001 on general product safety(Text with EEA relevance). Official Journal L 011 , 15/01/2002 pp.0004-0017.

6) EXCELLENCE IN PROFESSIONAL SERVICES and Heiden Associates, RECALL EFFECTIVENESS RESEARCH: A REVIEW AND SUMMARY OF THE LITERATURE ON CONSUMER MOTIVATION AND BEHAVIOR, July 2003.

7) Procedures for the Recall of Vehicles and Associated Products with Safety Related Defects by Registered Automtive Workshops.

8) 国民生活審議会, '消費者の安全・安心の確保に向けた総合的な取組の推進について(意見)', 2009. 7. 30.

9) 製品安全対策に係る事故リスク評価と対策の効果分析の手法に関する調査報告書.

국제표준

1) ISO/IEC Guide 51: 2014, Safety aspects – Guidelines for their inclusion in standards 3.5 hazard potential source of harm.

2) ISO 10377: 2013 Consumer product safety – Guidelines for suppliers.

3) ISO 10393: 2013 Consumer product recall – Guidelines for suppliers.

4) ISO 26000 Guidance on social responeibility.

5) ISO 31000: 2009 Risk management – Principles and guidelines.

6) ISO 31010 Risk management– Risk assessment techniques

인터넷 사이트

1) 국가기술표준원, http://www.kats.go.kr

2) 제품안전정보센터, http://www.safetykorea.kr/

3) 국립국어원, 표준국어대사전, http://stdweb2.korean.go.kr/search/View.jsp

4) 미국 The National Institute of Standards and Technology(NIST), https://www.nist.gov/baldrige

5) Prosafe(프로세이프)
http://www.prosafe.org/index.php?option=com_content&view=article&id=78&Itemid=424

• 리콜과 개정 제조물책임법 시행에 따른 대응 •

제품안전경영

발 행 일	2018년 12월 14일 초판 1쇄
지 은 이	이황주 정용수
발 행 인	권기수
발 행 처	한국표준협회미디어
출판등록	2004년 12월 23일(제2009-26호)
주　　소	서울시 금천구 가산디지털1로 145, 에이스하이엔드타워3 11층
전　　화	02-2624-0361
팩　　스	02-2624-0369
홈페이지	www.ksamedia.co.kr
ISBN	979-11-6010-027-3(93330)
값	17,000원